Liberté

프랑스
혁명사
10부작

03

진정한 혁명의 시작

신분제
국가에서
국민국가로

Liberté — 프랑스 혁명사 10부작 제3권
진정한 혁명의 시작 — 신분제 국가에서 국민국가로

2016년 3월 7일 초판 1쇄 발행
2020년 3월 17일 초판 3쇄 발행

지은이 | 주명철
펴낸곳 | 여문책
펴낸이 | 소은주
등록 | 제406-251002014000042호
주소 | (10911) 경기도 파주시 운정역길 116-3, 101동 401호
전화 | (070) 8808-0750
팩스 | (031) 946-0750
전자우편 | yeomoonchaek@gmail.com
페이스북 | www.facebook.com/yeomoonchaek

ⓒ 주명철, 2016

ISBN 979-11-956511-0-8 (세트)
       979-11-956511-3-9 (04920)

이 도서의 국립중앙도서관 출판시도서목록(cip)은 e-CIP 홈페이지(http://www.nl.go.kr/ecip)에서
이용하실 수 있습니다(CIP 제어번호: 2016005052).

• '리베르테Liberté'는 '자유'라는 뜻으로 혁명이 일어난 1789년을 프랑스인들이
  '자유의 원년'이라고 부른 데서 따온 시리즈명입니다.
• 여문책은 잘 익은 가을벼처럼 속이 알찬 책을 만듭니다.

Liberté

프랑스
혁명사
10부작

03

진정한 혁명의 시작

신분제 국가에서 국민국가로

주명철 지음

여문책

1789년 10월 초, 왕이 여성 시위대와 국민방위군의 호위를 받아(사실은 강제로 끌려가다시피) 파리로 가야 했던 사건은 혁명에서 중요한 이정표를 세웠다. 그럼에도 왕을 비롯해서 대신들과 국회의원, 국민방위군, 파리 시위대와 반혁명가들 모두 그 사건이 얼마나 큰 의미를 갖게 될지는 전혀 예측하지 못했다. 누구도 혁명을 계획한 대로 이끌어나갈 수 없었으며, 얽히고설킨 사건을 어느 정도 수습하고 나서 돌이켜보면 비로소 변화가 컸다는 사실을 알 수 있었기 때문이리라. 여론조사가 발달하고 미래의 가능성을 여러모로 예측해서 대처하는 오늘날에도 엉뚱한 요인이 작용해 전혀 예상하지 못한 문제가 터지곤 한다. 1789년 프랑스의 현실은 더욱 예측하기 어려웠다.

루이 16세는 절대군주로서 전국신분회를 소집하고 6월 이후 입헌군주가 되었으며, 프랑스 왕국의 신민은 8월의 '인권선언'으로써 시민으로 다시 태어났음에도 루이 16세를 여전히 '아버지'로 존경하는 '신민'도 존재했다. 그러니 혁명의 앞날이 오늘날 우리가 아는 방향으로 흘러가리라고 예측하는 사람보다는 하루하루의 과제를 해결하는 일에 매달리는 사람이 대부분이었을 것임이 분명하다. 10월 초에 왕이 '파리의 포로'가 되었을 때, 그 누구도 1,000년간 뿌리내린 왕정을 폐지하는 날이 3년 안에 오리라고는 전혀 상상할 수 없었다.

전국신분회가 국회를 선포함으로써 입헌군주정으로 나아가는 길을 다지고, 「인간과 시민의 권리선언」을 헌법 전문으로 넣기로 결정한 7월과 8월에 프랑스 '신민'을 '시민'으로 바꾸어 원칙상 기본권으로서 참정권을 인정한 것이 정치적 구체제를 무너뜨린 가장 두드러진 변화였다. 더욱이 8월 4일부터 11일 사이에 귀족의 특권을 폐지해 사회적 구체제의 바탕마저 무너뜨린 것도 눈여겨볼 만한 변화였다.

구체제의 두 가지 요소가 무너지면서 문화적 차원의 변화도 나타났다. 유럽에 정착한 게르만 민족의 왕국 가운데 가장 먼저 가톨릭을 받아들이고 지상에서 하느님을 대신하는 존재가 왕이라는 사상을 발전시킨 나라에서 왕의 신권과 절대주의를 부정한 것이다. 그리고 8월에 벌써 교회 재산을 국가재정에 이용하자는 의견이 나오기 시작했다. 제1신분인 종교인과 그들의 재산이 정치·사회·문화적으로 위협을 받는 시대가 왔던 것이다. 그러므로 아직도 '신민'으로 충실하게 살아가면서 왕을 '아버지'로 생각하는 사람도 많았지만, '혁명'이 다시 한번 폭발해주기를 바라는 사람들이 점차 늘어났다. 10월초, 왕의 일가족이 베르사유 궁에서 파리로 '끌려가' 튈르리 궁에서 살기 시작했을 때가 혁명이 다시 한번 추진력을 얻는 계기였다.

이 책에서는 튈르리 궁에서 살던 왕과 국회가 화합과 불화를 일으키면서 새 체제를 만들어가는 1789년 10월부터 1790년 7월 14일 전국연맹제Fête nationale de la Fédération까지 일어난 일을 살펴보려 한다. 이 기간에 일어난 일을 일일이 거론하기는 어렵다. 몇 가지 중요한 일을 살펴보면, 혁명기에 처음으로 국사범을 재판하는 과정에서 사법개혁과 재판소 설치 문제가 두드러지게 나타난 점, 파리와 지방정부를 조직해 그동안 중앙집권화했던 권력을 지방에 분산시키는 법을 만든 것, 재정문제를 해결하려고 노력하면서 '성직자 시민헌법'*을 제정해 종교인을 시민사회의 일원으로 편입하게 한 일을 꼽을 수 있다. 1790년 7월 14일에 조국의 제단을 세우고 국민대화합의 장을 마련하는 잔치를 벌였지만, 프랑스인의 일상은 눈에 띄게 나아지지 않았다. 그사이에 제도적으로는 굉장한 변화를 겪었으며 "가장 독실한 기독교도"인 루이 16세가 혁명에 넌더리가 나는 계기가 왔으니, 그것은 바로 7월 12일에 국회가 제정한 '성직자 시민헌법'을 7월 22일에 '받아들이고' 나서 그 헌법을 공표하는 후속조치를 취하지 않다가 8월 24일에 마지못해 승인한 일이었다. 루이 16세는 양심의 갈등을 겪고 파리에서 도망치고 싶어한다.

1790년 초만 해도 왕은 튈르리 궁 생활에 잘 적응했다. 지나가는 국민방위군 장교를 불러 장기도 두었다. 왕비도 자녀교육에 힘쓰는 한편, 책읽기보다는 쉽게 정신을 집중할 수 있는 수놓기로 시간을 보냈다. 왕은 2월 4일에는 국회에 나가 그동안 국회가 추진한 사업을 승인하고, 자신과 국회가 하나임을 선언함으로써 의원들과 방청객을 모두 기쁘게 해주었다. 파리 코뮌은 이에 화답하듯 14일 일요일에 노트르담 대성당으로 국회의원들을 초청해 '테 데움' 감사기도를 올리면서 축하했다. 마침 전날(13일)에는 국회가 종교적 서원을 금지하고 수도회를 폐지했다. 국회가 정교분리의 원칙을 실천하면서도 국가의 경사에는 성대한 감사기도를 올리는 것 또한 일종의 문화지체 현상이었다.

이미 1789년 혁명이 시작되었을 때부터 귀족의 음모와 대공포에 대응하려고 연맹협정을 맺는 바람이 불고 있을 때, 전국에는 "국민, 법, 왕에게 충성

---

* 이 개념에 대해서는 제2부 4장 "성직자 시민헌법"을 참조할 것.

하는 맹세"의 메아리가 퍼져나갔다. 맹세는 혁명이 일어나기 전에도 널리 퍼진 관행이었다. 예를 들어 직업인조합에서도 맹세를 했다. 그것은 무엇보다도 종교적인 성격이 강하고 절대주의 체제에 복종한다는 내용이었다. 그러나 혁명 초 '죄드폼의 맹세'는 구체제의 맹세와 전혀 다른 성격의 맹세였고, 그 뒤 혁명기 내내 시민들이 단결해 연대의식을 공유하는 중요한 행사가 되었다. 1790년 전 국민의 화합을 상징하듯이 수만 명이 "나는 맹세합니다!"라고 내지르는 소리가 7월 14일에 샹드마르스에서 울려 퍼졌다. 왕은 정규군도 국민방위군과 함께 전국연맹제에 참가하라고 명령했다. 파리 코뮌이 준비한 잔치는 그동안 국경지방에서 각자 맺은 연맹군을 하나로 모으고 외국인 대표들도 불러들인 대화합의 상징이었다. 그날 거기에 참가한 사람들은 실로 감동적인 장면을 보고 기뻐했다. 그러나 연맹제는 막간극이었다. 가장 시급한 재정문제도 잘 해결하지 못하는 상황에서 '성직자 시민헌법'으로 문화혁명을 시작한 것이 혁명의 방향을 바꾸는 중요한 변수로 작용했던 것이다. 연맹은 국회와 왕 사이의 권력관계가 변화하는 과정에서 국회에 영향력을 행사하는 세력이 되었고, 이 또한 혁명의 과정에 큰 영향을 미친다.

이 책에서도 국회의 토론 장면을 많이 만날 것이다. 아무리 혁명이 대중의 힘 또는 폭력과 함께 추진력을 얻는 것이라 할지라도, 늘 새로운 헌정질서를 창조하는 민주적 절차를 소중히 여기지 않았다면 오늘날 우리에게 별 의미가 없을 것이다. 국회의원들은 날마다 각 분야의 전문위원회들이 연구한 안을 토론하고 심의를 거쳐 헌법으로 확정하면서도, 새로 일어나는 사건에 대응하려고 예정에도 없던 시간을 할애해 토론하고 상대를 설득하면서 합의를 이끌어냈다. 프랑스 혁명의 본질적인 측면이 바로 여기에 있다. 따라서 의원들의 발언을 추적하면서 국회의 현장감을 살리려 했다.

파리,
혁명의 새 중심지

제 1 부

1
혁명의 중심지가 된 파리

　　　　　카름 선거구 대표 르페브르와 드 라 그레는 파리 코뮌의 명을 받고 라파예트를 따라 1789년 10월 5일에 베르사유로 출발했다. 그날 밤 파리 코뮌에 보낸 보고서에서 그들은 라파예트가 베르사유 궁에 도착해 왕을 알현한 뒤에 일어난 일을 자세히 적었다. 특히 그들은 왕과 대화한 내용을 다음과 같이 정리했다.

　　우리는 왕과 프로방스 대군(왕의 동생)의 질문을 받았습니다. 두 분은 우리에게 파리 코뮌이 바라는 것이 무엇인지 물었습니다. 우리는 파리의 주민 절대다수가 바라는 것을 네 가지로 정리해 전하께 아주 공손히 대답했습니다.

　　1. 왕의 신성한 옥체를 호위하는 일을 파리와 베르사유의 국민방위군에게만 맡길 것. 왜냐하면 그 누구도 그들보다 더 왕을 사랑하는 사람이 없기 때문이다.

　　2. 왕은 대신들을 통해 파리의 생활필수품 현황과 수급방법을 알려주어 겨울이 가까울수록 더욱 걱정이 앞서는 대중을 안심시켜주기 바란다.

　　3. 민중은 감옥에 갇힌 사람들을 석방할 판결을 소리 높여 요구하는 한편, 왕이 국민의 대표들을 부추겨 한시라도 빨리 헌법을 제정하게 만드는 동시에 그들이 만든 법을 빨리 승인해줄 것을 요구한다.

　　4. 마지막으로 왕이 유럽에서 가장 아름다운 궁전, 가장 큰 도시의 한가운데서 신민들의 대다수와 더불어 살고 싶다면 프랑스 국민을 사랑한

다는 증거를 보여줄 것.

코뮌 대표들이 파리 시청에서 회의를 할 때는 '시민'으로서 왕에 대해 비교적 자유롭게 얘기할 수 있겠지만, 직접 만나서는 곧바로 '신민'이 되고 마는 현실은 혁명이 시작되었다 할지라도 '문화지체 현상'이 있음을 보여준다. 게다가 파리 코뮌이 앞으로 정치무대에서 왕과 국회의 결정에 맞설 만큼 권력을 강화하고, 입으로는 '프랑스 국민'을 말할지라도 마음속으로는 국민과 파리 주민(실은 그 대표인 자신들)을 동일시했다는 사실을 알 수 있다.

코뮌 대표들의 말을 들은 루이 16세는 조목조목 다음과 같이 대답했다.

첫째, 파리 국민방위군 사령관 라파예트와 베르사유 국민방위군 사령관 데스탱은 그 문제를 함께 상의하면 좋겠으며, 자신은 그들에게 신변 호위를 맡기는 것에 동의한다.
둘째, 자리에 배석한 대신에게 이 문제에 대해 명령을 내렸다.
셋째, 자신은 그날 저녁에 이미 그동안 국회가 결정한 사항을 재가했다.

그러나 루이 16세는 네 번째 문제에 대해서는 분명히 대답하지 않았다. 왕, 프로방스 백작, 대신들, 한마디로 행정부가 파리로 옮겨가는 일은 당장 대답하기 곤란한 문제였다. 그러므로 이튿날 아침에 일어날 일과 견주어볼 때 시위대의 위협이 왕에게 결단을 강요했다는 사실을 분명히 말할 수 있다. 이처럼 혁명기에는 우발적인 사건이 거듭 일어나 예측하기 어려운 결과를 낳았음을 알 수 있다.

코뮌 대표들은 다음과 같이 희망찬 말로 보고서를 끝냈다.

전하가 착한 파리 시를 관대하게 대해주신 것은 프랑스 전체에 가장 아름다운 날이 오리라는 조짐이라 하겠습니다.

파리 코뮌은 1789년 10월 6일에 이 보고서를 읽고 "왕의 어버이 같은 감정"을 실감했으며, 수도가 앞으로 프랑스 인민의 사랑을 받을 자격이 충분한 군주를 모시게 되리라는 행복한 예감에 젖어들었다. 그리하여 코뮌 회의에 참석한 의원들은 모두 기쁨과 감격에 겨웠다. 파리에 군주가 정착하는 것은 루이 14세가 1682년에 베르사유 궁전으로 옮긴 뒤 107년 만의 일이며, 이로써 파리는 다시 한번 프랑스 정치의 완전한 중심지로 거듭났다.

코뮌 의회는 왕이 파리로 온다는 기쁜 소식을 시민들에게 알리기로 결정하고, 그 사실을 인쇄해서 시청 광장에 붙이고 북을 쳐서 널리 알리기로 했다. 그와 동시에 벽보를 선거구마다 붙이도록 발송했다.

파리 시민들에게 다음과 같이 알린다. 파리 국민방위군은 베르사유에서 아무런 방해를 받지 않았으며, 왕은 그들을 친절하게 받아주었다. 전하는 헌법의 조항들을 인준하셨고, 파리 국민방위군의 일부에게 전하를 호위하는 임무를 맡기기로 결정하시고, 그 결정으로 우리의 부대가 중요한 지점을 장악했다.
코뮌 의회는 파리의 생활필수품을 확보할 수 있는 가장 효과적인 조치를 취할 것임을 시민들에게 알린다.

오후 1시에 시장 바이이는 루이 16세를 맞이할 사절단을 꾸려 시청을 출발했다. 코뮌 의회 의장 모로 드 생메리, 총무 드 졸리, 그리고 라비뉴와 트레

빌리에를 비롯한 코뮌의 의원들이 함께 왕을 맞이하러 출발했다. 파리 국민 방위군 참모 르코크는 파리 시의 열쇠를 들고 앞장서 나아갔다. 이들이 걸어 가는 길가에는 파리 국민방위군이 겹겹이 울타리를 치고 질서를 유지했다.

바이이 일행이 생토노레 문밖의 루아얄 거리에 도착했을 때, 왕은 겨우 파리 외곽의 세브르 마을에 도착했다는 소식을 들었다. 그들은 서두를 필요 가 없기 때문에 어느 집에 들어가 쉬기로 했다. 5시에 그들은 라 콩페랑스 입 시세관까지 갔다. 7월 17일, 왕이 파리를 방문할 때 바이이가 맞이하던 곳이 었다. 잠시 후 왕이 탄 마차가 오는 것을 보고 시장과 코뮌의 대표들이 다가 갔다. 6만 명이 아홉 시간이나 걸려 베르사유 궁에서 파리까지 느린 여정을 거의 마치는 순간이었다. 시장은 왕을 맞이하고 행운의 열쇠를 준 뒤 환영사 를 했다.

오늘은 전하께옵서 존귀한 왕비님과 앞으로 전하만큼 훌륭하고 공정한 성군이 되실 왕세자와 함께 수도로 오신 아름다운 날입니다. 전하, 파리 시장으로서 파리 시민의 진심을 전하께 전해드립니다. 전하께서 우리에 게 주신 순간은 비록 짧지만 한없이 소중합니다. 바라옵건대 전하께서 는 늘 우리 곁에 머물러주십시오. 만일 전하께서 우리에게 그러한 은혜 를 베푸신다면 수도는 가장 아름답고 소중한 선물을 받게 될 것입니다. 어버이 같은 전하께서 우리를 보살펴주신 덕택에 우리는 물자부족에 대 비할 수 있게 되었습니다. 전하는 우리의 충성심을 확인하실 것입니다. 우리는 전하의 보살핌으로 질서와 평화를 되살리고, 전하의 모범을 좇아 소중한 덕성을 모두 회복할 것입니다. 끝으로 루이 16세의 치세에 왕은 인민에 의해 강력해지고 인민은 왕에 의해 행복해질 것입니다.

이날 바이이는 시장으로서 파리 시민의 생각을 대변했던 것인가? 바로 전날, 파리 아낙들이 주축이 되어 베르사유로 행진했고, 그 결과 마지못해 파리로 온 루이 16세가 '어버이같이' 돌봐준 덕택에 물자부족에 대비할 수 있었다는 말은 분명히 아첨에 가까운 공치사다.

왕은 파리 시장에게 다음과 같이 간단히 대답했다.

"과인은 기꺼이 신뢰를 가지고, 과인의 착한 도시 파리의 시민들과 언제나 함께 살아가겠소."

무슨 말을 더할 수 있겠는가? '기꺼이avec plaisir' 그리고 '신뢰를 가지고 avec confiance', 이 두 마디는 모두 속내를 감춘 말이었음을 누가 모르겠는가? 예로부터 파리는 왕권에 대드는 도시가 아니었던가? 그래서 앙리 4세는 파리의 반발을 누그러뜨리려고 가톨릭교로 개종하고, 루이 14세는 아예 베르사유로 왕궁을 새로 짓고 이사 갔으며, 루이 15세는 콩피에뉴로 행차할 때는 일부러 파리를 거치지 않고 다른 길로 돌아가지 않았던가? 그리고 파리 주민은 루이 16세를 거의 납치하다시피 파리로 데려오지 않았던가? 그럼에도 현장의 분위기는 잠시나마 혁명 전의 왕과 백성의 시대 그리고 '화합'을 생각나게 만들었다. 시장과 의원들은 왕의 마차를 시청으로 안내했다. 시청 대회의실에서는 코뮌 의회가 왕을 맞이할 준비를 갖추었다. 회의실을 둘러싼 방청석에는 시민들이 자리를 잡았다.

저녁 8시 반, 파리 코뮌 의회는 왕 일행을 열렬히 환영했다. 왕 부부는 특별히 마련한 닫집 아래로 가서 자리를 잡았다. 프로방스 백작, 엘리자베트 공주가 왕과 왕비 곁에 앉았다. 왕 일행을 따라온 국회의원 100명도 특별히 마련해준 의자에 앉았다. 100명 중에는 파리 문안과 문밖에서 보낸 대표들이 모두 포함되었다. 코뮌 의원들과 방청석의 시민들이 환호성을 지르면서 왕

일행을 맞이했다. 파리 시장은 장내가 조용해질 때를 기다려 라 콩페랑스 입시세관 앞에서 왕에게 들은 이야기를 공식적으로 확인해주었다.

"여러분, 나는 전하께서 내게 들려주신 답변을 그대로 보고하겠습니다. 전하께서는 내게 이렇게 말씀하셨습니다. '나는 기꺼이 과인의 착한 도시 파리의 시민들과 언제나 함께 살아가겠소.'"

그 말을 들은 왕비가 말을 바로잡아주었다.

"신뢰를 가지고."

왕이 직접 덧붙여 말했다.

"바이이 시장, '신뢰를 가지고'라고 말씀해주시오."

시장이 왕의 말을 받아서 이렇게 말했다.

"여러분, 전하께서 말씀하신 내용을 직접 들으셨겠지요. 내 입으로 전한 것보다 전하께서 말씀하시는 것을 직접 들으셔서 더 행복하실 것입니다."

시장이 재치 있게 자신의 잘못을 감추면서 왕의 말을 전하자 코뮌 의원들과 시민들은 감동해서 시청이 떠나갈 듯이 외쳤다.

"왕 만세, 왕비 만세, 왕세자 만세, 공주마마 만세, 대군마마 만세, 엘리자베트 공주마마 만세."

잠깐 뒤, 클레르몽 앙 보부아지의 귀족 의원 라로슈푸코 리앙쿠르 공작이 일어섰다.

"국회는 오늘 아침 이렇게 의결했습니다. '국회는 왕과 뗄 수 없는 관계다. 그러므로 이제부터 파리에서 회의를 할 것이다'라고."

이 소식을 들은 파리 시민들은 모두 다시 한번 환호성을 질렀다.

"국회 만세!"

이제 코뮌 의회의 의장 보빌리에를 돕는 공동의장직을 맡은 모르 드 생메리가 왕의 허락을 받고 일어났다.

전하, 프랑스인들이 왕을 존중할 필요성을 반드시 알아야 한다면, 우리
는 루이 16세의 덕을 증명하겠으며, 우리의 맹세는 신성할 것입니다. 그
러나 군주에 대한 사랑을 의무가 아니라 필수적 욕구라고 생각하는 인민
은 자신의 충성심에 대해 아무런 의심을 품어서는 안 될 것입니다. 전하
께서는 우리를 당신께 전보다 더 강력하게 결합시키셨습니다. 전하께서
앞으로 국민과 왕, 왕과 국민의 이중관계를 만들어줄 헌법을 인정해주신
덕택입니다. 요컨대 전하께서는 우리와 함께 살려고 파리에 오심으로써
우리의 희망을 최고조에 달하게 해주셨습니다. (……) 아버지는 마땅히
숭배받아야 할 존재이며, 대가족은 숭배할 만한 아버지를 가지기를 바랍
니다. 그리하여 아버지는 자연스럽게 자식이 가장 많이 모여 사는 장소
를 택해야 합니다.

인구 약 2,800만 명인 프랑스에서 가장 큰 도시인 파리의 시민은 3퍼센
트도 안 되었다. 그럼에도 모르 드 생메리는 왕이 "자식이 가장 많이 모여 사
는" 파리에서 사는 것이 "자연스럽다"고 말했다.

왕과 가족은 튈르리 궁으로 갔다. 궁전의 주인이 너무 갑작스럽게 갔기
때문에 모든 것을 제대로 준비해놓지 못한 상태였다. 그동안 튈르리 궁의 모
든 숙소는 조정에 속한 사람들이 쓰고 있었는데, 그들은 그날 아침 왕이 베르
사유 궁을 떠나 파리로 온다는 소식을 듣고 부랴부랴 튈르리 궁에서 몸만 빠
져나가듯이 사라졌다. 모든 가구는 왕실 소유였기 때문에 그대로 놔두고 갔
다. 왕비는 그동안 노아유 원수의 누이 라마르크 백작부인이 쓰던 방으로 들

어가고, 프로방스 백작부부는 뢱상부르 궁으로 갔다. 그렇다고 해서 왕 부부가 당장 베르사유 궁에서 생활하던 것처럼 지낼 수는 없었다. 그들은 튈르리 궁의 첫 밤을 형편없는 침대에서 자야 했다.

이튿날 아침, 시종장이 왕과 왕비에게 정식으로 어떤 방을 쓰겠는지 물었다. 왕은 시큰둥하게 대답했다.

"각자 알아서 지내도록 하지요. 나는 그런대로 괜찮소."

정말 괜찮아서 괜찮다고 했을까? 불편한 속내를 최대한 감추면서 말했음이 분명하다. 루이 16세는 곧 왕비와 함께 궁을 둘러보고 나서 각자 마음에 드는 숙소를 결정했다. 곧 왕 부부의 취향에 맞게 숙소를 고치고 정돈하는 한편, 며칠 동안 베르사유 궁에서 가구를 실어 날랐다. 왕비는 서재를 옮겨달라고 했지만 왕은 오직 종교서적, 여러 나라의 정치적 변화의 역사, 특히 영국왕 찰스 1세의 불행한 역사를 담은 책을 가져오도록 했다. 그는 자기 조상 앙리 4세의 사위였던 찰스 1세의 불행한 처지를 생각하면서 자신을 위로하고 싶었을지 모른다. 왕은 그 뒤에도 결국 왕정이 몰락하는 1792년까지 필요한 책이 있을 때마다 베르사유 궁으로 사람을 보내 가져다 읽었다.

왕은 1층에 숙소를 정했다. 그것은 정원에서 현관을 들어서면서 왼쪽 복도 곁에 있는 숙소로 1층, 중이층, 2층의 방 세 개로 구성되었다. 지리학 서재를 중이층에 마련하고 2층에 침대를 놓았다. 그의 침실 곁에 회의실을 마련했다. 왕비는 그 근처에 숙소를 정했다. 1층에 침실과 접견실, 중이층에 도서실을 마련했고 그 위의 2층 방을 공주의 침실로 내주었다. 그 방은 왕세자의 침실, 왕의 침실과 붙어 있었다. 왕비의 접견실을 나가면 당구장과 부속실이 붙어 있었다. 왕의 가족이 쓰는 아파트의 옆에는 1층에 왕세자와 공주의 교사들을 위한 숙소를 두었다. 또 시종들이 중이층을 사용하고, 2층에는 근위대가 쓰는 방과 베르사유 궁에서 가져간 물건을 두도록 했다.

대포에 올라타거나 왕의 마차를 에워싸고 온갖 모욕을 주면서 파리로 동행했던 아낙들이 7일 아침에 왕비의 침실 창문 아래로 몰려가 왕비를 불렀다. 왕비가 창문을 열었다. 한 여인이 대표로 나서서 왕비에게 말했다.

"왕비마마, 이제부터 왕들을 파멸시킨 간신을 모두 물리치시고, 그 대신 선량한 도시의 주민들을 사랑해주시옵소서."

왕비가 대답했다.

"나는 베르사유 궁에 있을 때부터 파리 주민을 사랑했으며, 이제 파리에 와서도 여전히 사랑하겠소."

그러자 다른 여인이 말했다.

"아무렴, 그렇지요. 하지만 7월 14일에 마마는 파리를 공격하고 포격하게 만들고 싶어하셨지요. 그리고 10월 6일에는 국경으로 도피하려 했지요."

왕비는 당황하면서 대답했다.

"그것은 헛소문이오. 그 때문에 여러 사람이 불행해졌어요. 또한 가장 훌륭한 왕까지 불행하게 되었지요."

제3의 여성이 왕비에게 독일어로 말하자 왕비는 이렇게 대답했다.

"나는 무슨 말인지 이해하지 못합니다. 나는 완전한 프랑스 사람이 되었기 때문에 벌써 오래전에 모국어를 잊어버렸습니다."

마리 앙투아네트는 어릴 때 세자빈이 된 뒤 18년 반을 프랑스에서 살았으니 모국어를 잊어버릴 만도 했다. 그의 말을 들은 아낙네가 박수를 치면서 환호했다. 그러더니 왕비에게 뭔가 약속을 해달라고 제안했다. 이 말을 들은 왕비는 이렇게 대답했다.

"여러분이 내가 의무로 알고 하는 일을 믿지 않는데, 또 나는 내 행복을 존중해야 하는데, 내가 여러분에게 무슨 약속을 해드릴 수 있겠습니까?"

여성 시위대는 왕비 모자에 단 리본과 꽃을 달라고 요구했다. 왕비는 모자에서 리본과 꽃을 떼어 그들에게 주었다. 여성들은 앞 다투어 그것들을 나눠 가지더니 거의 반 시간 동안이나 외쳤다.

"마리 앙투아네트 만세! 우리의 자애로운 왕비마마 만세!"

왕비는 파리 아낙들이 베르사유 궁을 수비하던 병사의 머리를 창끝에 꿰어 들고 자신이 탄 마차를 에워싼 채 파리로 동행하던 끔찍한 장면을 머릿속에서 쉽게 지울 수 없었다. 그렇게 사납던 파리 아낙들은 왕비를 쉽게 불러내고 왕비에게 문초하듯이 질문을 던지다가 마지막에는 감동 어린 환호성을 내질렀다. 그들은 그런 방식으로 자신들의 힘을 인식하기 시작했던 것 같다. 그들에게는 실제로 왕과 왕비를 아무 때나 불러낼 수 있는 힘이 생겼다. 그날 왕세자는 튈르리 정원에 떠도는 흉흉한 소문을 듣고 울면서 왕비 품에 안겼다.

"어머니, 오늘도 어제 같은 날이 될까요?"

며칠 뒤 왕세자는 왕에게 다가가 물끄러미 보더니 아주 진지하게 물었다.

"왜 아버지가 그렇게도 사랑하는 사람들이 갑자기 아버지에게 화가 난 거죠? 무엇 때문에 그들은 그렇게 화가 났나요?"

아버지는 아들을 무릎에 앉히고 대답했다.

"아들아, 나는 백성을 전보다 더 행복하게 만들고 싶었다. 나는 전쟁 때문에 늘어난 비용을 갚는 데 쓸 돈이 필요했단다. 그래서 우리 조상들이 하던 대로 백성에게 돈을 요구했어. 고등법원 법관들이 반대하고 나섰지. 그들은 내 백성만이 거기에 동의할 권리를 가졌다고 말했어. 나는 각 도시에서 가장 훌륭한 가문에 태어나고, 재산이나 재능이 가장 많은 사람들을 베르사유에 모이게 했지. 그것을 전국신분회라 부른단다. 그들이 모였을 때 그들은 나를 위해서건 또는 내 왕위를 물려받을 너를 위해서건 도저히 해줄 수 없는 일을 내게 요구했어. 그들은 백성을 들고일어나게 만든 고약한 사람들이었다. 지난 여러 날 동안 지나친 일이 일어난 것도 모두 그들 때문이지. 그러므로 백성을 미워해서는 안 된단다."

왕이 자식 같은 백성을 미워하지는 않았지만, 국회의 제3신분 의원들과 그들 편에 선 귀족과 종교인 의원들을 원망했음은 분명하다. 그들이 자신과 백성 사이를 갈라놓지 않았던가? 그럼에도 왕은 그들과 어떻게든 협력해야 했다. 왕은 10월 9일에 국회의장 앞으로 편지를 보냈다.

의장, 파리 주민들이 과인에게 애정과 믿음을 보여주고, 파리 코뮌이 열성을 다해준 덕에 과인은 이곳에 편안히 정착하기로 결심했소. 그리고 과인은 언제나 국회의원 여러분이 나와 헤어지지 않으려 한다는 사실을 믿으면서, 여러분이 위원들을 임명해 파리에서 가장 적당한 장소를 찾아 회의장으로 쓰기 바라오. 과인은 그 준비에 필요한 모든 명령을 즉시 내릴 것이오. 이처럼 과인은 여러분의 유익한 과업을 늦추는 일이 없이 상호 신뢰로 더욱 필요해지는 의사소통을 더욱 쉽고 빠르게 할 수 있도록 노력하겠소.

파리에서, 1789년 10월 9일, 루이.

국회는 왕이 보낸 편지를 잘 접수했지만 당장 파리로 갈 수는 없었다. 회의실을 마련해야 했기 때문이다. 그들은 왕과 뗄 수 없는 관계임을 확인하려고 대표 100명을 왕의 곁에 머물게 했다. 그러나 파리에 회의실을 마련할 때까지 의원 대부분이 베르사유의 소락청(므뉘 플레지르)에서 계속 회의를 열고 중요한 사항을 심의하고 의결했다. 혁명의 첫 단추를 끼는 일에서 왕의 반대에 부딪히기도 했지만, 10월 5일에 그동안 결정한 중요한 법을 한꺼번에 재가받아 추진력을 얻었다. 그리고 이제 왕은 어느 정도 현실을 인정하는 것이 분명했다.

10월 10일, 국회는 의원들의 '불가침성(신성성)'을 안건으로 채택했다. 사실 이 문제는 루이 16세가 절대군주로서 '국회'를 인정하지 않고 전국신분회로 되돌리려고 시도한 6월 23일에 일단 결정이 났다.* 그렇지만 그때는 거의 '평민 의원들'만 참여했고 헌법을 제정하는 논의를 본격적으로 시작하기 전이었으므로 다시 한번 짚고 넘어가기에 적당한 시간이라고 생각했기 때문일까? 아니면 파리로 가기 전에 의원들의 신분을 확실히 보장하는 법을 만들고 싶었기 때문일까? 그렇지 않다. 당시 문서를 읽다보면 국회의 의사일정이 그때그때 즉흥적으로 결정되는 사례가 많다는 사실을 알 수 있다. 의원들이 정치·경제·사회·문화의 흐름에서 따로 떨어져 사색하는 철학자나 작가가 아니라 그 흐름에 휩쓸리거나 저항하거나 자기 마음대로 이끌려고 애쓰는 사람들이었기 때문이며, 또 뿌리 깊은 구체제에서 벗어나 새로운 인간관계와 새 질서를 만들어내야 하기 때문에 사람들이 의도하건 의도하지 않건 일어나는 사건의 영향을 받지 않을 수 없었다. 이러한 사정을 보여주는 사례가 생도맹그(산토 도밍고)의 의원 슈발리에 드 코슈렐이 발의한 것처럼 의원들의 신변

---

* 1789년 6월 23일, 미라보가 발의한 안건을 놓고 잠시 토론을 거친 뒤 반대 34표, 찬성 493표로 통과시킨 내용은 다음과 같다. "국회는 모든 의원이 신성한 존재임을 선언한다. (그 누구라도 의원을 해치는 사람이 있다면) 국회는 필요한 수단을 모두 동원해 그렇게 행한 자와 사주한 자를 철저히 조사·추적·처벌할 것이다."

안전 문제였다.

지난 화요일에 전하와 동행하라는 명령을 받고 구이 선생과 나는 왕의 마차보다 먼저 파리를 향해 출발했습니다. 세브르에 도착했을 때 사람들이 우리가 탄 마차를 세웠습니다. 그들은 내가 비리외가 아니냐고 물었습니다. 구이 선생이 아니라고 대답하니까 마차를 둘러싼 사람들이 목소리를 높이면서 자신들은 구이 선생이 아주 훌륭한 의원임을 잘 안다고 말했습니다. 구이 선생은 왜 비리외 의원을 찾느냐고 물었습니다. 그랬더니 한 사람이 만일 비리외를 잡으면 자기 손으로 죽여버리겠다고 말했습니다. 그리고 국회에서 쫓아낼 사람이 비리외뿐만 아니라 여럿이라고 말했습니다. 그는 구이 선생에게 내 이름을 가르쳐달라고 말했고 구이 선생이 내 이름을 말해주자 우리를 보내주었습니다. (……)

만일 국민의 대표들이 범죄자들의 위협을 받고 용기를 꺾게 된다면 앞으로 두려움을 느끼면서 의결한 법령이 과연 슬기롭다고 생각할 수 있겠습니까?

따라서 나는 의원들의 자유를 확보해줄 새로운 조치를 한시바삐 마련해 시급히 공표해야 한다고 믿습니다.

여러 의원이 의사일정대로 회의를 진행하자고 제안했고, 일부 의원은 이 문제를 다룰 것인지 의견을 묻자고 제안했다. 주제는 신체상의 위협에서 신문과 잡지의 중상비방까지 확대되었다. 그날 저녁 이 문제를 다시 논의할 때도 찬반토론이 있었고 미라보 백작이 강력히 주장했듯이 이미 '불가침성'에 대해 국회가 결의한 사례가 있으므로 다시 논의할 필요가 없다고 결론을 내렸다. 새로운 결정이 나온 것은 없다 할지라도 이날 하루 다시 한번 의원의 특권에 대해 논의하고 의사록에 그 과정을 기록했다는 데서 의미를 찾을 수 있다.

그날 파리 코뮌의 대표단이 국회에 도착했다. 대표단은 코뮌 의회가 결정한 내용을 국회에서 읽었다.

코뮌 의회는 국회가 왕과 뗄 수 없는 관계임을 선언하고, 그 뜻을 좇아 수도로 와서 회의를 할 것이라는 사실을 알고 있습니다. (……) 그래서 국회에 다음과 같은 사실을 알려드리기로 결정했습니다. 파리의 모든 주민은 국회가 제정하는 법령에 마음속 깊이 복종하고, 국회의원들이 평화롭고 자유롭게 법안을 심의하고 의결할 수 있는 수단을 강구하겠으며, 국회의원 각자의 불가침성을 보장해드리겠다고 엄숙히 약속합니다.

파리 코뮌이 국회의원의 안전을 확실히 보장해주겠다고 약속한 이상, 의원들이 이 문제를 다시 의결할 필요는 없었다. 게다가 잇달아 왕과 파리 코뮌의 초대를 받은 국회는 곧 파리로 떠나게 된다. 베르사유 시 당국은 10월 8일에 국회로 찾아가 왕과 국회가 계속 머물러달라고 요청했지만, 이미 왕은 떠났으며 국회까지 자기 곁으로 불러가는 것을 막을 수 없었다. 국회, 다시 말해 제헌의회가 10월 15일에 앞으로 신분을 구별할 수 있는 의상을 입지 말고 공식석상에서 자리도 뒤섞어 앉기로 결정한 대로 19일부터 파리 대주교청의 대회의실에 모였다. 이렇게 해서 눈으로 볼 수 있는 구체제의 모습도 조금씩 사라지고 있었다.

이제부터 파리는 행정부를 대표하는 왕과 입법부를 갖추어 진정한 의미에서 프랑스의 수도로 거듭 태어나 혁명의 중심지가 되었다. 카미유 데물랭은 『프랑스와 브라방의 혁명들*Révolutions de France et de Brabant*』 첫 호에서 "파리는 모든 도시의 여왕이 될 것이며, 프랑스 제국의 위대함과 장엄함에 수도의 화려함으로 대응할 것이다"라고 쓰면서 희망을 드러냈다. 그러나 장 폴 마라는 『인민의 친구』 제7호에서 좀더 신중하게 말했다. 선량한 파리인이 마침내 왕을 가지는 것은 축복할 일이며 이제 가난한 서민이 굶어 죽는 일은 없겠지만 "우리가 헌법을 완전히 제정할 때까지 왕 일가를 부지런히 감시해야 이 행복이 물거품처럼 사라지지 않을 것이다"라고 했다. 한마디로 『인민의 친구』는 동료 시민들의 기쁨은 함께 나누겠지만 눈을 부릅뜨고 왕과 특권층을 지켜보겠다고 다짐했던 것이다.

2
파리의 정치 클럽

파리는 전통적으로 종교·학문·예술의 중심지였으며, 특히 18세기 중엽부터 구체제의 밑동을 허무는 여론을 형성하고 이끄는 곳이었기 때문에 정치적으로도 그 중요성을 무시하기 어려운 도시였다. 더욱이 1789년 10월 6일에 루이 16세를 데려간 뒤 파리는 1세기 만에 정치적 수도의 지위를 회복했다. 곧 국회도 파리에 정착하고 1,000명이 넘는 의원들이 파리에서 활동하게 되자 정치적 모임이 급속히 늘어났다. 팔레 루아얄처럼 사람들이 모여 정치적인 얘기를 하고 행동에 옮기던 장소는 그대로 있으면서 새로운 정치생활의 중심지가 많이 생겼는데, 그중에서 정치 클럽이 차지하는 비중이 높다. 팔레 루아얄의 주인인 오를레앙 공을 중심으로 활동하던 이른바 '오를레앙위원회', 왕당파가 모여 활동하던 정치 클럽인 '발루아 클럽'이 있었지만, 혁명을 지지하는 사람들은 '자코뱅 클럽'을 지지하고, 왕당파 클럽에 야유를 퍼붓고, 그곳에 드나드는 사람들을 위협했다.

자코뱅 클럽을 얘기할 때면 언제나 '브르타뉴 클럽'부터 살펴봐야 한다. 브르타뉴 클럽은 전국신분회와 함께 생겨난 정치모임이었지만, 언제 생겼는지 정확한 날짜를 말하긴 어렵다. 올라르A. Aulard는 그레구아르 신부의 『회고록』에서 6월 22일에 브르통 클럽 회의가 열렸다는 내용을 확인하고, 적어도 그전의 어느 날부터 클럽이 활동하기 시작했음을 확인했다. 브르타뉴 출신의 전국신분회 대표들이 주축이고, 다른 지방의 대표들이 거기에 합세했다. 그들은 베르사유 전국신분회 회의장 근처 생클루 거리의 지하 카페에 모이다가 회원수가 늘어나자 장소를 이리저리 옮겨 다녔다. 한때 클럽 회원이던 알렉상드르 드 라메트는 『제헌의회의 역사Histoire de l'Assemblée constituante』에서 이렇게 말했다.

> 브르타뉴 사람들은 베르사유에서 아주 넓은 장소를 골랐다. 의원 상당수가 거기에 참석했는데 귀족도 소수 참석했다. 이 모임을 브르타뉴 위원회Comité breton라 불렀다.

베르사유 시절 마지막 회의 장소는 생클루 거리 쪽으로 벽면을 보이고 앉은 집으로 퐁프 거리 44번지였는데, 1세기 이상 아모리 카페로 알려졌다. 아모리는 카페 주인인 장 루이 아모리의 아들 니콜라 아모리가 아버지의 뒤를 이었기 때문에 자연스럽게 생긴 이름이다. 니콜라는 전국신분회 대표를 뽑을 때부터 개혁의 지지자로서 자신이 속한 직업인 공동체의 진정서를 작성할 때 활약했고, 베르사유에서 바이아주로 보내는 대표 36인에 속했다. 그의 카페는 전국신분회가 열리는 소락청에서 멀지 않았기 때문에, 개혁 성향의 의원들이 자연스럽게 모이는 장소가 되었다. 브르타뉴 클럽의 이름이 가리키듯이 아모리 카페는 브르타뉴 출신의 의원들이 본회의에 참석하기 전에 모여 행동지침을 정하는 곳이 되었다. 1760년대부터 지방신분회와 렌 고등법원이 힘을 합쳐 왕권에 맞선 사례가 있듯이 브르타뉴 출신의 전국신분회 대표들은 비교적 잘 단결했다. 특히 종교인 대표 28명은 제3신분 대표 46명과 함께 행동했다. 에기용 공작, 미라보 백작, 시에예스 신부, 바르나브, 페티옹 드 빌뇌브(이하 페티옹), 샤스뵈프 드 볼네, 그레구아르 신부, 로베스피에르, 드 라메트 형제(샤를과 알렉상드르), 프랑슈 콩테와 앙주 의원들이 이들에게 합세했다. 올라르가 인용하는 그레구아르 신부의 『회고록』에서 우리는 이 모임의 초기 모습을 엿볼 수 있다.

죄드폼의 맹세를 하고 나서 3일 뒤 왕이 회의를 열었다. 그 전날 밤, 우리는 열두 명인가 열다섯 명이 브르타뉴 클럽에 모였다. 이 클럽은 브르타뉴 출신들이 설립했다.

우리는 왕이 이튿날 어떤 행동을 하리라는 정보를 얻은 뒤, 그 내용을 하나씩 검토하면서 토론했다. 모든 사람이 행동지침을 마련하자는 데 동의했다. 그들은 왕이 모임을 금지하는 명령을 내려도 회의실을 떠나지 말자고 결의했다. 그리고 회의를 시작하기 전에 이 같은 결정을 다른 의원들에게 알리기로 했다. 그러나 누군가가 이렇게 말했다. 기껏해야 열두 명이나 열다섯 명이 어떻게 1,200명의 행동을 통일시킬 수 있겠는가? 그러나 우리가 불특정 다수를 지칭할 때 쓰는 말(사람들on)은 마력을 가진 낱말이기 때문에 의원들이 따라줄 것이라고 그에게 대답해주었다. 그래서 우리는 이렇게 말하자고 결정했다.

"왕은 이러한 일을 하려고 합니다. 그런데 애국자들 가운데 이러한 조치를 취하자고 합의한 사람들[on]이 있습니다. (……) 사람들은 열 명을 뜻하기도 하지만 400명을 뜻하기도 합니다."

우리는 그렇게 해서 성공했다.

10월 5일과 6일의 중요한 사건이 일어나고 왕이 시위대와 함께 파리로 가서 정착한 뒤 국회도 왕의 거처인 튈르리 궁 근처로 회의장을 옮기자 브르타뉴 클럽도 베르사유를 떠났다. 그렇다면 브르타뉴 클럽은 파리에 정착했을까? 다시 말해 브르타뉴 클럽이 곧바로 옛 자코뱅 수도원을 차지하고, 그렇게 해서 혁명기에 애국자들의 온상이 된 자코뱅 클럽이 되었던가? 『의회의 역사 *Histoire parlementaire*』(II, 37쪽)에서는 그렇게 말한다. 이 클럽은 '헌우회Amis de la Constitution'라는 이름을 채택하고 국회와 함께 파리로 가서 자코뱅 수도원에 둥지를 틀었기 때문에 자코뱅 클럽이라 불렸다고 한다. 그러나 19세기 후반의 혁명사가 올라르는 여러 자료 가운데 몽주아Montjoie가 쓴 『필리프 오를레앙의 음모의 역사 *Histoire de la conjuration d'Orléans*』를 검토했다. 몽주아는 브르타뉴 클럽이 파리 빅투아르 광장 7번지에 자리를 잡았는데, 회원수도 더 많고 활발히 활동하던 자코뱅 클럽에 흡수되었다고 말한다. 그러나 올라르는 몽주아의 말을 뒷받침해주는 근거를 찾아내지 못했다.

올라르는 자코뱅 클럽 회원으로서 자기 모임의 역사를 쓴 사람들의 자료를 검토했다. 그중에서 알렉상드르 드 라메트의 『제헌의회의 역사』가 가장 정확하고 풍부한 정보를 제공한다고 평가하면서 인용했다.

국회가 파리로 옮긴 뒤 먼 지방에서 온 의원들, 특히 파리에 처음 온 의원들은 대부분 고립감에 두려워했고, 되도록 국회와 가까운 곳에서 숙소를 찾았다. 당시 국회는 푀양 수도원 근처에서 회의를 했다. 그들은 함께 따로 모일 장소를 찾기로 했다. 그들은 평소 믿었고, 파리에 살던 사람들에게 도와달라고 했다. 그렇게 해서 그들은 국회와 가까운 곳에 있는 자코뱅 수도원의 구내식당을 1년에 200프랑을 주는 조건으로 빌렸다. 책상과 걸상도 그 정도 돈을 내고 빌려야 했다.

첫 회의 때 의원이 거의 100명이나 참석했다. 이튿날은 두 배가 왔다. 므누 남작을 의장으로 뽑았다.* 총무로는 타르제, 바르나브, 알렉상드르 라메트, 르 샤플리에, 아드리엥 뒤포르를 뽑았다. 그 밖에 세 명이 더 있지만 기억나지 않는다. 우리는 법안기초위원회를 만들었다. 바르나브가 위원회의 보고자가 되었다. 우리 모임은 정식명칭으로 '헌우회'를 채택했다. 의회의 모든 구성원이 참여할 수 있으며, 국민의 대표가 아니더라도 유익한 업적을 발간한 사람이라면 회원으로 받아들일 수 있다고 정했다. 그렇게 해서 콩도르세, 저명한 경제학자 카조트 후작, 수학자 르카뮈 신부, 그 밖에도 과학자나 정치경제 평론가 몇 명을 받아들였다.

헌우회의 목적은 국회에서 끊임없이 논의하던 문제들을 토론하는 데 있었다. 그런데 의원이 아닌 회원들이 토론에서 의원 회원 못지않게 힘을 발휘했다. 의원들은 국회에서 우파의 격렬한 반대나 방청객의 협박에 위

---

* 므누 남작baron de Menou, Jacques-François(1750~1810)은 1787년 야전사령관을 지내다가 투렌 지방에서 전국신분회 대표로 뽑혔다. 가난한 그는 부자 친구 에기용 공작과 함께 앞장서서 귀족의 특권을 포기하고 제3신분에 합세한 사람이다.

축되었지만, 일반 회원은 그럴 필요가 없었기 때문이다. 아무튼 헌우회에서 미리 토론을 거치면서 국회 안에서 토론의 방향을 정하는 데 훨씬 더 나은 결과를 얻었다. 더 큰 결과는 서민을 위한 이익을 고려할 수 있게 되었다는 점이다. 다시 말해 헌우회 안에서 국회의 의장, 총무, 위원회를 지명하는 예비선거를 치를 수 있었던 것이 훌륭한 이점이었다. 여태껏 우파가 지배하던 모든 선거는 거의 언제나 좌파의 지배를 받게 되었기 때문이다. 종교인단의 변호사 출신 카뮈는 공화주의자가 되었고, 귀족층의 지명으로 국회의장이 되었다.

헌우회에 자주 드나드는 의원의 수는 곧 400명에 가까워졌다. 작가들의 수도 무서운 기세로 늘었다. 그러나 잠시 뒤부터 헌우회 입회 자격에서 유익한 작품을 출판한 경력을 갖춰야 한다는 조건을 빼버렸다. 회원 여섯 명의 추천만 받으면 입회할 수 있도록 했다. 이 모임은 아주 큰 규모로 성장했고, 구성원의 책임도 예전 같지 않게 되었다.

곧 더 넓은 회의실이 필요했기 때문에 자코뱅 수도사들에게 도서관을 얻었고, 그 뒤에는 그들이 쓰던 교회를 얻었다.

12월경, 개인적 이해관계 때문이건 정치가 돌아가는 모습을 좀더 가까이 보고 싶었기 때문이건 파리에 온 지방민들이 헌우회에 나타났고, 프랑스 주요 도시에 같은 단체를 세우게 해달라고 요청했다. 아직도 자신들이 그토록 오랫동안 누리던 권력을 잃지 않았던 귀족층은 격렬히 반대했다. 이들은 공공의 이익을 지키는 단체가 늘어나면 자신들에게 몹시 불리하다고 생각했기 때문이다.

몽주아의 자료와 라메트의 자료만 가지고서는 브르타뉴 클럽이 파리에

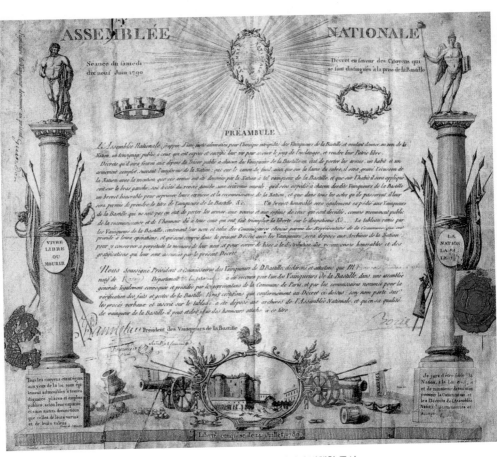

국회가 바스티유의 영웅 954명을 기려서 발행한 증서.

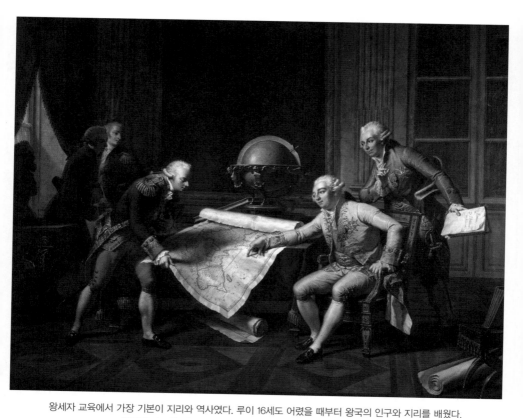

왕세자 교육에서 가장 기본이 지리와 역사였다. 루이 16세도 어렸을 때부터 왕국의 인구와 지리를 배웠다.
자기가 다스릴 나라의 백성이 어떤 상태에 있고 어떤 곳에서 사는지,
그리고 각 지방의 특산물은 무엇인지, 생산과 기술 수준은 어떠한지 알아야 하기 때문이다.
또한 왕국이 조그만 왕령(일드프랑스)과 봉건제후들의 영지를 통합하고,
이웃나라와의 전쟁으로 땅을 빼앗기거나 합병하면서 커졌기 때문에
그때마다 왕은 각 지방의 특성과 특권을 인정해주면서 왕국을 통합시켜야 했다.
그 과정을 이해해야 절대군주로서 왕국을 순탄하게 다스릴 수 있기 때문에 역사도 지리와 함께 중요했다.
루이 16세는 1785년 제국주의적 관심으로 라페루즈 백작(1741~1788?)에게 세계를 항해하라는 임무를 주었다.
라페루즈 백작은 대서양과 태평양을 거쳐 조선의 동해까지 탐사했고
1788년에 실종되었지만 그의 항해에 관한 기록은 남았다.

1790년 2월 4일, 왕이 국회에 들렀다. 왕은 중앙의 의장석으로 가고, 의장은 그에게 자리를 양보한 뒤 탁자의 오른편에 서 있다. 국회의원들은 왕 앞에서 시민 맹세를 한다(프랑스국립도서관BNF 소장).

1790년 2월 13일, 국회는 수도원을 폐지하는 법을 제정한다(BNF 소장).

세습귀족제를 폐지한 뒤 농민 네 명이 귀족의 표식을 도리깨로 부순다.

"참고 견디면 모든 것을 이룬다."(작자 미상, BNF 소장)

정착하면서 자코뱅 클럽이 되었다고 말하기 어렵다는 사실을 알 수 있다. 그러나 피레네 근처 타르브의 법학자 출신 베르트랑 바레르는 브르통 클럽이 자코뱅 클럽으로 발전했다고 분명히 말했다.

국회가 파리에 정착하고 조금 지나서 자코뱅 클럽이 생기고 차츰 아주 큰 영향력을 행사하면서 유명해졌다. 이 이름은 클럽이 1789년 말 생토노레 거리의 자코뱅 수도원 교회에 자리를 잡았기 때문에 생겼다. 그러나 사람들이 제대로 알지 못하는 일이 있다. 그것은 이 클럽이 다른 이름으로 존재했다는 사실이다. 브르타뉴 클럽은 의사결정의 면에서 자코뱅 클럽보다 느슨한 형태였다.
브르타뉴 클럽은 6월 23일 회의 이후 베르사유에서 생겼다. 먼저 브르타뉴 출신의 활기 넘치는 의원이 다수 참석했다. 그 뒤 시에예스, 라메트 형제, 샤를 드 노아유, 에기용 공작, 아드리엥 뒤포르 같은 의원들이 참석했다. 나는 브르타뉴 클럽에는 가입하지 못했다. 브르타뉴 클럽이 파리의 자코뱅 수도원에 둥지를 틀고 나서 오래 뒤 내 동료들은 거기 모이는 의원의 수를 늘리자고 제안했다. 그 당시 자코뱅 클럽 회원은 거의 의원이었고 원외 인사는 아주 적었다.

브르타뉴 클럽과 자코뱅 클럽의 관계는 위에서 말한 것처럼 세 가지 가운데 하나로 설정할 수 있다. 첫째, 브르타뉴 클럽은 베르사유의 아모리 카페에서 모이다가 거기서 주도적으로 활동하던 의원들이 파리에 정착하면서 자연스럽게 해체되었던 것 같다. 그리고 파리에서 뜻이 맞는 좌파 의원들이 자코뱅 수도원에 둥지를 틀고 헌우회가 되었다. 거기에 드나드는 회원 가운데 브르타뉴 클럽에서 활동하던 의원들도 있었다. 그러므로 브르타뉴 클럽이 고스란히 파리로 가서 자코뱅 클럽이 되면서 세를 확장했다고 말하기보다는 자코뱅 클럽이 생기는 과정에서 브르타뉴 클럽에 드나들던 의원들도 한몫했다고 말하는 편이 좀더 사실에 가깝다. 둘째, 브르타뉴 클럽은 파리에 빅투아르 광장에 정착했다가 자코뱅 클럽에 흡수되었다. 셋째, 브르타뉴 클럽은 파리의 자코뱅 수도원에 정착하면서 자연스럽게 자코뱅 클럽이 되고 회원수를 늘렸다. 프랑스 혁명사를 읽는 독자는 세 번째 설을 가장 많이 만날 것이다. 우리가 이 과정에서 가장 자신 있게 말할 수 있는 것은 무엇일까? 정확히 날짜를 짚어 말하기는 어렵지만 1789년 말, 파리에 자코뱅 클럽이 생겼다는 사실이다. 그리고 초기에 그 이름은 '파리 자코뱅 수도원에 자리 잡은 헌법의 친구들 협회Société des amis de la constitution, séants aux Jacobins à Paris'(줄여서 '헌우회')였다. 그리고 당시 사람들도 저마다 자기 기억을 더듬어 증언하기 때문에 정확한 사실을 논리적으로 설명하기란 불가능하다는 사실도 인정해야 한다.

자코뱅 클럽은 혁명기에 수많은 혁명가가 모이는 곳이었다. 내로라하는 혁명가치고 이 클럽에 드나들지 않은 사람이 없을 정도였다. 헌우회라는 평화적이고 합법적인 이름을 채택한 이 단체는 국회에서 의결할 주제를 미리 토론하고, 헌법을 제정하기 위해 함께 노력하며, 같은 성격을 지닌 단체들과 통신했다. 파리의 조직은 의장과 부의장 한 명씩, 서기 네 명, 감독위원 열두 명, 검열위원 열두 명, 소개위원 여덟 명, 그리고 경리담당위원과 문서담당위원을 한 명씩 두었다. 자코뱅 클럽에는 발표위원회, 통신위원회, 행정위원회, 보고위원회, 감독위원회를 두고 모든 위원을 3개월에 한 번씩 선거로 바꾸었다. 이 클럽에 가입하려면 파리에서 1년 이상 사는 사람으로서 회원 한 명의 추천을 받고 다른 회원 두 명의 동의를 받아야 했다. 가입하는 사람은 신청서를 작성해야 했고, 신청자 이름을 회의실에 붙여 회원들에게 보여주었으며, 그동안 회원들이 동의하지 않을 경우 이름 옆에 가새표를 하고 이유를 적어놓게 했다. 처음 가입하는 사람은 다음과 같이 맹세했다.

"나는 자유롭게 살지 못하면 차라리 죽음을 선택할 것이며, 헌법의 원칙을 충실히 지키고 법에 복종하겠으며, 남들도 법을 존중하게 만들고 법을 완전하게 만드는 데 전념하며 헌우회의 관습과 규칙을 따를 것임을 맹세합니다."

가입비는 12리브르이며 연회비를 따로 24리브르씩 냈다. 연회비는 1월 1일, 4월 1일, 7월 1일, 10월 1일에 나눠 냈으며, 헌우회는 이 돈을 걷어 모든 경비, 특히 회람 인쇄비, 필요한 경우에 발행하는 팸플릿 인쇄비로 썼다. 자코뱅 클럽이 가입비를 받고 연회비를 걷었기 때문에 애초에 서민이 접근하기란 어려웠다.

1790년 1월 9일자 『옵세르바퇴르Observateur』(관찰자 또는 입회인이라는 뜻)는 이 클럽의 성공을 다음과 같이 말했다.

"파리에는 한 달 전부터 자유로운 단체가 두 개 있는데, 하나는 끊임없이 국민의 행복에 전념하고, 다른 하나는 몇몇 개인의 행복에 전념한다. 전자는 브르타뉴 의원들이 수립한 단체로서 생토노레 거리의 자코뱅 수도원에서 모인다. 후자는 주교와 거물급 성직록 수혜자들이 설립한 단체로서 성 아우구스티노파의 그랑조귀스탱 수도원에 모인다. 선량한 시민들은 오귀스탱 클럽을 두려워하며, 나쁜 시민들은 자코뱅 클럽을 두려워한다."

입헌군주제를 지지하는 피에르 말루에는 자코뱅 클럽의 성향에 겁을 먹고 친구들을 모아 오귀스탱 수도원에 모였다. 말루에는 아메리카에서 노예를 부리는 농장주로 1789년 8월 26일의 인권선언에 반대한 인물이었다. 혁명이 시작되었을 때 브르타뉴 클럽이 모였듯이 이미 발루아 클럽, 마시악 클럽이 왕당파 클럽으로 활동했는데, 말루에도 왕당파 클럽에 드나들었다. 말루에와 함께 그랑조귀스탱 수도원을 드나들던 사람들은 온건파를 자처했고, 결국 쇼세 당탱 거리에 회의장을 마련하고 '공평파Impartiaux'를 자처했다.

수도사 제를*은 우파 인사들과 함께 카푸친회 수도원에 모여 대중에게 일종의 공공교육을 베풀었다. 서민들이 그곳에 몰려들었지만 사실상 그곳이 좋아서 간 게 아니라 연설자들을 향해 고함을 치러 간 것이었다. 신문에서도 한몫 거들어 시나 산문으로 '카푸친 클럽'의 모임을 마구 조롱했다.

가련한 수도원장 신부들, 친애하는 성직자들이여,
사람들은 당신들의 돈을 가져갔도다.
당신들의 영지와 당신들이 데리고 놀던 창녀까지.
내 생각에 당신들은 흔치 않을 정도로 손실을 입었지.

가련한 수도원장 신부들이여, 참 한심합니다!
인도로 가시든지 달나라로 가세요.
그러나 카푸친회 수도원으로는 가지 마세요.

---

* 다비드가 그린 〈죄드폼의 맹세〉를 보면 중앙에서 대표로 선서하는 파리 시장 바이이 앞에 종교인 세 명이 화합의 모습을 보여주는데, 그들 중 왼쪽에 흰색 옷을 입은 사람이 샤르트뢰 수도회 소속의 제를이다. 참고로 가운데 정면은 그레구아르 신부, 오른쪽은 라보 드 생테티엔 목사다(제2권 17쪽 하단 도판 참조).

왕당파 신문인 『국회 소식Chronique du Manège』의 발행인 마르샹은 이 야유에 대해 이렇게 대답했다.

프랑스에는 당파가 두 개 있다.
하나는 자코뱅 수도원에 거처를 정했다.
다른 하나는 이 도시를 이리저리 방황하다가
이제 겨우 카푸친회 수도원에서 몸을 쉴 곳을 찾았다.

하나는 자코뱅 수도원에서 어릿광대짓을 하면서
고대 로마의 공화국을 흉내 내고 있다.
다른 하나는 카푸친회 수도원에서
유일한 권력을 사랑하면서 군주정을 지지한다.

모든 사람이 평등하다. 자코뱅 수도원에서
종복과 주인들, 공작과 이발사들, 창녀와 사제들이.
그러나 완전히 무지한 사람들이여!
카푸친회 수도원에서는
차이를 확고히 하려고 노력한다.

카푸친 클럽은 사람들의 야유를 받다가 곧 사라졌다. 귀족들이 모이던 '프랑스인 클럽'도 마찬가지 운명이었다. 민중은 이 클럽을 노골적으로 적대시했다. 당시 어떤 사람은 민중이 자유로워지기 위해 폭군 노릇을 했다고 이 클럽을 옹호하기도 했다. 1790년 5월에 나온 『옵세르바퇴르』는 이렇게 말했다.

"민중은 루아얄 거리 생로슈 언덕에서 모이는 귀족 클럽을 찾아냈다. 반혁명을 꿈꾸는 재정가, 법률가, 사제들이 모이는 곳이다."

그들은 르벨 부인에게 다달이 1,000에퀴(5,000리브르)를 주고 그의 집 2층과 3층을 세내서 모였다. 하루에 1리브르에서 2리브르를 벌기 힘든 민중은 그 클럽 회원들이 세를 얼마나 내는지 알 길은 없었겠지만, 귀족에 대한 반감으로 한 주일 내내 그곳에 찾아가 야유를 퍼부었다. 파리 시장 바이이가 나서서 그 모임이 불순하지 않다고 설명했지만, 민중은 누그러들지 않았다. 치안당국은 불상사를 막으려고 프랑스인 클럽을 공식적으로 금지해야 했다. 이처럼 왕당파 클럽이 이미 외면당하기 시작하는 분위기가 무르익으면서 자코뱅 클럽이 공적인 자리에서 크게 활약했다. 거기에 드나드는 회원 가운데 국회에서 주도권을 쥔 사람이 많았기 때문이다.

3
'프랑스의 왕'에서
'프랑스인의 왕'으로

국회는 1789년 8월 4일부터 11일까지 모든 특권과 봉건적인 권리를 폐지하거나 상환하는 법률을 제정한 뒤, 12일에 왕을 추켜세우는 글을 지었다. 혁명 전에 일어난 '왕비의 다이아몬드 목걸이 사건'(제1권 3부 5장 참조)에서 로앙 추기경을 변호했던 타르제가 초안을 작성했는데, 거기서 루이 16세를 "프랑스에 자유를 회복시켜준 사람restaurateur de la liberté française"이라고 하면서 그 칭호를 국회의 이름으로 바친다고 했다. 13일 아침에 루이 16세는 그 칭호를 받고 감격해서 국회에 답변했다.

"나는 여러분이 내게 준 칭호를 고맙게 받겠습니다. 그 칭호는 지금까지 내 행동의 동기에 부합합니다. 나는 그러한 동기를 가지고 국민의 대표들을 내 주위에 불러 모았습니다. 이제 나는 여러분과 함께 반드시 질서를 되찾고 평온한 상태로 돌아가 공공의 자유를 확립하고 싶습니다. 여러분의 이성과 의도를 잘 알기 때문에 나는 여러분의 결정을 신뢰합니다.

이제 하느님께 우리를 도와주십사 기도하고, 국회를 지배하는 너그러운 감정이 우러난 기품 있는 행위로써 하느님께 보답하도록 합시다."

10월 8일, 고등법원 재판장 출신인 프레토 드 생쥐스트는 국회가 제정한 법에 어떤 형식으로 권위를 부여하느냐의 문제를 꺼냈다. 거기서 루이 16세의 호칭이 중심주제로 떠올랐다.

"우리는 법률에서 전문前文과 결론 부분을 나눠서 생각해야 합니다. 전문에서 '하느님의 은총에 의하여 루이Louis, par la grâce de Dieu'라는 말을 '하느님의 은총과 왕국의 법률에 의하여 프랑스인의 왕 루이Louis, par la grâce de Dieu et par la loi du royaume, roi des Français'로 바꿔야 합니다. 왜냐하면 원래 우리의 왕들은 3월 회의와 5월 회의champ de mars et champ de mai에서 '프랑스인의 왕'이라는 공식칭호를 얻었으며, 게다가 법률에 국새를 찍는 책임자가 누구인지 분명히 해야 하기 때문입니다."

'3월 회의champ de mars'는 원래 '군신의 들판' 또는 '3월의 들판'이라는 뜻으로, 고대 로마에서 민회를 열던 평야를 의미한다. 5세기 게르만족의 일파인 프랑크족이 골 지방을 정복한 뒤에 3월에 회의를 열었고 거기서 지도자를 뽑았다. 8세기 중엽부터 '5월 회의champ de mai'가 되었다. 거기서 왕을 '프랑크족의 왕Rex Francorum'이라 불렀다. 그런데 1181년 필리프 2세는 왕의 도장에 '프랑스의 왕Rex Franciae'이라고 새기기 시작했다. 그러므로 왕의 공식칭호는 중세 전성기에 나온 것보다 더 뿌리 깊은 것을 써야 한다는 것이다.

페티옹은 좀더 진보적인 안을 내놓았다.

"'왕국의 법에 의하여 루이……'라는 표현보다 '국민의 합의에 의하여'라는 말이 더 적절하지 않겠습니까? 국민의 합의가 왕을 만들어냅니다. '하느님의 은총'이라는 말은 빼야 합니다. 왕은 오직 인민의 은혜에 의한 존재일 뿐이며, 하느님을 얘기하는 것은 최고존재를 비방하고 또 폭군을 신성시하는 일일뿐 아니라 폭군을 하늘이 낸 사람으로 인정하는 일입니다. 과연 샤를 9세는 하느님의 은총으로 왕이 되었단 말입니까?"

샤를 9세는 1550년에 앙리 2세의 둘째 아들로 태어났고, 형의 뒤를 이어 1560년에 왕이 되었다. 어머니 카트린 드 메디시스(카테리나 데 메디치)가 섭정으로 왕국의 질서를 잡으려고 노력했지만 1572년 성 바르톨로메오 축일의 신교도 학살 사건이 일어나는 것을 막지는 못했다. 페티옹은 그 책임을 거론하면서 '합의'가 중요하다고 강조했던 것이다.

미라보 백작은 절충안을 내놓았다.

"여태껏 의원들이 비난한 모순을 피하는 방법은 아주 간단합니다. 법은 국회가 제정하는 것입니다. 그래서 아주 간단한 형식만 갖추면 법을 명령과 세심하게 일치시킬 수 있습니다. (……)

'하느님의 은총으로'라는 말은 종교에 대한 찬사입니다. 그리고 이 찬사는 이 세상 모든 인민으로부터 나오는 것입니다. 그것은 아무런 위험이 없는 종교적 차원입니다. (……)

그래서 나는 다음과 같은 형식을 제안합니다.

'하느님의 은총과 국가의 헌법의 이름으로, 프랑스인의 왕인 루이는 국회의 결정과 희망을 좇아 다음과 같이 명령하노라.'"

엑스의 대주교 부아즐렝은 "'프랑스인의 왕'은 마치 영국의 왕이 우리의 군주에게 붙여준 이름처럼 들린다"고 불만을 표시했다.

로베스피에르가 수정안을 내놓았다.

"하느님의 은총과 국민의 의지에 의하여 프랑스인의 왕 루이는 프랑스 제국의 모든 시민에게 고한다. 인민이여, 여기 당신들의 대표들이 만들고, 내가 옥새를 찍은 법률이 있노라."

아직 '프로방스의 횃불'인 미라보 백작보다 미약한 '아라스의 촛불' 로베스피에르는 거물급 웅변가가 제안한 안을 아주 우습게 만들었다. 그는 오랫동안 연설을 하여 의원들을 피곤하게 했다. 그는 의원들이 떠들 때마다 자신이 준비한 연설을 계속하고, 의원들이 조용해지면 연설을 중단하는 방식으로 맞섰다. 여러 의원은 그가 제시한 수정안을 '비꼬는caustique' 안이라고 평가했다.

보르도 출신 귀족 르 베르통 의원은 '프랑스인의 왕'을 강력히 주장하면서 그 이유를 설명했다.

"옛날 형식인 '프랑스의 왕'은 봉건제에서 나온 것이며, 대신들은 마치 왕이 프랑스의 소유자인 것처럼 주장했습니다."

이렇게 해서 국회에서는 600년이나 써오던 '프랑스의 왕' 대신 원래 프랑크족의 칭호를 되살려야 한다고 의견을 모았다. 그리하여 몇 사람이 다른 의견을 추가했지만, '프랑스인의 왕'이라는 칭호를 거의 만장일치로 채택했다. 이 같은 사례를 보면서 우리는 프랑크족의 칭호가 봉건왕국의 칭호보다 더 민주적이었다고 생각해서는 안 된다. 낱말 자체에는 확고한 의미가 없으며, 어떤 사람이 특별한 맥락에서 그 말을 쓸 때뿐만 아니라 그 말을 듣는 사람이 자기 방식대로 해석할 때 비로소 의미가 생기기 때문이다. 그러므로 국회의원들은 프랑크족의 시대로 되돌아가자는 것이 아니라 자신들이 쓰던 칭호를 바꾸려고 더 옛것을 찾아 새로운 의미를 부여했던 것이다. 앞으로 혁명이 가속화하고 왕에 대한 불신과 혐오가 깊어지면서 왕을 점점 더 나쁘게 부를 것이다. 그러나 누가 그것을 예측할 수 있었으랴!

4
라파예트의 세상

왕이 10월 6일 밤부터 튈르리 궁에서 지내고 국회가 19일부터 파리 대주교청에서 회의를 시작한 뒤, 지방에 비해 파리는 상대적으로 조용해졌다. 일시적이지만 행정부와 입법부를 모두 불러다 곁에 두었다는 안도감과 혁명의 미래가 밝다는 기대감 덕택이었을까? 파리가 진정한 수도의 기능을 되찾은 뒤에 왕과 국회 사이의 힘의 균형도 조금씩 깨져 국회의 역할이 더욱 돋보이게 되었다. 국회에서 중도파 의원들이 사임하거나 회의에 참석하지 않는 사례가 늘었고 상대적으로 좌파 의원들의 목소리가 커졌기 때문에 10월 5~6일 사건은 혁명을 다시 한번 밀어붙이는 원동력이 되었다. 우파 의원들은 왕이 버티고 있는 한 버틸 근거가 있었고, 좌파 의원들에게는 든든한 시위대와 전국에서 보내주는 격려의 편지와 기부금이 있었다. 하지만 중도파 의원들은 확고히 왕을 지지하지 않았고 그때그때 판단해서 지지하는 성향이었기 때문에 조금씩 과격해지는 상황에 겁을 먹었음이 분명하다. 겁을 먹은 채 사임하지 않은 중도파는 우파보다는 좌파에 휘둘리기 쉬웠다. 그리하여 8월까지 사임하거나 사망한 의원이 28명인 데 비해 9월부터 12월까지는 50명으로 늘었다. 물론 사임으로 생긴 빈자리는 대개 새로 뽑힌 의원이 메웠다. 그리고 총원 1,200명 정도에서 중요한 안건을 표결할 때 900명에서 기껏해야 1,000명이었다는 사실에서 거의 200명 정도가 회의에 참석하지 않았음을 알 수 있다. 결석자는 1789년 말에 더욱 늘어났다. 이렇게 결석하는 사람이 늘어나는 것도 국회 안의 세력균형에 영향을 끼쳤고, 좌파의 목소리가 커지는 현실을 반영했다.

이러한 상황에서 파리의 국민방위군을 지휘하는 라파예트 후작을 눈여겨보아야 한다. 1757년 9월에 무관귀족의 아들로 태어난 그는 1776년에 시작한 아메리카 독립전쟁에 참가하면서 벌써 주목받기 시작했다. 그의 아버지는 스물다섯 살 때 7년 전쟁에 참가해 1759년 민덴 전투에서 사망했기 때문에 그의 가족은 젊은 라파예트가 아메리카로 떠나는 것을 달갑잖게 생각했고, 봉인장을 발행해 그를 잡아두려고 했다. 그러나 아메리카 식민지의 현실을 호소하려고 프랑스에 온 벤저민 프랭클린과 만난 뒤 굳게 결심한 그는 자기 돈으로 산 '빅투아르(승리) 호'를 타고 바다를 건너가 1777년 초여름에 사우스캐롤라이나 해안에 도착했다. 곧 필라델피아로 가서 비록 지휘권과 봉급은 없지만 사령부 참모장으로 임명받는 한편, 영국군에 대항하던 조지 워싱턴 장군과 접촉했다. 그 뒤 2년 동안 그는 아메리카 독립전쟁에 참여했고, 버지니아군의 사령관직을 얻었다. 그는 1779년에 일시적으로 귀국해 아메리카 독립전쟁의 명분을 널리 알리는 한편, 루이 16세를 설득했다. 루이 16세는 이미 아메리카의 독립을 승인했지만 파병을 망설이던 차에 마음을 움직여 군대를 보내기로 결정했다. 라파예트는 요크타운이 함락된 뒤 야전사령관이 되어 싸우다가 1785년에 프랑스로 돌아왔다. 그는 이미 '두 세계의 영웅'이 되어 있었다.

라파예트 후작은 새로운 사상에 물들었고 네케르와 친하게 지냈다. 제

1, 2차 명사회에 참여해 정부 측 안을 부결시키는 데 한몫하고, 특히 1788년 말 제2차 명사회에서 전국신분회의 제3신분 대표수를 두 배로 늘리는 데 찬성한다고 했다. 그는 리옹 세네쇼세(행정단위이자 사법단위)의 귀족 대표로 전국신분회에 참석했고, 귀족이 제3신분과 합류하도록 촉구했다. 1789년 7월 8일, 베르사유와 파리 주변에 배치한 군대를 물리라고 주장하는 미라보 백작의 발의에 찬성하고, 11일에는 자신이 만든 인권선언 안을 국회에 제출했다. 13일에 국회 부의장으로 뽑혔고, 15일에는 파리 시청에 들러 파리 시민들이 14일에 한 일을 크게 치하했으며, 그 자리에서 부르주아 민병대의 지휘관으로 추대받았다. 그는 국회에 요청해 부르주아 민병대를 국민방위군으로 바꿔 부르도록 했다. 17일에는 시청에서 루이 16세를 영접하며 "이 세계를 한 바퀴 돌 삼색 표식을 전하께 드립니다"라고 말했다. 그는 인기 절정에 있었고, 실제로 위기에 처한 사람들을 여럿이나 인민재판에서 구해주었다. 그럼에도 22일에 왕과 왕비의 측근 인사였던 풀롱과 베르티에를 구해주지는 못했다. 그는 두 사람이 학살당하는 것을 막지 못한 책임을 지고 사령관직에서 물러났지만, 곧 60개 선거구에서 간청하자 사령관직을 다시 수행했다.

9월 24일, 라파예트는 샹젤리제에서 국민방위군을 사열할 때 국민방위군은 직업군인이 아니라 시민을 위한 군대임을 잊지 말라고 훈시했다.

파리 시민들이여, 이제 당신들은 군복을 입었습니다. 그러나 당신들이 시민이라는 사실을 잊지 마십시오. 군인정신은 압제의 정신이며, 군복은 군인정신을 만드는 확실한 수단입니다. 그러므로 시민의 의무를 진지하게 연구해 군복의 영향을 바꾸도록 노력하십시오. 말에 재갈을 물리는 아주 교훈적인 우화를 언제나 잊지 마십시오.

그러고 나서 그는 고대 로마 황제 트라야누스의 일화를 소개했다.

시민들이여, 트라야누스 황제는 부하 장교에게 지휘권을 상징하는 칼을 주면서 이렇게 말했습니다. "만일 내가 잘하면 이 칼로 나를 보필할 것이며, 만일 내가 잘하지 못하면 내 잘못을 가르치는 데 이 칼을 쓰도록 하라." 나는 감히 트라야누스 황제의 심정으로 여러분에게 똑같이 말하겠습니다.

국민방위군의 목적이 귀족의 음모, 민중의 분노와 조급함에 맞서는 한편, 혁명의 역동성 때문에 생기는 강력한 현상을 제한하는 데 있으며, 모든 시민으로 하여금 무장하게 하는 것 자체가 시민의 세력화를 뜻한다는 사실을 생각하면, 그들을 지휘하는 라파예트의 의지는 혁명의 과정에 큰 영향을 끼치는 중요한 변수였다.

10월 5일, 아침부터 시위대가 모여들어 베르사유로 출발했다. 하지만 라파예트는 낮에 시청 앞 그레브 광장에서 자신은 베르사유로 가지 않겠다고 선언했고, 국민방위군에게 출발하지 말라고 명령했다. 그러나 오후 5시, 여성이 주축이 된 파리 시위대가 베르사유에 도착할 무렵, 라파예트는 국민방위군을 이끌고 시위대를 뒤쫓아가라는 명령을 받았고, 밤 10시경에 베르사유에 도착했다. 그는 혁명이 시작될 때부터 아메리카 독립전쟁에서 조지 워싱턴이 맡았던 역할을 해보고 싶어했다. 그는 공화정신에 물든 왕정주의자였다. 한마디로 그는 왕과 혁명가를 화해시키는 역할을 맡고 싶었다. 그는 베르사유에 도착하자마자 국민방위군에게 국민, 법, 왕에 대한 맹세를 다시 시켰다.

그리고 국회를 예방한 뒤 코뮌에서 파견한 위원 두 명과 함께 스위스 수비대가 지키는 베르사유 궁전 철책으로 다가갔다. 그는 문을 열어주지 않으려는 스위스 병사들에게 큰 소리로 자기 신분을 밝히고 안으로 들어갈 수 있었다. 그가 왕의 전실인 '황소의 눈'을 지날 때, 누군가 "여기 크롬웰이 간다"고 외쳤다. 라파예트는 곧 "여보세요, 크롬웰은 혼자서 들어가지 않을 겁니다"라고 말했다. 왕은 그를 여러 사람 앞에서 맞이했고, 그에게 프랑스 수비대가 지키던 초소를 맡겼다.

1564년에 창설된 프랑스 수비대는 1789년 왕의 궁부 소속으로 거의 3,600명이 있었는데, 대부분은 파리에 살았고 일부만 궁에서 병영생활을 했다. 파리에 살던 수비대 병사들은 생필품을 사기에도 부족한 수당을 받았기 때문에 휴무일에는 여러 가지 직업활동을 하면서 부족한 생계비를 벌었고 그 과정에서 자연스럽게 파리 주민들과 뒤섞여 지냈으며 7월에는 파리 주민들과 형제애를 다졌다. 프랑스 수비대는 9월 1일 이후 공식적으로 해체되었다. 그러나 왕이 베르사유 궁을 지키도록 외국인 군대를 불러들였을 때에도 프랑스 수비대의 일부는 왕궁에 있었다. 이들이 외국인 군대와 함께 연회를 벌이다가 삼색 표식을 짓밟았다는 비난을 받았던 것이다(제2권 300~302쪽 참조).

루이 16세와 왕비는 라파예트를 그리 좋아하지 않았다. 게다가 라파예트에게는 오를레앙 공과 미라보 백작이 정치적 경쟁자였다. 오를레앙 공은 항간에서 심심치 않게 '섭정' 후보로 입에 오르내리는 사람이었고, 그 자신 또한 어느 정도 야심을 갖고 있었으며, 미라보 백작은 왕과 국민 또는 왕과 국회를 화해시키려는 데서 라파예트와 경쟁했다. 그런데 라파예트는 국회에서 활약했을 뿐만 아니라 병력을 손에 쥐고 있었고, 더욱이 파리 주민들에게 인기가 있었기 때문에 현실적으로 오를레앙 공이나 미라보 백작보다 더 실세

라 할 수 있었다. 미라보 백작은 대신 자리를 하나 노렸지만 국회에서 현역의원으로 왕의 대신이 되는 것을 금지하는 법을 제정하는 바람에 꿈을 접어야 했다. 그리고 오를레앙 공은 10월 초의 사건이 일어난 뒤 영국으로 떠났다가 1790년 7월의 전국연맹제를 한창 준비할 때 되돌아온다. 그러므로 당시 라파예트의 경쟁자는 미라보 백작 한 사람뿐이었다. 왕은 대신을 시켜 라파예트에게 프랑스군 총사령관connétable이 되어달라고 했지만 라파예트는 거절했고, 언제나 '라파예트 장군le général LaFayette'으로 행세하고 서명했다. 그는 10월 5일 밤, 왕을 30분간 알현하고 국민방위군을 배치해 왕궁을 지키게 했다. 그리고 새벽에 몽모랭의 집에 들렀다가 왕궁에서 아주 가까운 곳에 있는 노아유 공작의 저택으로 가서 잠시 눈을 붙였다. 그는 노아유 공작의 사위였다. 아침 6시경, 그는 화들짝 놀라서 깼다. 왕궁에 시위대가 들이닥쳤다는 소식을 듣고 곧바로 왕궁으로 가서 왕을 보호하고 왕궁 수비대의 목숨을 구했으며 시위대를 밖으로 내보냈다.

라파예트는 왕의 침실 밖 발코니로 나가 대리석 마당cour de marbre을 가득 메운 시위대에게 힘차게 연설하면서 국민방위군의 노고를 치하했다. 왕과 가족이 파리로 가겠다고 시위대에게 약속하고 발코니에서 물러나 안으로 들어갔을 때 그는 왕비에게 물었다.

"마마의 개인적인 의도는 무엇입니까?"

"나는 어떤 운명이 기다리고 있는지 알고 있어요. 그러나 내 의무는 왕의 발밑에서, 내 아이들의 품에서 죽는 것입니다."

왕비는 시위대의 미움을 뼈저리게 확인했으면서도 아주 침착하게 대답했다. 라파예트가 되받았다.

"그렇다면 왕비 마마, 저와 함께 가시죠."

"뭐라고요? 나 혼자서 발코니로 나가요? 장군은 저들이 내게 보여준 험악한 분위기를 보지 못하셨소?"

"물론 봤지요. 그래도 저와 함께 나가시죠."

라파예트는 왕비를 데리고 발코니로 나갔다. 마당에는 국민방위군이 울타리를 친 채 지키고 있었지만 시위대가 성난 파도처럼 출렁거렸다. 그는 시위대에게 조용히 하라고 큰 소리로 말한 뒤 아주 대담하고 결정적인 몸짓으로 그들에게 신호를 보냈다. 다름이 아니라 그는 왕비의 손에 입을 맞추었던 것이다. 이를 본 군중은 흠칫 놀라다가 외치기 시작했다.

"장군 만세! 왕비 만세!"

왕은 안쪽에서 그 모습을 지켜보다가 발코니로 성큼 나서더니 떨리는 목소리로 감사의 뜻을 담아 말했다.

"이제 장군은 과인의 수비대를 위해 무엇을 해줄 것이오?"

"한 사람을 불러주십시오, 전하."

수비대 병사 한 명이 불려오자 라파예트는 자기의 삼색 표식을 떼어 그에게 달아주고 나서 그를 힘껏 안아주었다. 시위대가 다시 한번 외쳤다.

"수비대 만세!"

자유, 평등, 우애가 프랑스 혁명의 중요한 표어가 된 것은 우연이 아니다. 양립하기 어려운 자유와 평등의 조절자는 우애였다. 지난 6, 7월에 수비대가 파리 주민들과 형제애를 나누었듯이 이번에도 시위대는 금세 우애를 느낄 수 있었던 것이다. 우애는 단결을 뜻했다. 이것이 라파예트의 힘이기도 했다. 그러나 누구에게나 반대파는 있게 마련이다. 그들은 라파예트를 '모르페우스 장군le général Morphée'이라 놀렸다. 잠깐 눈을 붙인 사이에 왕궁이 시위대에게 뚫렸다는 사실을 상기시키려고 그를 '꿈의 신' 모르페우스에 빗대어 놀렸던 것이다.

10월 19일 월요일 오전 10시, 국회는 파리 대주교청 회의실에서 첫 회의를 시작했다. 장소가 베르사유에서 파리로 바뀌었다고 해서 국회가 할 일이 달라진 것은 없었다. 의장 프레토가 엄숙히 개회를 선언했다. 그날은 미국 독립전쟁 진압을 위해 파견된 영국군 사령관 찰스 콘월리스가 1781년 요크타운에서 식민지·프랑스 연합군에 항복한 기념일이기도 해서 라파예트에게는 더욱 뜻 깊은 날이기도 했다. 라파예트, 시장 바이이, 파리 코뮌 대표들은 국회를 방문했다. 국회는 조국을 대표해 시민 대표인 바이이와 군대 대표인 라파예트에게 감사의 뜻을 전했다. 미라보 백작은 이렇게 연설했다.

> 여러분, 우리가 수도에서 첫 회의를 열게 되었습니다. 이것은 우리가 정의의 의무, 그리고 감히 덧붙인다면 정서적 의무를 다하기 위해 선택할 수 있는 최선의 기회가 아니겠습니까?
> 여러분도 아시다시피 우리 동료 의원 두 명은 공식적인 부름을 받고 파리에서 시민의 대표와 군대의 대표라는 막중한 자리를 맡게 되었습니다. 나는 찬사나 늘어놓는 방식을 좋아하지 않습니다. 나는 우리가 사실만을 솔직히 나열하는 것만으로도 충분히 찬양할 수 있는 시대에 접어들었다고 생각합니다.

미라보는 혁명이 모든 관계를 뒤집어엎어 모든 사람이 혼란과 두려움의 시대를 맞이했지만 모든 것을 과감히 혁파해야 한다고 강조했다. 그리고 나서 그는 "두 시민이 이제까지 불굴의 정신으로 방대한 업적을 쌓은 데 대해 감사의 표시를 해야 한다고 제안"했다. 미라보가 제안한 대로 국회는 바이이와 라파예트에게 감사했다.

10월 21일, 빵 가게 주인 프랑수아가 민중에게 살해당하는 일이 벌어졌다. 당시 빵을 쉽게 구하지 못하는 상황이 계속되자 민중은 더욱 예민해졌고 흥분하면 아무 일이나 저지를 지경이었다. 특히 빵 가게 앞에 줄 서는 사람들은 주인이 빵을 쌓아놓고서도 값을 올리려고 잘 팔지 않는다고 생각해 갑자기 시위대로 돌변하는 경우가 많았다. 그렇게 해서 빵집이 털리고 주인이 다치거나 목숨을 잃는 경우도 생겼다. 그 일이 일어나자 라파예트는 국민방위군 지휘관 회의에서 이렇게 말했다.

우리가 이처럼 어정쩡하게 복무한다면, 임무를 다하지 못할 것입니다. 우리는 혁명의 유일한 군대입니다. 우리만이 왕의 가족을 보호하고 국민 대표들의 자유와 국고를 지킬 수 있습니다. 프랑스, 아니 온 유럽이 파리 인들의 행동을 지켜보고 있습니다. 파리에서 소요사태가 발생할 때 우리가 자칫 주의를 기울이지 않는다면 이 신성한 존재들이 화를 입게 될 것입니다. 그러면 결국 우리의 명예가 영원히 땅바닥으로 떨어지고 모든 지방의 미움을 사게 될 것입니다. 그러므로 나는 여러분에게 조국의 이름으로 요청합니다. 당신들이 지휘하는 시민부대를 나와 더욱 긴밀히 연결시켜주십시오. 개인의 이익까지 정확하고 근면한 공공봉사에 희생하겠다고 맹세하는 것만이 현 상황에 아주 절실히 필요합니다.

라파예트는 부대원들에게 맹세를 시켜야 한다고 강조했다. 지휘관들은 전체에게 맹세를 시켜야 하지만, 전체가 맹세에 참여할 수 없다면 부대별로 척탄병 대대와 사수 대대를 하나씩 뽑아서 맹세를 시키라고 명령했다.

> 헌법이 보장하는 이 소수 병사들은 4개월 동안 모든 것을 바치겠다고 맹
> 세해야 합니다. 날마다, 매시간, 공공의 행복이 요구하는 일을 확실히 수
> 행하겠다고 맹세해야 합니다. 나는 소수가 그렇게 하는 편이 낫다고 생
> 각합니다. 다수를 소집하기란 거의 불가능하지만 소수는 언제나 내 주위
> 에 불러 모을 수 있기 때문입니다.

라파예트는 지휘관들에게 명령하는 대신 부탁한다는 식으로 말했다. 그
는 그들이 판단하고 결정한 내용을 자신에게 통보해달라고 호소했다. 그는
시민 병사의 수가 많은 데 비해 복무 태도가 좋지 못한 현실을 우려하면서 다
시 한번 맹세의 필요성을 강조했다.

> 내 머릿속에는 별다른 생각이 없습니다. 오직 우리가 프랑스 헌법을 수
> 호하는 데 헌신하겠다는 맹세밖에는 생각하지 않습니다. 나는 목숨을 바
> 쳐 내 맹세를 지킬 것입니다.

국민방위군이 창설된 지 세 달이 지나는 동안 유일한 혁명군으로 자리
잡는 과정에서 아직도 혼란을 바로잡기 어려운 현실이 라파예트의 말에 잘
드러나 있다. 다행히 국민방위군은 라파예트를 존경하고 따랐다. 예를 들어
10월 24일에 생로슈 부대장은 시민 병사 400명의 이름으로 맹세한 결과를
보고했다.
　"우리는 의무를 성실히 수행하고, 하루 활동하고 47일간 쉬는 임시명령

을 충실히 따르며, 당신이 명령할 때와 당신이 우리의 자유의 위대한 과업이 완수되었다고 말할 때, 오직 그때에만 무기를 내려놓겠다고 엄숙히 맹세합니다."

국회에서는 파리뿐만 아니라 지방정부의 국민방위군이 왕, 국민, 법에 충성을 맹세하는 문제를 자주 거론했다. 아직까지 식량문제가 가장 시급히 해결해야 할 문제로 남아 있고 빵값 때문에 툭하면 사회가 혼란스러워졌기 때문에 군대의 충성심을 확보하는 일이 무척 중요했다. 1790년 1월 7일, 타르제는 헌법위원회가 마련한 안을 읽었다.

"국민방위군은 각 지방 지휘관들에게 온힘을 바쳐 헌법을 유지하고 국민, 법, 왕에게 충성하겠다고 맹세한다."

비리외 백작이 '헌법을 유지'하는 문제에 대해 이의를 제기하면서 국민방위군은 단지 헌법에 충성하는 맹세를 해야 한다고 주장했다. 바르나브는 정규군대와 국민민병대를 구별해야 한다고 주장했다.

"정규군대는 국방의 의무를 지고 민병대는 특히 헌법을 지키는 일과 연결되어 있습니다. 나는 왕의 이름을 맹세에 집어넣지 말 것을 요청합니다. 이미 헌법에 충분히 포함되었기 때문입니다."

미라보 백작은 "왕과 법이 헌법에 포함되었으므로 (……) 국민, 왕, 법은 중언부언"이라고 주장했다. 그리고 "국민방위군이 헌법을 유지하는 일이 아니라 헌법에 충성을 바쳐야 한다고 주장하는 이론도 있습니다"라면서 프랑스 제국을 구하는 유일한 방법은 복종심을 얻는 것이며, 따라서 "헌법에 충성"하겠다고 맹세하면 충분하다고 주장했다. 몽로지에 백작은 "헌법을 유지해야 하지만 국민방위군에게 그것을 유지하는 일을 맡겨서는 안 된다"고 말했다. 클레르몽 토네르 백작은 미라보 백작의 수정안을 지지한다고 말했다.

"그러나 거기에 왕이라는 낱말을 추가하는 일이 쓸모없다고 생각하지는 않습니다. 왜냐하면 왕은 언제나 헌법의 필수적인 부분이며 또한 왕에 대한 존경심은 끊임없이 가르칠 필요가 있기 때문입니다."

로베스피에르가 일어섰다.

"수정안은 헌법을 유지하는 데 필요한 발의안 자체를 파괴할 수 있습니다. 각 시민은 헌법에 충성해야 합니다. 그러나 국민민병대는 행정부, 법원과 마찬가지로 특별한 목적을 가진 집단입니다. 만일 법관들의 목소리가 커지면 국민민병대는 법관들의 방식대로 헌법을 유지해야 한다고 믿을 때가 올 수도 있습니다."

이는 국민방위군이 법을 마음대로 집행하면 더 큰 혼란이 생길지 모른다는 경고였다. 아직까지는 국회에서 '프로방스의 횃불' 미라보 백작보다 미미한 '아라스의 촛불' 로베스피에르가 모처럼 지지자를 얻었다. 몽로지에 백작이 그의 발언을 지지했다.

"로베스피에르 의원의 말이 옳습니다. 국민방위군은 헌법을 위험하게 만들 행동을 즉흥적으로 할 수 있습니다. 로베스피에르 의원은 국민방위군이 각 지방정부의 지휘를 받아야 한다고 주장합니다."

타르제는 여러 가지 의견을 수용해 수정안을 제시했다.

"국회가 민병대와 국민방위군의 조직법을 완성해서 반포할 때까지, 현재 국민방위군에서 장교와 병사로 복무하는 시민들, 그리고 의용군의 이름으로 활동하는 시민들은 모두 각 지방정부가 수립된 직후 주민 전체가 참여하는 자리에서 행정책임자와 관리들에게 임시로나마 국민, 법, 왕에게 충성하고, 각 지방 행정조직이 요구할 때면 언제나 온힘을 바쳐 왕국의 헌법을 유지할 것이며, 법원의 명령을 집행하고 왕이 재가하거나 인정한 국회 법령을 집행하는 데 협력한다고 맹세한다."

이 문제는 왕국의 행정을 재편한 뒤에야 해결될 터였다. 이러한 상황에서 파리 코뮌이 주도해 라파예트에게 왕국의 모든 국민방위군을 지휘하도록 하려고 했을 때 라파예트는 정중히 거절했다. 1790년 1월 23일, 라파예트는 파리 코뮌 의회에 오베르뉴 지방 클레르몽의 국민방위군 대표들을 소개했다. 그 일을 계기로 파리 코뮌 의회에서 포세 신부는 왕국 내 모든 지방의 국민방위군에게 편지를 써서 헌법을 지키려고 무장한 모든 시민을 라파예트 사령관의 지휘계통에 합치게 하자고 발의했다. 라파예트는 이렇게 말했다.

"이 발의는 내게 영광스럽지만 부디 거두어주십시오. 국민방위군 조직법이 완성될 때까지 다소곳이 기다립시다. 특히 그 어떤 보기, 어떤 구실, 어떤 재능으로도 야심을 채워서는 안 될 것입니다. 나는 헌법에서 이 문제가 아주 중요한 사안으로 떠오를 때, 국회에서 다음과 같이 내 희망을 말하고자 합니다. 두 개 도의 지휘권을 한 사람에게 넘겨서는 안 된다고."

라파예트는 파리의 사례를 본받아 7월 중순 이후 프랑스 지방에서 생겨난 국민방위군을 자신과 엮는 일이 부담스러웠던 것 같다. 그가 진짜 야심이 없는 사람이었을 수도 있다. 아니면 겸손할수록 더 큰 것을 얻을 수 있음을 아는 지혜를 갖춘 사람이었을 수도 있다. 어쨌든 라파예트는 프랑스 수도에서 가장 중요한 인물이 되었음을 부인할 수 없다. 그리고 그는 미라보 백작처럼 왕과 혁명을 화해시키려고 노력했다. 그럼에도 그는 혁명기의 여느 지도자처럼 곧 쇠퇴기를 맞았다. 시간이 지나면서 혁명이 더욱 과격해지는 과정에서 그의 화해정책은 실패했다. 그는 1791년 10월, 입법의회가 자리 잡은 뒤 파리 시장에 출마했다가 페티옹에게 진 뒤 전방부대 지휘관으로 나갔다.

1792년 오스트리아와의 전쟁이 한창일 때 그는 부대를 이탈해 파리로 가서는 정국을 혼란시킨 책임을 자코뱅 클럽에게 물으라고 주장했고, 8월 10일에 '제2의 혁명'이 일어나자 적군에 투항하고 말았다.

5
교회 재산의 국유화

전국신분회가 거의 2세기 만에 처음 소집된 이유는 국가재정이 더는 손쓸 방법이 없을 정도로 나빠졌기 때문이다. 그 문제는 가난한 사람의 주머니에서 나온 돈으로 특권층의 사치를 뒷받침해주는 구조를 바꾸지 않는 한, 또 대외적으로 산업화에서 앞장선 영국과 경쟁할 수 없는 현실을 벗어나지 못하는 한 쉽게 해결할 수 없는 문제였다. 8월 초에 봉건적 권리를 폐지하는 법을 만들고 당장 필요한 돈을 구하려고 국채를 발행했지만 만성적인 재정적자를 메우기에는 턱없이 부족했다. 8월 9일, 4.5퍼센트 이자에 3,000만 리브르를 꾸고, 8월 27일에는 5퍼센트 이자에 8,000만 리브르를 꾸는 안을 통과시켰지만 목표치를 채우지는 못했다. 의원들은 헌법을 제정하는 일에 매달리면서도 교회 재산을 국가가 활용하자는 안을 가끔 내놓았다. 9월 20일, 국무회의는 조폐국 총재들에게 명령해 개인들이 가져가는 식기를 접수하도록 했다. 9월 29일, 국회는 교회 예배에 꼭 필요하지 않은 은제품을 처분하는 안을 통과시켰다.

10월 10일, 오툉의 주교 탈레랑은 종교인의 재산을 국가가 처분하게 하자는 안을 제출했다. 당시 프랑스 교회 재산은 20억 리브르에 달했다. 전 국토의 10퍼센트에서 12퍼센트가 교회 재산이었다. 해마다 교회는 십일조로

8,000만 리브르, 부동산 수입으로 7,000만 리브르, 모두 1억 5,000만 리브르를 거둬들였다.

> 여러분, 국가는 오래전부터 심각한 재정적자에 시달리고 있습니다. 우리 중 아무도 그 사실을 모르지 않습니다. (……) 우리는 그동안 통상적인 수단을 모두 써봤습니다. (……)
>
> 종교인은 이 국회에서 이미 여러 번이나 공공의 행복에 헌신하는 잊지 못할 증거를 보여주었습니다. 그리하여 국가의 극단적인 현실이 그들의 애국심에 희생을 간청할 때 용기 있게 동의했습니다. (……)
>
> 내게 확실하게 보이는 것은 종교인이 여느 지주와는 다른 종류의 지주라는 사실입니다. 종교인은 그들이 소유한 재산권을 누리지만 그 재산을 마음대로 처분할 수 없습니다. 왜냐하면 그 재산은 개인이 이익을 얻는 데 쓸 것이 아니라 종교인으로서 해야 할 일을 하라고 맡긴 재산이기 때문입니다.

탈레랑이 말한 대로 교회 재산은 자선과 공익사업, 이를 테면 병원, 학교, 교화사업을 위한 것이었다. 이제 국가가 그 일을 맡을 것이므로 국가는 교회 재산을 처분할 수 있게 된다. 그리고 구체제에서는 속인도 성직록을 받았는데, 그것은 해당 수도원이나 교회 수입의 3분의 1을 갖는다는 뜻이었다. 국가는 개인이 아무런 일도 하지 않고 성직록을 받는 관행을 없애고, 실제로 일하는 종교인들의 수입을 필요한 만큼만 보장하는 방안을 마련해야 한다는 것이다.

교회 재산을 건드리는 것은 특권을 완전히 포기하라는 의미였다. 그래서 특히 고위직 성직자들은 큰 충격을 받았다. 그러나 하위직 성직자들은 비교적 평온했다. 이들 가운데 일부는 이미 전국신분회에 제출하는 진정서에서 교회 재산으로 국채를 갚자고 제안했다. 게다가 십일조를 걷지 않는 성직자에게 교회 재산의 문제는 남의 일과 같았다. 1년 생활비로 750리브르를 받는 하위직 성직자와 몇 만, 몇십 만 리브르를 받는 고위직 성직자가 이 문제를 대하는 태도는 당연히 달랐다. 고위직 성직자들은 주교구에 속한 주민들에게 국회에 항의하라고 선동했다. 혁명사가 보벨Vovelle이 연구한 샤르트르 대성당 참사회의 고위직 90명은 대개 샤르트르 주민이 아니었고, 게다가 주교구 밖의 인물도 많았는데, 이들은 '기생충같이' 주교구민들을 착취했다. 그러므로 고위직 성직자들이 주민들에게 항의하라고 선동해도 잘 먹혀들지 않았다. 국회에서는 이 문제를 놓고 격렬한 논쟁이 일어났다. 왕의 거부권 문제에 대해 의견이 갈릴 때, 아직까지 정당은 아니더라도 일정한 경향을 보여주는 의원들이 이미 좌파와 중도파와 우파로 갈렸듯이, 의원들은 토론거리가 생길 때마다 격론을 벌였다. 보수주의 성향의 우파에는 귀족과 종교인이 있었다. 미라보 백작보다 다섯 살 아래 동생 미라보 자작(뚱보라서 별명이 '미라보 토노' 또는 '술통 미라보'였다), 군 장교 출신인 카잘레스, 몽로지에, 모리 신부가 대표적인 우파였다. 좌파로는 시에예스 신부, 미라보 백작이 두드러졌다. 월요일인 12일, 미라보 백작은 지난 토요일에 탈레랑 주교가 길게 한 말을 단 몇 마디로 요약했다.

불안과 두려움의 계절에 국가가 이처럼 즉각적으로 풍부한 자원을 가진 적이 없었다는 사실을 보여주는 것이 중요합니다. 나는 우리가 두 가지 원칙을 의결하자고 제안합니다.

첫째, 교회의 재산은 국가의 소유이며 국가는 교회의 구성원에게 생활비를 지급해야 한다.

둘째, 이 재산을 처분해 모든 사제가 주택과 함께 1,200리브르 이상의 보수를 받도록 한다.

10월 23일, 법학자인 트렐라르는 종교인에게는 재산의 소유권이 없고 단지 재산의 경영권만 있다고 해석했다. 이것은 국회가 8월 26일에 통과시킨 '인권선언'에서 재산권이란 침해할 수 없는 자유라고 규정한 제17조를 거역하지 않으려고 고심한 결과다.* 마침내 11월 2일, 격론을 벌인 끝에 표결을 했다. 의장은 호명투표를 실시했고, 그 결과 찬성 568표, 반대 346표, 무효 40표로 다음과 같이 가결했다.

"1. 국가는 교회의 모든 재산을 적절한 방법으로 처분해 각 지방의 감독과 지시 아래 교회의 예배 비용, 종교인의 보수, 구빈사업에 쓰도록 한다.

2. 종교인은 매년 최소한 1,200리브르를 받는다. 단 사택과 부속토지의 비용은 별도로 한다."

이제 왕의 영지와 교회의 토지재산을 팔 수 있는 근거가 생겼다. 토지를 팔면 국가가 진 빚을 갚는 동시에 농촌 거주자들 가운데 지주가 늘어나는 두 가지 효과를 기대할 수 있었다. 그러나 부정적인 문제도 고려해야 했다. 한꺼번에 토지가 시장에 나오면 부동산 가치가 떨어질 것이 뻔했기 때문이다.

---

* "재산권은 침해할 수 없고 신성한 권리이므로 합법적으로 확인된 공공의 필요성이 정당하게 사전에 배상한다는 조건을 걸고 분명히 요구하지 않는 한 그 누구의 재산도 빼앗을 수 없다."

그럼에도 국가는 당장 돈이 필요했으므로 국회는 12월 19일에 교회 재산과 왕령을 담보로 이자 5퍼센트의 채권인 아시냐assignat(제2권 267쪽 도판 참조)를 4억 리브르어치 발행하기로 결의했다. 아시냐는 "종교인의 재산을 담보로 발행한 증권billet assigné sur les biens du clergé"이라는 뜻을 가진 말이다.

제1조. 애국심이 우러난 기부금, 이 법안으로 매각할 재산, 그 밖에 국가의 특별한 수입에서 들어오는 기금을 관리할 특별금고를 설치한다.
이 금고의 기금은 지불기일이 되었거나 연체된 빚을 갚고 국회가 상환을 명령할 모든 빚의 자본금을 환불하는 데 쓴다.
제2조. 전하가 지키고 싶어하는 숲과 집을 제외한 왕실 영지와 교회 영지를 팔아 기금 4억 리브르를 만든다.
제3조. 국회는 11월 2일의 법령에 따라 (……) 도의회들이 알려줄 정보를 수집한 뒤 매각조건과 형식을 결정한다.
제4조. 이 특별기금을 바탕으로 한 장당 1,000리브르짜리 연리 5퍼센트의 아시냐를 매각처분할 재산가치의 한도까지 발행한다. 아시냐는 매각 재산을 사는 수단으로 쓴다. 아시냐의 유효기간은 국가의 재산을 매각하거나 애국자의 기부금이나 그 밖의 특별수입이 생길 때까지로 정한다.
1791년에 1억 리브르, 1792년에 1억 리브르, 1793년에 8,000만 리브르, 1794년에 8,000만 리브르, 1795년에 나머지를 상환해준다.
국가의 모든 채무 가운데 지불기일이 돌아오거나 연체되거나 상환을 중단한 빚에 대해 일정한 이자와 함께 아시냐로 지불할 수 있다.

이러한 임시방편이 얼마나 효력을 발휘할 것인가? 유럽 최대의 농업국가가 식량이 부족하고 국가재정이 적자에 허덕이고 반혁명세력이 국내외에서 전쟁을 벼르는 한 아시냐의 앞날도 어두울 수밖에 없었다.

6
망명자들

혁명이 일어나기 전에도 망명하는 사람은 있었다. 루이 15세 치세 말에 『갑옷 입은 신문장이』라는 중상비방문을 써서 왕과 정부 요인, 귀족들을 성불구자나 성도착자로 놀려대고, 그 아내들이 외간남자들을 침대로 끌어들인다고 조롱하던 테브노 드 모랑드는 한마디로 바스티유 감옥이 두려워서 런던으로 도망친 사람이었다. 그러나 그는 일부 귀족과 루이 15세의 애첩을 철저히 미워했지 프랑스 왕국의 체제까지 미워하지는 않았다. 그는 겉으로는 『쿠리에 드 뢰롭*Courrier de l´Europe*』의 발행인으로 활동하면서, 목숨을 걸고 영국의 해군정보를 빼돌려 보고했다. 혁명이 한창 급진화하는 1792년 사람들이 외국으로 망명하는 시점에 그는 오히려 귀국해서 지롱드파의 지도자 브리소와 싸우기 시작했다.

다른 망명자는 거물급 인사 칼론이었다. 그는 1781년에 네케르가 만든 재정보고서가 잘못된 것이라고 공격했고, 네케르가 물러난 뒤 재무총감이 되었다. 이후 아메리카 독립전쟁을 지원함으로써 더욱 악화된 프랑스 재정을 되살리는 방법으로 조세평등주의를 실현하고 상업과 산업을 자유화하려고 노력하면서, 1786년에 왕에게 자신의 개혁안을 제출해 승인받았다. 그는 전국신분회를 소집하지 않고 재정문제를 해결하려면 명사회를 소집해야 한다고 왕을 설득했다. 그러나 명사회에서 특권층이 반발하자 그는 1787년에 런던으로 가서 정착했다. 거기서 부유한 여성을 만나 결혼했고 1789년에 전국신분회 대표를 뽑을 때 귀국했지만 대표가 되지 못한 채 런던으로 되돌아갔다. 그리고 반혁명세력을 모아 왕을 지원했다.

혁명이 시작되자 나라를 떠나는 사람이 생겼다. 자크 고드쇼는 『반혁명, 1789~1804』에서 망명은 '두려움의 전염' 때문에 생겼다고 말했다. 집정관부Consulat*가 1800년까지 조사한 망명자 명단은 비록 불확실하지만 연구의 기초 자료로 중요하다. 이 자료를 바탕으로 연구한 결과, 혁명기에 외국으로 망명한 사람들은 모두 15만 명 정도였다. 이들은 몇 차례 밀어닥친 두려움의 물결에 떠밀려 외국으로 빠져나갔다. 혁명이 시작되었을 때 외국으로 나간 사람은 누구였던가? 또 그 이유는 무엇이었던가? 1789년 7월 13일, 팔레 루아얄에 모인 사람들은 아르투아 백작, 콩데 공, 브로이 원수, 베스발 남작, 파리의 새 지사 베르티에 드 소비니, 브르퇴이 남작, 풀롱, 랑베스크 공의 머리를 카보 카페로 가져오는 사람에게 현상금을 주겠다고 했다. 그리고 7월 14일에 바스티유 요새를 정복한 파리 시민들은 사령관 로네 후작을 학살했

---

* 고대 로마 시대의 집정관Consul이 어원인데, 우리나라의 일부 프랑스사 전공자는 '통령'으로 옮기기도 한다. 이 책에서는 고대 로마 시대의 콘술을 집정관이라 부르는 관행을 따르기로 한다. 혁명기에는 고대 로마의 역사를 많이 참조하고 중요한 상징을 이용했다. 예를 들어 국가를 '공적인 것 chose publique'이라 불렀는데 그것은 라틴어 '레스 푸블리카res publica'를 그대로 옮긴 것이다. 또한 장 자크 프랑수아 르 바르비에(1738~1826)가 그린 〈인간과 시민의 권리선언〉에는 붉은색 프리지아 모자를 창끝에 올려놓았는데, 그 창은 고대 로마 공화정 시대 집정관의 권위를 상징하는 나무다발의 중심에 꽂혀 있었다. 이처럼 혁명기 프랑스인의 마음으로 보면, 나폴레옹이 총재부를 쓰러뜨리고 만든 정부Consulat의 이름을 집정관부라고 옮기는 편이 자연스럽다. 집정관부 또는 집정정부는 집정관 세 명이 행정부를 대표하는 체제였으나 실권은 제1집정관인 나폴레옹이 쥐고 행정부뿐 아니라 입법부에도 관여했다.

다. 그러므로 혁명의 폭력성에 제물이 되기 싫은 사람이 일시적으로 외국으로 도피하는 것이 혁명기 망명의 일반적인 성격이었다. 망명자들은 언젠가 상황이 바뀌면 귀국하려고 마음먹고 떠났다. 그리하여 초기에 나라 밖으로 나간 왕의 동생 아르투아 백작은 길어야 3개월 후에는 프랑스로 되돌아갈 수 있다고 생각했다. 그러나 혁명은 누가 계획한 대로 일어난 것이 아니기 때문에 망명의 기간도 뜻대로 정할 수는 없었다.

1792년까지 망명의 물결은 세 번 밀어닥쳤다. 먼저 1789년의 물결은 7월과 8월에 왔다. 바스티유 정복은 '대공포'를 퍼뜨리면서 왕의 동생 아르투아 백작을 두렵게 만들었다. 그와 함께 콩데 공, 부르봉 공작, 앙기엥 공작, 콩티 공 같은 굵직한 인물이 나라를 떴다. 그러나 이때만 해도 이들은 버젓이 떠나갔다. 호화마차를 타고 금은보화를 잔뜩 실은 채 떠났다. 랑그도크의 대귀족 미르푸아 공작은 금과 은을 50만 리브르어치 싣고 로마에 도착했다. 이들은 대개 두세 달만 지낼 셈으로 떠났다. 그렇기 때문에 돈이나 보배는 잔뜩 가지고 떠났을지라도 가지고 갈 수 없는 재산들은 거의 고스란히 남겨두었다. 7월 16일 밤에 콩데 공, 콩티 공 가족들과 함께 떠난 아르투아 백작은 베르사유에서 가장 가까운 외국 땅인 벨기에의 브뤼셀로 갔다. 당시 벨기에 지방은 오스트리아 영토였기 때문에 마리 앙투아네트의 오빠의 품이었다. 그러나 요제프 2세는 그곳에서 1787년부터 혁명이 일어났기 때문에 정치적으로 어려웠고 망명객들에게 은밀히 그 나라를 떠나달라고 요청했다. 그리하여 아르투아 백작은 장인 사르데냐의 왕이 있는 토리노로 갔다. 콩데 공은 스위스에 정착했는데 나중에 1787년 재무총감을 지낸 빌되이 후작과 왕의 큰 동생 프로방스 백작의 상서尙書(문서담당관)였던 몽티옹이 그와 합세했다. 브로이 원수는 벨기에의 나뮈르, 브르퇴이 남작은 리옹에서 가까운 비엔, 로메니 드 브리엔 추기경과 사르틴은 에스파냐의 카디스로 갔다.

1790년에 망명의 두 번째 물결이 밀어닥쳤다. 1789년 8월 초순에 봉건제의 잔재를 폐지한다고 했지만 그 원칙을 실제로 적용하는 법은 1790년 3월 15일에야 통과되었다.* 이렇게 해서 귀족은 권리와 수입의 일부를 잃게 되었다. 그리고 그와 함께 장자상속법이 폐지되고 상속 재산을 평등하게 분할하게 함으로써 귀족의 재산이 흩어지는 계기를 마련했다. 3월 1일에는 교회 재산을 각 지방정부가 매각하는 법을 반포했다. 이 같은 상황에서 귀족과 고위성직자들이 나라를 떠났다. 사법제도를 개혁하고 이미 2월 28일에는 귀족이 군 장교직을 독점하던 체제를 폐지했으므로 법관과 장교들도 외국으로 빠져나갔다. 8월에는 낭시에서 군사반란이 일어나 왕의 신임을 받는 부이예 장군이 가차 없이 진압했지만, 장교들은 더 많이 외국으로 넘어갔다. 이들은 더는 권위를 인정받지 못하자 외국으로 떠났다. 처음 두 번의 물결이 즉흥적이었다면 세 번째 물결은 성격이 달랐다. 1791년에 망명자들은 프랑스에 남은 가족과 친지에게 커다란 부담을 안겨주었다. 그들은 다른 사람들까지 데려가려고 애썼다. 게다가 1791년 6월에 왕의 도피 사건이 실패로 돌아간 뒤 세 번째 물결이 밀려왔던 것이다. 이때 보병과 기병뿐만 아니라 해군 장교들도 국경을 넘었다. 더욱이 베르트랑 드 몰빌이 해군대신으로 있을 때 해군 장교가 많이 외국으로 넘어갔기 때문에, 훗날 나폴레옹이 이집트 원정에서 영

---

* 「봉건적 권리에 대한 법령Décret concernant les droits féodaux」은 제1장 "봉건제도 폐지의 전반적인 효과Des effets généraux de la destruction du régime féodal" 13개조, 제2장 "상환의 대상이 아닌 영주권Des droits seigneuriaux qui sont supprimés sans indemnité" 39개조, 제3장 "상환의 대상인 영주권Des droits seigneuriaux rachetables" 9개조로 구성되었다.

국 해군에 참패하고 영국을 침공하려는 계획마저 실패로 돌아가는 원인이 되었다. 망명자들은 외국에서 프랑스 혁명을 방해하려고 애쓰게 되며, 그것은 혁명이 급진화한 결과인 동시에 혁명을 더욱 급진화하는 요인이 되기도 했다.

7
국사범의 재판

국회는 헌법을 만드는 과정에서 형법도 고치기 시작했다. 그러나 파리 코뮌이 시급히 생각한 새로운 재판소를 미처 설치하지 못하고 있었다. 그리하여 새로운 체제가 등장하는 시점에도 국사범에 대한 재판을 임시로 옛날의 재판소에 맡겨야 했다. 이제부터 살펴볼 국사범의 재판과정에서 우리는 혁명 초에 사법제도를 어떤 식으로 운영했는지 엿볼 수 있다. 국회는 파리에서 가장 오래된 재판소인 샤틀레 법원에 랑베스크 공, 베스발 남작, 파브라 후작의 사건을 배정했다. 랑베스크 공은 1789년 7월 12일 오후 튈르리 정원에 기병대를 몰고 들이닥쳤고 직접 칼을 휘둘러 비무장한 시민을 죽였다는 혐의로 재판을 받았다. 베스발 남작은 7월에 왕이 파리에 주둔시킨 외국인 부대를 지휘한 죄로 그달 28일에 체포되었다. 파브라 후작은 왕과 왕비를 파리에서 빼돌리려는 음모를 꾸몄다는 죄목으로 체포되었다. 이 세 사람은 재판 결과와 상관없이 행운을 타고났다. 인민재판을 받지 않고 법의 보호를 받았기 때문이다. 마침 10월 9일, 국회는 형사소송법을 개정해 피고의 권리를 강화해주었다. 피고는 어떤 경우에도 자신을 변호할 수 있는 증거를 제시할 권리를 가지며 사건과 관련된 사람들은 누구라도 증거를 제출할 수 있게 해주었다. 특히 제19조는 피고가 원하는 증인은 공개적으로 발언하고 원고의 증인이 될 수도 있다고 했다. 이 같은 상황에서 세 정치범은 로네, 풀롱, 베르티에처럼 즉결재판으로 학살당하지 않고 정식재판을 받았다. 여기서는 가장 먼저 잡힌 베스발 남작의 재판부터 살피기로 한다.

베스발 남작의 재판

스위스 태생으로 일찍이 프랑스에서 스위스 근위대에 들어가 출세하고 루이 16세의 비인 마리 앙투아네트가 총애하는 몇몇 인사에 속했던 베스발 남작은 일드프랑스 스위스인 부대 사령관으로서 1789년 7월 초 샹드마르스에 주둔한 외국인 부대를 지휘했다. 바스티유 정복자들은 사령관을 학살할 때 그의 주머니에서 군중에게 발포하라고 명령하는 베스발 남작의 편지를 찾아냈다. 그 뒤 베스발 남작은 스위스로 가다가 7월 28일에 빌노스에서 붙잡혔다. 얼마 전 스위스로 갔다가 왕이 불러서 되돌아온 네케르는 베스발 남작을 자유롭게 스위스로 떠나게 해달라고 파리 코뮌에 부탁했다. 파리 코뮌은 국회의장에게 이 사실을 알렸다. 7월 31일, 국회의장 라로슈푸코 리앙쿠르 공작은 파리 시청이 새벽 2시에 보낸 소식을 읽어주면서 베스발 남작 문제를 꺼냈다.

"네케르는 파리 코뮌 대표들에게 빌노스 민병대에 붙잡힌 베스발을 파리로 데려오라는 명령을 내려달라고 부탁했고, 코뮌 의회는 수도의 이름으로 모든 적을 용서하며, 이제부터는 폭력행위를 금한다고 명령했습니다. 하지만 수많은 선거구가 이에 불응했고 우려할 만한 소요사태를 일으켰으니 국회가 수도의 질서를 되찾을 방안을 시급히 마련해달라고 했습니다."

한마디로 네케르는 먼저 빌노스 당국에 베스발을 풀어주라고 했다가 거절당했기 때문에 파리 당국에 부탁했던 것이다. 파리 코뮌 의회는 베스발 남작을 풀어주라고 명령했는데, 여러 선거구가 이 명령에 불만을 품고 시위를 조직했다. 그들은 베스발 남작을 재판하라고 요구했다. 그리하여 국회는 사회불안을 잠재우기 위해서라도 이 문제를 다루지 않을 수 없었다.

의장 라로슈푸코 리앙쿠르 공작은 아침 8시에 또 편지를 받았다. 파리 시청에 모인 코뮌 대표들이 보낸 편지였는데, 그들은 베스발 남작을 스위스로 가도록 허용한 명령을 철회하고, 국회가 그의 구금에 대한 명령을 내릴 때까지 신변안전에 필요한 모든 조치를 취해달라고 부탁했다. 또 그들은 파리 시의 적을 사면한다는 의사는 명백히 밝히지만, 대역죄인까지 사면할 의도는 없음을 분명히 했다. 그리고 앞으로 모든 행동과 처벌의 기준은 오직 법으로 정한다고 천명했다.

랄리 톨랑달은 네케르의 편지를 공개했다. 네케르는 파리 시장 바이이, 국민방위군 사령관 라파예트, 파리 코뮌 대표 25명에게 자신의 귀환을 위해 애써줘서 감사하다고 인사한 뒤 베스발 남작에 대해 탄원했다.

화요일, 내가 파리에 도착한 날(7월 28일), 나는 노장을 지날 때 그 지방의 귀족으로부터 베스발 남작이 빌노스에서 붙잡혔다는 소식을 들었습니다. 그 귀족은 베스발 남작과 친분은 없지만, 공손하게 내 마차를 세우더니 왕의 허락을 받고 스위스로 가던 베스발 남작을 구해줄 방법이 없겠느냐고 물었습니다.

나는 그 전날 파리에서 불행한 사건이 일어났다는 소식을 들었습니다. 법관 두 명이 불행히도 신속히 처형되었다는 불행한 소식이었습니다. 정신적으로 크게 동요되어 곧바로 마차에서 빌노스 행정관들에게 이렇게 편지를 썼습니다.

"여러분, 나는 빌노스 민병대에 붙잡힌 베스발 남작이 왕으로부터 조국
인 스위스로 가도 좋다는 허락을 받은 것으로 알고 있습니다. 시급히 요
청하오니 이 허가사항을 존중해주시기 바랍니다."

타르제는 파리 시가 직접 재판하지 않겠다는 의사를 분명히 밝혔으며, 따
라서 파리의 질서를 찾는 방법은 오직 합당한 설명을 하는 데 있다고 말하면
서 다음의 법안을 제안했다.

"국회는 수도의 인민이 대역죄를 직접 재판하지 않겠다고 선언했지만,
전에 잡힌 사람들에 대해서도 그 정신을 적용하도록 촉구하고, 앞으로 국회
가 끊임없이 전념해서 설치할 법원에 죄인의 처벌을 맡기도록 명령한다."

그러나 카뮈는 분명히 반대의사를 밝혔다. 그의 의견은 늘 분명했다.

"파리의 질서를 회복하는 가장 확실한 방법은 인민이 공공의 범죄를 처
벌할 수 있게 보장해주는 데 있습니다. 그렇게 하려면 7월 28일의 명령을 파
리 코뮌 의회와 주민들에게 공식적으로 인정해주어야 합니다. 국회가 주민
들의 행위를 승인하지 않으면 그들은 조용해질 것이며 파리 시청은 자기 의
무의 한계를 알게 될 것입니다."

7월 28일의 명령이란 국가안보를 해치는 범죄를 조사하는 위원회를 설
치하는 것이었다. 아드리엥 뒤포르가 제안하고 오랜 토론을 거쳐 확정된 '조
사위원회comité des recherches' 또는 '예심위원회comité d'informations' 설치령은
위원 열두 명을 매달 새로 임명해 운영하도록 했다. 데뫼니에도 카뮈를 거들
었다.

이제 무니에가 일어났다.

"(조사위원회를 설치하는 명령에 반대하지 않습니다만) 파리의 질서를 되찾으려면 신체의 안전을 보장하는 신성한 원칙을 포기해서는 안 됩니다. 대역죄를 기소해야 합니다만, 기소권은 특정 시나 지방에 속하지 않습니다. 국민이나 국민의 대표에게만 속하는 의무입니다. 대역죄를 지은 사람이라도 오직 국회가 요청해야만 구금할 수 있습니다."

미라보 백작은 "국회에는 사면권이 없다"고 전제하고 "용서할 수 있는 권한이 있다면 그것은 군주에게 속한 것"임을 강조했다. 그러면서 "용서할 수 있는 권한이 있다면"이라는 조건에 대해 말했다.

"이러한 권한이 존재하는지, 누구에게 속하는 권한인지 결정하는 것은 아주 중대한 문제입니다. (……) 아직 충분히 연구하지 못했습니다. 오늘 결정할 수 있는 문제가 아닙니다. 단지 사면권은 우리의 권한이 아니라는 사실만 인정하는 것으로 만족합시다."

라부르 바이아주 출신의 가라 형제 가운데 동생이 일어서서 용서와 자비의 원리로 의원들을 설득했다.

"가장 중대한 범죄는 공공의 자유를 침해하는 것입니다. 우리는 그 제물이 될 뻔했습니다. 그러나 모든 음모를 무산시켰습니다. (……) 인민이 무장하고, (……) 죄인들의 피가 흘렀습니다. (……)

여러분, 오늘 우리에게 이제 위험한 일은 없습니다. 우리는 차분하게 프랑스 주권의 영원한 권리, 인간의 신성한 권리를 널리 선포할 수 있습니다. 국민의 가장 으뜸가는 권리는 죄인을 벌하는 것입니다만, 그보다 더 감동적인 것은 용서하는 권리입니다.

국민의 대표 여러분, 우리는 국민의 복수를 할 만큼 강합니다. 그러나 국민의 자비를 베풀 수 없을 만큼 무기력해야 합니까? 전쟁이 끝나면 적대감도 끝납니다."

로베스피에르도 일어섰다.

"나는 국민에게 잘못을 저지른 혐의가 있는 사람들을 본보기로 재판해야 한다는 원칙을 주장합니다. 인민을 조용하게 만들고 싶습니까? 그렇다면 정의와 이성의 언어로 말씀하세요. 인민의 적은 법의 복수를 벗어날 수 없으며 정의의 감정이 증오의 감정을 뒤따른다는 사실을 확실하게 보여주어야 합니다."

엑스 세네쇼세 의원 부슈, 그리고 페티옹이 로베스피에르의 말에 찬성했다. 그러나 대다수의 의원은 타르제가 읽은 안이 적당하다고 생각했다.

"국회는 향후 위원회를 통해 설치할 법원에 죄인들을 세워 벌할 것이다."

국회는 파리의 대표단이 왕을 방문하러 가는 길에 잠깐 들렀다 갈 것이라는 소식을 듣고, 그때까지 베스발 남작과 랑베스크 공의 재판에 대해서는 논의하지 않기로 했다. 곧 파리 시장 바이이와 대표단이 국회에 들러 파리 코뮌의 결정을 낭독했다.

"(파리 코뮌) 의회는 (……) 적들에 대해 용서와 관용의 정신을 보여주면서도 앞으로 대역죄로 고소를 당하거나 그 사실이 확실한 사람들에 대해서는 어떠한 사면도 해주지 않을 것임을 분명히 하며, 또한 모든 시민은 앞으로 법에 의해서만 행동하고 처벌할 것임을 천명한다. 따라서 의회는 공공질서를 뒤흔드는 폭력이나 과도한 행동을 금지한다."

파리 대표단이 나간 뒤 의원들은 토론을 계속했다. 글레젠 의원은 '파리 선거인들'*의 행위를 비난했다.

"국가 반역 음모에 대해서는 죄인을 기소해야 하며, 관용의 목소리를 듣는다면 그것은 국가를 위태롭게 하는 일입니다."

———

낭시 귀족 출신으로 디드로가 편찬한 『백과사전L'Encyclopédie』에 한 항목을 집필했고, 낭시의 과학문학아카데미 회원으로 활동하다 국회의원이 된 부플레르 후작Stanislas-Jean Boufflers은 베스발 남작이 불법감금되었다고 강조한 뒤, 입법기관에 지나지 않는 국회는 이에 대해 관여할 수 없기 때문에 이 문제를 행정권(왕)에 맡겨야 한다고 주장했다. 바르나브가 일어섰다.

파리 주민은 조사위원회를 설치하는 것을 보고 조용해졌습니다. 그러나 선거인들이 사면을 했을 때 다시 화가 나서 술렁대기 시작했습니다. 우리는 이제까지 일어난 사건을 생각하면서 행동지침을 마련해야 합니다. 자비를 베푸는 것도 적절한 때가 있습니다. 더욱 강한 자가 은혜를 베푸는 모습이 아름답다는 말은 맞습니다. 그러나 중대한 이해관계를 어기는 문제를 용서할 수는 없습니다. 선거인들은 분명히 권한을 남용했습니다. 나는 이 문제에 대해 타르제 의원의 안을 지지합니다. 그러나 공공의 명분이 크게 공격을 받았습니다. 여러분은 권력의 집행자들이 책임을 져야 할 것이라고 명령했습니다.

7월 14일, 사람들은 편지 두 통을 빼앗았습니다. 한 통은 베스발 남작이 바스티유 사령관에게 보낸 편지였습니다. 여러분이 만일 그를 확실히 감시해야 하는 일을 소홀히 한다면, 여러분은 자기모순에 빠질 것입니다. 우리는 다음과 같이 선언해야 합니다. "앞으로 그를 재판할 때까지 법의

---

* '파리 선거인들'은 1789년 7월 29일부터 새로 구성되어 30일부터 임무를 수행한 '파리 코뮌 대표들Représentans de la commune de Paris'에게 권한을 넘겨주었다. 그러므로 이 시점에는 '파리 선거인들'이라고 불러야 옳다.

보호를 받게 한다."

베스발 남작은 8월 10일, 브리 콩트 로베르 성에 감금되었다. 파리 주민들은 멀리서 그를 볼 수 있었기 때문에 국회가 그에 대해 재판을 하지 않으려는 것은 아닌지 의심할 필요는 없었다. 그리고 베스발 남작은 법의 보호를 확실히 받았다.

그동안 파리 코뮌의 조사위원회는 베스발 남작과 랑베스크 공의 죄를 조사했다. 마침내 조사위원회를 대표해 가랑 드 쿠퉁은 조사 결과를 크게 네 가지로 나눠 보고했다.

1. 프랑스 인민의 자유, 국회의 자유, 그리고 특히 파리에 대한 음모가 있었다.

   이 문제에 대해 조사위원회는 5월부터 대신들과 파리 지사 베르티에, 베스발 남작이 군부대를 동원하고 탄약을 나눠주는 문제를 논의한 문서를 증거로 제시했다.

2. 이 음모는 진정한 의미의 국가반역죄나 국가수장에 대한 대역죄였다. 음모가들은 전국신분회의 소집에 정면으로 맞서고, 언론의 자유를 공격하고, 파리에 대해 적대행위를 시작했다. 특히 국회가 구성되자마자 사방에서 군대를 불러 모으기 시작했다. 그리고 국회의 회의실을 고친다는 구실로 군인들이 통제하게 했고, 네케르를 해임했으며, 파리 주위에 병력 3만 명을 불러 모았다. 그리고 군인들에게 탄약 20만 통을 지급했다.

   유스티니아누스 황제가 편찬하고 프랑스 법의 모태가 되는 로마법은 인민의 생명과 안전을 위협하는 모든 시도를 대역죄라고 분명히 규정했다. 군주와 국가를 해치려는 모든 시도도 같은 계열의 죄라고 규정한다.

7월의 음모를 꾸민 자들은 더욱 가증스러운 죄인이다. 그들은 왕을 부추겨 백성에게 무기를 들이대고자 했고, 그리하여 백성은 가장 정당한 권리를 지키려고 무장할 수밖에 없었다.

3. 국새경 바랑탱, 전쟁대신 퓌제귀르 백작, 브로이 원수, 베스발 남작, 파리 지사 베르티에는 음모를 꾸미고 이끈 죄인이다.

바랑탱은 언론의 자유를 억압했다. 그는 대신으로서 또 법의 수장으로서 마땅히 해야 할 일을 하지 않았다. 그는 왕을 속인 대신들을 벌해야 했고, 랑베스크 공이 저지른 살인을 법정에 고발해야 했지만, 오히려 그들과 공모했다.

퓌제귀르 백작에 대해서는 별다른 죄를 찾지 못했다. 그는 네케르가 해임되었다가 되돌아올 때까지만 국사에 관여했기 때문이다. 그러나 사실상 네케르가 되돌아오는 명령을 이행하는 시간이 늦어졌고, 그사이에 이 대신은 파리 주위에 군대를 집결시키라는 명령을 내렸다. 그는 파리를 형집행자들의 손에 넘겨주고 굶겨 죽이려는 음모를 모를 수가 없었다.

여기서 브로이 원수의 이름을 거론하는 것은 유감스럽다. 그는 나라의 적을 무찌르고 조국을 영광스럽게 만들었다. 그러나 그는 국가의 자유를 해치는 범죄를 인정해 자신이 쌓은 업적을 무색케 했다.

베스발 남작은 이 끔찍한 음모의 모든 내용을 꾸미는 데 처음부터 관여했다. 그리고 파리 지사 베르티에는 베스발 남작과 공모해 파리를

10월 14일, 파리 코뮌이 내린 결론과 달리 국회의 조사위원회는 베스발 남작 사건을 보고하면서 어떠한 제소나 고소, 결정적 증거가 없는 한 베스발 남작을 더 가둬둘 명분이 없으며 왕에게 이 지휘관을 석방하도록 간청해야 한다고 말했다. 그러나 반발도 만만치 않았다. 뢰프벨 의원이 일어섰다.

"위원회는 아마도 베스발 사건 때문에 국회가 대역죄를 재판할 재판소를 설치하는 명령을 내렸음을 잊은 것 같습니다. 이제 이 재판소를 설치하는 데 전념할 시기가 무르익었다고 생각합니다."

라로슈푸코 리앙쿠르 공작은 위원회의 의견을 지지하면서 수정안을 내놓았다. 베스발 남작이 훗날 출두명령을 받으면 반드시 응하겠다고 맹세하는 조건으로 석방하자는 안이었다. 뤼 공작은 자신이 베스발 남작의 지휘를 받으면서 복무한 경험을 들먹인 뒤, 베스발 남작은 시민과 군인으로서 의무를 충실히 수행한 사람이므로 기소해서는 안 된다고 말했다.

파리 코뮌 의회 의장직을 수행했던 모로 드 생메리가 일어섰다.

"베스발 남작이 바스티유 사령관에게 보낸 명령서는 생제르베 선거구 의회 의장이 가지고 있습니다. 또 파리 시청에는 파리 시와 내가 봉인한 서류 뭉치가 하나 있습니다. 이 뭉치에 들어 있는 문서 가운데 어떤 것은 베스발 남작의 혐의를 풀어줄 수 있고, 또 어떤 것은 그에게 불리한 사실을 밝혀주겠지요. 따라서 국회는 공공의 목소리가 죄인이라고 지목한 사람을 아무런 법적 근거도 없이 자유롭게 만들어주어서는 안 된다고 생각합니다."

글레젠은 이 사건을 파리의 샤틀레 법원으로 넘기자고 제안했다. 뒤퐁이 글레젠을 지지하면서 이후 헌법으로 대역죄를 재판할 법원을 설치할 때까지 이러한 사건을 모두 샤틀레 법원으로 넘기자고 덧붙였다. 타르제는 "샤틀레 법원으로 사건을 넘기는 국회의 명령은 왕의 재가를 받아야 하며, 샤틀레는 베스발 남작의 사건을 재판할 때 시민들이 뽑은 명사들을 일정 수 참여시켜야 한다"고 주장했다.

미라보 백작은 헌법위원회가 제안한 안이나 샤틀레로 넘기자고 요청하는 의원들의 안 모두 부적절하다고 말했다. 라로슈푸코 리앙쿠르 공작은 무관으로서 동료를 너그럽게 대하자는 제안도 받아들일 수 없다고 말했다. 한마디로 그는 베스발 남작에 대한 찬반의 증거를 더 많이 모을 때까지 이 사건을 논의하지 말자고 제안했다. 국회는 몇몇 의원의 수정안을 검토한 뒤 "샤틀레 법원은 형법을 개정할 때까지 임시법을 따르며, 대역죄로 고발 또는 고소당한 사람이나 확실한 대역죄인을 독점적으로 재판할 때까지 증거를 수집하고 명령하고 예심하는 권한을 임시로 가진다"고 의결한 뒤 회의를 마쳤다.

그 뒤 베스발 남작은 샤틀레 법원의 재판을 받았다. 그가 재판을 받는 동안, 대역죄인이 한 명 더 늘었다. 파브라 후작이 대역죄로 잡혔고, 베스발 남작과 랑베스크 공보다 먼저 판결이 나서 사형을 받았다. 파브라 후작을 처형한 뒤 베스발 남작과 랑베스크 공을 죽이라는 세간의 목소리는 어느 정도 완화되었다. 파리 사람들은 파리 코뮌 조사위원회가 베스발 남작의 유죄를 입증하는 결과를 발표했을 때 법원이 유죄를 선고하리라고 기대했다. 그러나 재판은 시간을 끌었고, 베스발 남작을 보호하던 미라보 백작은 웅변으로 군중의 위협을 물리쳤다. 민중은 샤틀레 판사들이 양심의 소리를 듣고 또 피고의 변호인의 목소리를 들으면서 자유롭게 재판하도록 허락했다. 베스발 남작의 변호인은 파리 고등법원의 유명한 변호사 드세즈였다. 그의 변론을 들

은 샤틀레 판사들은 마침내 1790년 3월 26일, 베스발 남작에게 무죄를 선고
했다. 베스발은 풀려난 뒤 파리에서 편안하게 살다가 1794년 6월 27일에 세
상을 떴다.

랑베스크 공의 재판

　랑베스크 공은 로렌 지방의 귀족이며 왕비 마리 앙투아네트의 친척이었
다. 그는 1777년 1월 1일 26세에 생루이 기사가 되었고, 1789년에는 왕의
독일기병연대를 지휘했다. 7월 12일 저녁 루이 15세 광장*에서 왕의 기마상
을 지키는 임무를 수행하면서 튈르리 정원의 시위대를 해산했다. 7월 16일,
그는 부대를 이끌고 메스로 가라는 명령을 받았다. 7월 30일, 국회는 그가 됭
Dun에서 붙잡혔다는 보고를 받았다. 그는 베스발 남작처럼 파리 근처의 브
리 콩트 로베르에 갇혔다. 10월 28일 수요일, 파리 코뮌 의회는 국사범 랑베
스크 공을 국회가 임명하는 재판소에서 재판을 받게 하자는 안을 의결했다.

　11월 3일, 랑베스크 공 재판의 첫 번째 증인 트리코는 환자였기 때문에
집에서 증언했다. 그는 샹젤리제에서 튈르리 쪽으로 가면서 용기병과 기병

---

* 1754년 건축가 자크 앙주 가브리엘이 조성해 1763년에 완성한 8각형 광장인데, 1748년 파리 시
에서 에드메 부샤르동에게 제작을 맡긴 루이 15세의 기마상을 세웠다. 혁명기에 이 기마상을 철거
하고 그 자리에 단두대를 설치했다. 오늘날 이 광장은 '화합의 광장Place de la Concorde'으로 불
리는데, 혁명기 공포정이 끝나고 총재정부에서 붙인 이름이다. 왕의 기마상이나 동상이 있는 곳을
왕립광장이라고 하는데, 파리에서 앙리 4세 때 정네모꼴로 조성한 '보즈 광장Place des Vosges'은
가장 오래되었고, 당시에는 그 이름이 그대로 '왕립광장Place royale'이었다. 다음은 앙리 4세의 세
자(장래 루이 13세)를 위해 시테 섬의 서쪽 끝에 세모꼴의 꼭짓점이 퐁뇌프 다리와 닿도록 '왕세자
광장Place Dauphine'을 조성했다. 그리고 1686년 루이 14세의 전쟁을 기념해 지름 80미터의 원형
으로 '승리의 광장Place des Victoires'을 만들었다.

대가 전투대형을 갖추고 있는 모습을 보았다. 군대는 아무런 위협도 하지 않고 조용히 대기하고 있었다. 8시 15분쯤, 그는 랑베스크 공이 갑자기 부대를 이끌고 말을 달려 정원으로 들이닥쳐서는 칼을 휘둘러 어떤 사람을 내리쳐 쓰러뜨리는 모습을 보았다고 증언했다(제2권 97쪽 하단 도판 참조). 이튿날 세 번째 증인으로 나선 다비드 에티엔 루이예 드 레탕은 1765년 국무비서직을 얻었고 1770년에는 파리 치안총감청 재무관으로 일한 사람이었다. 59세인 그는 루이 15세 광장 곁의 저택에서 살았다. 그러므로 그는 창문으로 상황을 내려다보았는데, 권총을 공중에 대고 쏘는 소리를 잇달아 들었고, 군중이 돌을 마구 던지는 모습을 보았으며, 수비대 병사 한 명이 말에 차여 부상을 입었는데, 기병대 속에 랑베스크 공이 있었는지는 확실하지 않다고 말했다. 그리고 튈르리의 선개교(상판을 수평으로 움직이게 만든 다리) 근처에 정렬했던 기병들이 튈르리 정원으로 들어갔다가 잠시 후에 나오는 모습을 보았다고 증언했다. 그는 랑베스크의 혐의를 벗겨주는 역할을 했다. 네 번째 증인은 랑베스크가 칼을 휘둘러 한 사람을 쓰러뜨리고, 그의 부하들은 군중을 향해 발포했다고 증언했다. 다섯 번째 증인의 말은 랑베스크 공의 혐의를 충분히 입증해줄 만큼 자세했다. 그 증인은 현장에서 다쳐 보름 동안이나 고생했기 때문에 당시 상황을 생생하게 전해주었다.

판사들은 증언을 계속 들었다. 11월 9일에 나온 열세 번째 증인은 랑베스크 공이 누구인지 알아볼 수 있지만, 자기는 7월 12일 저녁 6시 이전에 튈르리 정원에서 나왔기 때문에 사건을 보지 못했다고 말했다. 열다섯 번째 증인 피에르 앙투안 바이양은 도핀 거리에 사는 의사였다. 그는 저녁 8시 반에서 9시 사이 튈르리 정원을 거닐다가 공중에 대고 총을 쏘는 소리를 들었고, 기병대가 정원을 빠져나가는 모습을 보았다. 기병대의 지휘관은 랑베스크 공이었다고 사람들이 말했다. 그 뒤에는 정원이 조용해졌다. 그는 정원의 한쪽에 있는 마네주(승마연습장)* 앞에서 머리에 상처를 입은 사람을 보았다. 피해자는 증인에게 랑베스크 공이 상처를 입혔다고 말했다. 증인은 상처를 살펴보았다. 피해자의 모자는 칼로 베어졌고, 상처는 그리 깊지 않았으며, 뼈를 살짝 다친 정도였다.

열여섯 번째 증인은 방물장수였다. 그는 7월 12일에 팔레 루아얄에서 네케르의 해임 소식을 듣고, 사람들과 밀랍상 제작자 퀴르티우스의 집으로 달려가 오를레앙 공과 네케르의 흉상을 가지고 방돔 광장을 거쳐 루이 15세 광장까지 달려갔다. 거기서 기병대가 전투대형으로 정렬한 모습을 보았다. 그는 군중에 휩쓸려 루이 15세 기마상이 있는 곳까지 갔다. 그는 칼인지 총검인지 알 수 없는 무기로 가슴을 찔렸다. 다행히 상처는 가벼웠다. 그는 오를레앙 공의 흉상을 안은 채 군중에 휩쓸려 선개교 쪽으로 가서 튈르리 정원으로 들어갔다. 그는 왼쪽 발목에 유탄을 맞아 상처를 입었고, 증언하는 날까지 낫지 않았다. 그는 흉상을 퀴르티우스 가게 점원에게 맡기고, 푀양 수도원 문을 거쳐 사람들의 부축을 받으면서 밖으로 나갔다. 외과의사를 만나 상처를 보여주는 사이에 랑베스크 공이 튈르리에서 어떤 사람에게 상처를 입혔다는 말을 들었다. 그리고 기병대가 수비대 병사 한 명을 공격하는 모습을 보았다. 청색 제복과 초록색 제복의 기병대 병사들이 검은 모자를 쓰고 칼을 휘두르고 있었다. 수비대 병사는 그들의 칼을 받고 땅에 쓰러졌다. 기병대가 사라진 뒤, 수비대 병사는 피를 많이 흘리고 숨졌다. 이렇게 열여섯 명의 증언을 들

---

* 8장 "마네주의 국회" 참조.

고 검사 플랑드르 드 브룅빌은 논고를 읽기 시작했다.

"1789년 11월 10일, 본 검사는 왕을 대신해 사람들이 랑베스크 공이라고 말하는 제복의 남성을 구속한 상태에서 예심을 계속할 것을 청구합니다."

판사들(미용, 탈롱, 드 라 살, 다르지스, 데투슈, 부롱, 카트르베르)은 검사의 주문을 받아들였다.

11월 16일부터 다시 증인심문을 시작했다. 증인들의 이야기는 거의 비슷비슷했지만, 미묘한 차이를 드러냈다. 7월 12일 일요일 저녁 8시부터 8시 반 사이 튈르리에서 산책하거나, 시위대에 휩쓸려 그곳에 갔거나, 근처에 살기 때문에 멀리서 보았거나, 모두 총소리를 들었고 시위대가 돌을 던졌다고 말했지만, 첫째 유형은 랑베스크 공이라고 하는 지휘관이 칼을 휘둘러 한 사람을 쓰러뜨렸고 말발굽에 상처를 입은 사람도 있었다는 것, 둘째 유형은 랑베스크 공이 칼을 휘둘렀는지 아닌지 확실히 알지 못하지만 아무튼 기병대의 지휘관이 휘두른 칼에 한 사람이 쓰러졌다는 것, 셋째 유형은 현장에 있었지만 총소리에 놀라 급히 현장을 빠져나가느라고 사건을 직접 보지 못했다는 것이다. 마지막으로 랑베스크 공이 칼을 휘두르고 권총을 발사했지만 아무도 다치게 하지는 않았다는 증언을 추가할 수 있다. 그러나 모든 증언이 그렇듯이 불확실하고 주관적이고 때로는 앞뒤가 맞지 않는 면도 많았다. 예를 들어 벽걸이 양탄자 상인 앙슬렝은 이렇게 말했다.

"선개교 위로 말 달리는 소리가 들려서 그쪽을 보니 독일인 부대가 달려오고 있었습니다. 그 지휘관은 구릿빛에 마마자국이 있었고, 양어깨가 아주 강인했으며, 목은 몸에 처박힌 것처럼 보였습니다. 아마도 랑베스크 공인 것 같았습니다. 그러나 날이 저물고 그들이 빨리 움직였기 때문에 그를 알고 있긴 해도 확실히 그가 맞는지 확신할 수는 없습니다."

평소에 랑베스크 공을 알아볼 수 있는 사람이 여름날 저녁 8시가 넘어 주위가 어두워지기 시작할 때 말을 달리는 지휘관의 얼굴빛뿐만 아니라 얽은 자국까지 보았으면서도 랑베스크 공인지 아닌지 확신할 수 없다고 말을 흐린 것이다.

두 번째 증인심문에는 엿새 동안 서른두 명이 증언했는데, 증인을 고르는 기준이 무엇이었는지는 확실하지 않다. 증인 가운데 카퓌생 거리의 도매상 메낭은 "사건에 대해 하나도 모른다"고 증언했다. 아무튼 모든 증언을 종합하면 랑베스크 공이 저지른 죄는 고의성보다는 우발성이 강한 것이었다는 결론을 내릴 수 있을 만큼 피고에게 유리했다. 검사 플랑드르 드 브룅빌은 11월 23일에 논고를 읽었다.

"1789년 11월 23일, 본 검사는 왕을 대신해 사람들이 랑베스크 공이라고 말하는 제복의 남성을 계속 구속한 상태에서 지난 11월 10일의 예심과 오늘의 예심에 덧붙여 앞으로도 예심을 계속할 것을 청구합니다."

이튿날 재판부는 증인심문을 계속할 것을 결정했고, 이렇게 해서 12월 2일 수요일부터 또다시 증인을 스무 명이나 줄줄이 불렀다. 세 번째 증인심문에서 마지막 증인은 베스발 남작이었다. 베스발 남작도 재판을 받고 있었기 때문에 자신이 이미 증언한 내용에 덧붙일 말은 없다고 전제하면서 입을 열었다. 랑베스크 공과 관련된 사실로서 그는 당시 뮈에트 정원에 주둔하던 독일인 부대에 몽마르트르의 길을 닦는 인부 3,000~4,000명을 감시하는 임무를 주었다고 했다. 그래서 랑베스크 공은 부대원을 이끌고 현장에 자주 나갔다. 7월 12일, 루이 15세 광장에는 몇 개 기병대가 질서를 지키는 임무를 띠고 배치되었는데, 병사들의 사기가 몹시 떨어져 있었다. 왜냐하면 군중이 돌을 던지고 총을 쏴서 용기병 몇을 죽이거나 다치게 했기 때문이다. 말도 여러 마리 다쳤다. 베스발 남작은 군중을 튈르리 정원으로 밀어 넣고 싶었지만, 군대를 동원한다면 군중은 진정한 공격으로 받아들여 결코 일어나서는 안 될 사태를 일으킬지도 몰랐다. 이러한 상황에서 랑베스크 공이 베스발 남작에게 참모를 보내 자신은 방돔 광장에 기병을 50명 정도 배치하고 있으니 명령을 기다린다고 말했다. 베스발 남작은 당장 본진에 합류해 시위 군중을 튈르리 정원으로 물러나게 만들라고 명령했다. 랑베스크 공은 자신이 직접 튈르리 정원까지 들어가도 좋을지 물었고, 베스발 남작은 곧 '아니'라고 대답했다. 그러나 다시 생각해보고 나서 랑베스크 공에게 부대를 끌고 선개교를 넘어 튈르리 정원으로 들어가도 좋다고 명령했다. 잠시 후 독일인 부대가 공포를 쏘는 소리가 들려왔고 랑베스크 공이 부대원을 이끌고 선개교를 지나 되돌아왔다. 베스발은 루이 15세 기마상 난간 근처에서 그 광경을 지켜보았다고 하면서 증언을 마쳤다.

어느덧 해가 바뀌었고 랑베스크 공의 사건은 다른 재판에 밀려났다. 마침내 1790년 6월 5일, 또 증인심문이 있었다. 독일인 부대 대위, 재단사, 양말 장수, 금은방 주인, 관리, 고등법원 변호사가 차례로 열다섯 명이나 등장했다. 이렇게 해서 1789년 11월 초부터 이듬해 6월까지 모두 83명이나 동원한 증인심문을 모두 마쳤다.

랑베스크 공의 재판 내용을 다음과 같이 정리할 수 있다. 파리 코뮌이 랑베스크 공을 고소하자 왕의 대소인은 1789년 7월 12일에 랑베스크 공이 무장한 부대원을 이끌고 튈르리 정원으로 격렬히 진입했으며, 거기서 무기도 없이 평화롭게 거닐던 시민을 살해한 혐의를 입증하려 했다. 먼저 열여섯 명의 증언을 종합하면, 어떤 기병이 시민에게 해를 입힌 것은 입증할 수 있지만 그가 곧 랑베스크 공인지 증명하지 못하고 단지 추정했을 뿐이다. 제2차 예심에는 증인 서른두 명이 나왔는데 새로운 사실을 증언하지 않았다. 그럼에도 예심을 진행하는 동안 랑베스크 공에게 유리한 상황이 나타났다. 랑베스크 공이 혐의 사실을 저질렀다 할지라도 우발적으로 저질렀다는 것이다. 그리고 랑베스크 공이 스무 살쯤의 젊은이를 분수 근처로 몰아갔지만 그에게 조금도 해를 입히지 않았으며, 또 그에게 권총을 썼다는 혐의도 벗어날 수 있었다. 제3차 예심의 증인은 스무 명이었다. 그들은 랑베스크 공과 그의 부대는 시위대가 선개교를 닫으려 하자 그것을 막으려 했고, 대중과 부대원의 위험을 막으려 애썼다고 증언했다. 끝으로 열다섯 명이 증언했다. 대부분은 혐의 사실에 대한 시간과 상황을 설명하고, 랑베스크 공의 혐의를 벗겨주는 데 이바지했다. 재판부는 랑베스크 공이 군중을 튈르리 정원으로 밀어 넣으라는 베스발 남작의 명령에 복종했고, 시위대 측의 공격을 받고 정당하게 방위하는 과정에서 생긴 문제라고 판단해 무죄를 선고했다.

파브라 후작의 재판

1789년 12월 28일, 왕의 큰 동생 프로방스 백작은 국회의장에게 편지를 써서 파브라 후작의 문제를 거론했다.

"친애하는 국회의장님,

파브라의 구속이 마치 나와 관계가 있는 것처럼 중상하는 사람들이 있고, 파리의 치안위원회는 현재 이 문제에 매달리고 있지만, 나는 나 나름대로 파리 코뮌에 내 생각을 분명히 전달해 성실한 사람까지 항간에 떠도는 의심을 믿게 만들지 말아야 한다고 생각했습니다. 그래서 국회에도 정확한 사실을 알려드려야 한다고 믿습니다. 왜냐하면 왕의 동생으로서 그 같은 의심을 벗어나야 하고, 파브라의 사건은 아주 심각해서 국회가 조만간 개입해야 하기 때문입니다."

세상 사람들이 왕의 큰 동생과 결부시키는 사건의 주인공 파브라 후작 Thomas Mahi, Marquis de Favras은 1745년 블루아에서 태어났다. 그는 일찍이 화승총 부대에 들어간 뒤 1761년에 7년 전쟁(1757~1763)에 참가했다. 곧 벨 순스 연대의 참모가 되었고, 왕의 큰 동생 프로방스 백작의 수비대 부관이 되어 복무하다가 1775년에 사임했다. 1787년 벨기에 지방에서 봉기가 일어났을 때 사단을 지휘해 진압했다. 매사에 열정이 있고 늘 풍성한 계획을 세우는 성격인 파브라는 모든 상황에 끼어들었다. 혁명이 시작되었을 때 그는 애국파에게 의심을 살 만한 행동을 했다. 혁명의 열기가 고조되고 사람들이 희생자를 찾을 때 그는 혐의를 뒤집어쓰기 좋은 사람이었다. 그는 수비대 병사들을 매수해 파업하게 만들고 군부대에 선동적인 글을 퍼뜨렸으며, 7월 이후 혁명이 점점 급진화하자 왕을 애국파의 손에서 구출하는 계획을 세우고 군 장교와 궁내관들을 포섭했다. 10월 6일, 그는 내무대신 생프리에 백작을 만났다.

"나는 전하와 봉건귀족과 대신들을 위해서 기꺼이 이 한목숨을 바치겠습니다. 나는 그동안 전하를 파리에서 메스로 모셔가려고 계획을 세웠습니다. 전하를 호위할 부대를 1,200명에서 최대 1,500명까지 동원할 수 있습니다만, 말이 필요합니다. 혹시 왕비마마의 마구간에서 말을 빌려주실 수 없겠습니까? 파리에서 왕을 구출해 페론으로 모셔갈 때 라파예트 후작도 없애버리겠습니다."

그는 이러한 계획을 몇몇 사람에게 털어놓았다. 그를 감시하던 라파예트의 귀에 그런 말이 흘러들어갔다. 10월 26일에 파리 코뮌이 여섯 명으로 구성한 조사위원회는 그를 체포하라고 명령했다. 그렇게 해서 파브라 후작 부부는 12월 24일 밤에 붙잡혔다. 그들이 잡힌 이튿날 파리에는 바로즈라는 사람의 이름으로 쓴 쪽지가 나돌았다.

"플라스 루아얄(왕립광장)*에서 파브라 백작이 부인과 함께 24일에서 25일 사이 밤에 체포되었다. 그는 3만 명을 동원해 라파예트와 파리 시장을 죽이고 나서 우리의 식량을 끊어버리려는 계획을 들켜서 잡혔다. 왕의 동생이 그들을 지휘했다."

이렇게 왕의 동생을 공공연히 고발하는 쪽지가 나돌자 당사자인 프로방스 백작뿐 아니라 왕에 대해서도 과장된 악성 소문이 퍼졌다. 왕이 동생과 공모해 이런 일을 꾸몄다는 것이다. 곧 격렬한 시위가 일어날 것 같은 분위기였다. 그래서 프로방스 백작은 부랴부랴 파리 코뮌 의회를 찾아가 자신이 이 사건과 아무런 상관이 없다고 말해야 했다.

"여러분, 나는 아주 불쾌한 중상모략을 당했기 때문에 그것을 해명하려고 여기 왔습니다. 파브라는 코뮌의 조사위원회 명령으로 그제 밤에 잡혔습니다. 그리고 오늘 나와 그가 아주 밀접한 관계가 있다는 부자연스러운 소문이 널리 퍼졌습니다. 내가 파브라를 알고 있는 최소한의 관계만 밝히는 것이 왕과 여러분과 나 자신에 대한 도리라고 생각해서 이 자리에 섰습니다."

그는 여러 달 동안 국회에서 돈줄을 끊었기 때문에 돈이 몹시 궁했다. 그는 1790년에 갚아야 할 빚이 있었다. 샤트르 후작은 그에게 파브라 후작이

---

* 파리의 왕립광장으로는 보주 광장, 도핀 광장, 방돔 광장, 빅투아르 광장, 루이 15세 광장이 있는데, 여기서는 어느 광장이었는지 확실히 밝히지 않았다.

은행가 쇼멜과 사르토랭에게 200만 리브르를 차용하도록 주선해줄 만한 사람이라고 소개했다. 세간에는 이 소문이 돌았고, 이번 파브라 사건에 프로방스 백작과 왕이 연결되었다는 말까지 퍼졌던 것이다. 프로방스 백작은 파리 코뮌 의회에서 자신의 결백을 밝히려고 열변을 토했다.

"나는 파브라를 만나지 않았습니다. 그에게 편지를 쓰거나 어떤 형태로든 접촉하지 않았습니다. 그가 무슨 일을 하고 다녔는지 나는 절대 알지 못합니다. 그러나 나는 세간에 바로즈라는 사람의 이름으로 나를 비방하는 쪽지가 나돈다는 사실을 알았습니다. 그래서 나는 그처럼 비열한 범죄와 관련 없다는 사실을 여러분께 해명하려고 부랴부랴 여기 왔습니다."

다행히 코뮌 의회는 그의 말을 진심으로 받아들였다. 파리 시장이 나서서 코뮌 의회가 프로방스 백작의 진심을 알았으며 신뢰한다고 말했다. 그 뒤를 이어 라파예트는 쪽지를 쓴 사람들을 조사해서 감옥에 넣었다고 말했다. 프로방스 백작은 그들을 용서해달라고 요구했지만, 코뮌 의회는 그들이 모두 재판을 받고 벌을 받아야 마땅하다고 의결했다.

이 재판도 샤틀레 법원이 맡았다. 1790년 1월 8일, 리에자르 드 리니, 가이아르 드 라 페리에르가 판사로서 증인심문을 시작했다. 11일에 증인 열두 명이 차례로 나왔지만 법원이 소란스러웠기 때문에 제대로 증언을 하지 못했다. 사람들이 몰려들어 "파브라를 가로등에 매달아라!"라고 외쳤기 때문이다. 이튿날도 조용해지지 않았다. 사람들은 대포를 끌고 법원 마당으로 들어가 떠들었다. 판사와 변호인들을 위협하는 목소리 때문에 제대로 심문을 하기도 어려웠다. 변호사 틸로리에는 용기를 내서 파브라 후작을 변호하고 불리한 증언을 한 증인들을 몰아세웠다. 변호사는 판사들도 자신처럼 밖에서 피에 굶주려 날뛰는 사람들에게 휘둘리지 말아달라고 호소했다. 그러나 판사들의 마음을 사로잡지는 못했다. 판사들은 민중이 외치는 소리에 신변의 위협을 느꼈다. 그들은 벌써 파브라 후작이 유죄라고 거의 확신하고 있었다. 파브라 후작은 청원서를 발간했다. 국회에서는 19일에 그것을 읽었다. 후작의 청원서는 1789년 10월 9일의 형법 제12조를 인용했다.

"피고인을 구금한 뒤 24시간 안에 판사는 피고를 자기 앞에 불러 고소인/고발인이 제출한 고소/고발장을 읽어주어야 한다."

판사는 후작에게 파리 코뮌의 검찰이 그를 고소했다고 알려주었지만, 정작 고소인이 누구인지는 알려주지 않았다. 그래서 후작은 코뮌 의회 의장과 조사위원회 구성원들에게 다양한 방법으로 진짜 고소인이 누구인지 알아보려고 했지만 결코 알아내지 못했다. 후작은 이러한 상황에서 국회가 개정한 형법을 제대로 적용하지 않는 재판이라고 확신하면서 국회에 그 법을 제대로 적용해줄 것을 탄원했던 것이다. 의원들은 파브라 후작 같은 피고인의 청원에 국회가 일일이 답변할 필요는 없다고 하는 축(구피 드 프레펠른)과 후작을 지지하는 축(몽로지에)으로 나뉘었다. 그러나 이 모든 토론은 부질없었다.

파브라 후작은 증인 모렐, 튀르카티, 마르키에가 뒤집어씌우는 혐의에 대해 차분히 대응하면서 자신을 변호했다. 모렐은 파브라 후작이 이 음모에서 가장 어렵고, 따라서 가장 죄질이 무거운 부분을 실행하도록 자신에게 부탁했다고 증언했다. 튀르카티는 사람들을 모으는 일을 맡았다. 세 증인은 파브라 후작이 스위스 부대와 독일인 부대 각 1만 2,000명씩을 몽타르지스에 집결시킨 뒤 파리로 진군해 왕을 구출하고 바이이, 라파예트, 네케르를 살해하려는 계획을 세웠다고 증언했다. 파브라 후작은 이 모든 내용을 부인했다. 후작은 브라방에서 준비하는 혁명을 돕기 위해 군대를 모았을 뿐이라고 말했다. 증인들이 피고가 왕의 마구간에 있는 말을 빌려 기병대에 지급하려 했다고 말하자 그는 다음과 같이 자신을 변호했다.

"10월 5일, 내가 베르사유 궁의 '황소의 눈(왕의 전실)'에 들어갔을 때, 파리의 아낙네들이 대포를 가지고 도착했다는 소식을 듣고 궁에 있는 모든 사람이 낙담하는 모습을 보았습니다. 나는 내무대신 생프리에 백작에게 왕의 마구간에 있는 말들을 내주신다면 전하에게 충성하는 사람들에게 나눠주어 대포를 빼앗으러 가겠다고 말했습니다. 내 말을 들은 생프리에 백작은 왕의 집무실로 들어가 한참 있다가 다시 나와서 그것은 쓸데없는 일이라고 말했습니다. 라파예트가 파리에서 6,000명을 이끌고 왕궁을 구하러 도착했기 때문입니다."

증인으로 나선 생프리에 백작은 파브라 후작의 말이 맞다고 증언했다. 파브라 후작은 모든 증인이 자기 말을 곡해했다고 주장하면서 혐의를 벗어나려 했다. 그와 대질심문을 하게 된 증인 엘리아 아브마르는 브라방(벨기에 지방)의 애국파가 파리에 파견한 사람이었다. 하루는 은행가 쇼멜이 파브라 후작을 데리고 그의 집에 나타났다. 후작은 자기 계획을 말하면서, 그것은 벨기에 지방의 난민들과 얽힌 일이라고 말했다. 아브마르는 파브라 후작에게 그 계획은 재정적으로나 정치적으로나 신통하지 못하다고 대답했다고 증언했다. 라파예트의 참모 구비옹, 부관 마송의 증언까지 끝났다. 파브라 후작은 여론에 호소함으로써 재판을 유리하게 하려고 사건 개요서를 발간해 자신의 무죄를 강력히 주장했다.

"의심의 여지없이 보이지 않는 손이 나를 고소한 사람들 편을 들고 있다. 그러나 나는 개의치 않는다. (……) 나를 지목한 사람이 어디를 가든 내 눈은 그를 추적한다. 나는 그가 후회하리라고 기대하지 않는다."

코르므레 남작도 탄원서를 발간해 자기 형인 파브라 후작의 무죄를 주장했다.

"형님인 파브라 후작은 1785년부터 브라방의 혁명을 돕고, 튀르카티를 만나 프랑스 왕국을 위해 바람직한 일을 지시했습니다. 그러나 튀르카티는 형님을 배신하고 법을 우롱하면서 있지도 않은 죄를 형님에게 뒤집어씌웠습니다. 특히 모렐은 파브라 후작을 직접 알지 못하는 위치에 있으면서도 보상금 2만 4,000리브르를 받으려고 후작을 중상하는 것입니다."

그러나 파브라 후작과 동생의 주장은 여론에 묻혀버렸다. 2월 18일, 샤틀레 법원 판사들은 9시에 모여 거의 다섯 시간 동안 사건을 심의했다. 검사는 사형을 구형했다. 피고와 변호사 틸로리에는 담담하게 무죄를 주장했다. 판사들은 여섯 시간이나 토의했다. 그동안 샤틀레 법원 주위에 사람들이 모여들어 파브라 후작을 죽이라고 외쳤다.

"피고는 군대, 은행가, 여러 지방의 불만세력을 모아 반혁명 계획을 세운 뒤 실행하려고 음모를 꾸몄다. 그는 프랑스 수비대, 국민방위군은 물론 외국의 군대까지 매수해 바이이, 라파예트, 네케르 같은 요인을 살해한 다음 왕과 그 가족을 페론으로 데려가려 했다. 게다가 파리로 진격해 국회를 해산하고 파리로 들어오는 생활필수품 보급을 끊으려고 했다."

요인을 살해하고 국회를 해산해 혁명을 무효화하는 것보다 여론에 더 악영향을 끼친 것은 생활필수품의 보급을 막는다는 것이었으리라. 굶주림에 대한 공포가 7월 14일을 전후해 파리와 전국을 휩쓸었음을 잊어서는 안 된다. 게다가 앞으로 보게 되듯이 국경지방부터 불기 시작한 연맹의 바람도 생활필수품과 관련된 것이었다. 19일 금요일 아침 9시, 판사들은 다음과 같이 선고했다.

"사형집행인은 피고를 파리 노트르담 성당의 입구로 데려간다. 피고는 속옷차림, 맨머리, 맨발로 목에 밧줄을 걸고 뚜껑이 없는 죄수호송차를 타야한다. 양손에는 횃불을 들고, 앞뒤에 '국가반역음모자'라고 쓴 판을 건다. 성당 정문에서 무릎을 꿇고 큰 소리로 분명하게 공개 사죄해야 한다.

'나는 사악하고 무모하게 반혁명 계획을 세우고 실천하려 했습니다. 이 점을 뉘우치면서 하느님과 국민과 왕과 사법 당국이 너그럽게 용서해주기 바랍니다.'

공개 사죄를 마친 뒤에 죄수호송차에 실려 그레브 광장으로 간 뒤 교수형을 받는다."

파브라 후작은 판결문에서 지시한 대로 샤틀레 법원에서 호송차에 올라 노트르담 성당으로 향했다. 그가 지나가는 길에는 병사들이 병풍처럼 서서 구경꾼을 막고 있었다. 구경꾼들은 그를 보면서 박수를 쳤다. 노트르담 다리 위로 호송차가 지나갈 때 구경꾼들은 더욱 크게 환호했다. 파브라 후작은 노트르담 성당 앞에서 공개 사죄를 한 뒤 호송차에 올라 시청으로 향했다. 그의 얼굴은 창백했지만 침착했다. 그레브 광장에 도착한 그는 호송차에서 내려 시청으로 들어갔다. 거기서 그는 형 집행을 조용히 기다리면서 대여섯 명에게 편지를 썼다. 그는 자신에게 사형을 언도한 판사들에게 이렇게 말했다고 한다.

나는 판사님들께 무죄를 주장하고 싶지 않습니다. 나는 내가 잘못했거나 그릇된 길을 갔다는 사실을 솔직히 인정합니다. 그러나 내 생명이 끝나는 이 순간, 진실을 밝히려 합니다. 그래야 편안한 마음으로 죽을 수 있기 때문입니다. 높으신 분들은 그동안 내게 이 사건에서 벗어날 수 있다는 희망을 주셨고, 나는 그들의 보호를 받는다고 생각하면서 정신적으로 안정되었습니다. 나는 지금까지 버림받았다고 생각해본 적이 없습니다. 그러나 이제 나는 그들의 제물이 되었음을 알았습니다. 나는 온 국민에게 분명히 밝히고 싶습니다. 나는 사람들이 상상하는 음모를 꾸몄기 때문이 아니라 귀족주의자들에게 속았기 때문에 이렇게 죽게 되었습니다. 그들은 내게 국가를 위해 아주 유익한 일을 하라고 제안했습니다. 그러나 나는 그 제안이 결국은 나를 불행하게 만든 덫이었음을 깨달았습니다. 나는 나라의 평화와 안정을 가져다줄 일을 한다고 믿었습니다. 오직 그러한 마음으로 그 일을 하려고 했습니다. 내가 당파정신과 야망의 제물이 되었다 할지라도 나는 나를 불행에 빠뜨린 사람들의 잔인하고 비겁한 행위를 하느님과 사람들 앞에 고발하고, 내가 속죄할 범죄가 그들의 것임을 밝히는 것으로 만족하렵니다. 언젠가 그들의 영혼이 후회하게 된다면 교양 있는 사람들은 내가 생각보다 가벼운 죄를 지었다고 생각하겠지요. 나는 그들의 이름을 밝히지 않으려고 굳게 마음먹고 조용히 죽음을 기다릴 뿐입니다.

밤이 오자 사람들은 저마다 손에 작은 호롱불을 들었다. 사형대 위에도 등잔을 놓았다. 광장에 모인 사람들은 계속 "파브라, 파브라"를 외쳤다. 그들은 빨리 형을 집행하라고 재촉했다. 이윽고 파브라 후작이 시청을 나섰다. 조금도 흐트러지지 않은 걸음으로 사형대로 다가섰다. 층계를 오르기 직전에 그는 말했다.

"시민들이여, 나는 결백한 채로 죽습니다. 나를 위해 기도해주시오."

한 단을 올라간 뒤에 다시 한번 큰 소리로 같은 말을 했다. 마침내 사형대에 올라서서 말했다.

"나는 법에 의해 죽습니다. 나는 결백합니다. 나는 당신들에게 내 아내와 자식들을 맡깁니다."

그리고 집행인에게 돌아서더니 이렇게 말했다.

"나는 준비됐소. 이제 당신의 일을 하시오."

파브라 후작은 혁명재판소를 설치하고 단두대로 형을 집행하기 전에 국사범으로 처형된 유일한 사람이었다. 게다가 그는 평민처럼 교수형을 당했다. 베스발 남작의 재판이 아직 끝나지 않은 상태에서 파브라 후작의 사건을 정치적으로 해석하는 사람들이 있었다. 당시 통찰력을 가진 사람들은 샤틀레 법원이 훗날 베스발 남작을 무죄방면하려는 계획을 실행하려고 파브라 후작을 희생시키는 초강수를 썼다고 해석했다. 마리 앙투아네트의 침전상궁이었던 캉팡 부인은 파브라 후작의 사건 때문에 왕과 큰 동생 프로방스 백작이 몹시 곤혹스러워했다고 말한다. 특히 프로방스 백작은 파브라 후작에게 호의로 돈을 주었다고 하는데, 사람들은 두 사람이 무슨 음모를 꾸몄기 때문이라고 생각했다. 그만큼 이 사건은 굉장한 물의를 빚었다. 왕 또는 왕실이 반혁명 음모와 연결되지 않았는지 의심하도록 만드는 사건이었다.

이 사건과 관련해 한 가지 상기하고 넘어가야 할 것이 있다. 구체제에서는 형벌도 신분에 맞게 적용했다는 사실이다. 예를 들어 사형의 경우, 귀족은 참수형, 평민은 교수형이었다. 그런데 10월 9일 의사 출신 의원 기요탱은 "최고존재의 눈으로 보듯이 법의 눈으로 볼 때 모든 사람은 평등하므로, 같은 종류의 범죄는 같은 형벌로 다스려야 한다"고 발의했다. 그는 12월 1일 형법에 대한 평등의 원칙을 담아 다시금 발의했다.

"원칙적으로 법은 평등해야 합니다. 법은 보호할 때뿐만 아니라 처벌할 때도 평등해야 합니다."

기요탱이 발언할 때 여러 차례 박수가 터졌기 때문에 그는 말을 잘 잇지 못했다. 일부 의원이 반대했지만 다수 의원이 감동해 당장 이 문제를 표결에 부치자고 주장했다. 그리하여 다음과 같은 조항이 그 자리에서 만장일치로 통과되었다.

"같은 종류의 범죄를 저지를 때 죄인의 신분과 지위와 관계없이 똑같은 종류의 형벌로 다스린다."

파브라 후작을 교수형에 처한 것은 구체제 문화로 보아 아주 치욕적인 형벌이었다. 그러나 그는 같은 종류의 죄를 같은 종류의 벌로 다스린다는 원칙이 나온 뒤에 처형되었고, 그것은 명예와 상관없는 일이었다.

8
마네주(승마연습장)의 국회

국회는 1789년 10월 19일에 파리로 완전히 옮겼다. 의원들은 임시로 노트르담 대성당 옆에 있는 파리 대주교청에서 회의를 시작했다. 이곳은 지난 4월부터 5월까지 파리 선거인단이 전국신분회 대표를 선출하던 곳이었다. 대주교청에서 가장 큰 방은 사제서품식을 거행하는 예배당chapelle des Ordinations이었으며, 의원들은 그곳을 임시회의장으로 선택했다. 일부 의원이 10월 6일에 왕과 함께 파리에 먼저 도착한 뒤 2주 만에 처음으로 전체가 모이는 날, 의원들은 왕에게 단체로 알현할 날짜와 시간을 물어보자고 결의했다. 왕이 다음 날인 20일이 좋겠다고 하여 의원들은 모두 튈르리 궁으로 가서 왕을 알현했다. 그렇게 국회는 파리 생활을 시작했다. 파리 사람들은 수도가 정치적인 지위까지 회복했다는 사실에 만족했다. 그러나 대주교청은 의원들과 방청객 모두에게 회의장으로 적합하지 않았다. 1777년부터 발행하던 최초의 일간지『파리 신문*Journal de Paris*』에서는 이렇게 보도했다.

국회가 파리에서 처음 회의를 연 것은 주목할 만한 사건임이 분명하다. 파리 코뮌이 슬기롭게 주의하고 준비했기 때문에 아주 질서 있게 회의를 진행했다. 그 무엇도 회의를 방해하지 않았다. (……) 그러나 의원들은 임시회의장으로 들어서자마자 이 장소가 회의장으로 적합하지 않다는 사실을 금세 알 수 있었다. 출석 의원이 800명도 안 되었지만 수많은 의원이 앉지 못했다. 의원들이 술렁댔다. 사람들은 숨쉬기도 어려웠다. 안쪽에 있는 사람들은 숨이 막혀 죽지나 않을까 걱정했다.

일주일 뒤인 10월 26일, 연단이 무너지는 사고가 났다.『파리 신문』은 이튿날 "우지끈하는 소리가 나면서 연단 밑의 지지대가 부러졌다"고 보도했다. 같은 날인 27일에 발행된『새벽*Point du Jour*』은 이렇게 보도했다.

"국회의장은 어제 연단이 무너질 때 다친 의원들의 집을 찾아갔다고 말했다. 수스텔 의원은 열이 없지만, 비아르 의원의 상태는 좋지 않다고 말했다."

그 연단은 전국신분회 대표를 뽑는 선거인단이 새로 설치해 사용하던 것이었다. 이러한 사고가 일어난 뒤 국회는 새로 구한 마네주의 내부공사를 더욱 철저하게 하도록 "유능한 건축가와 토목기사"를 불러 모았다.

국회는 파리로 옮기기 열흘 전 마네주를 앞으로 쓸 회의장으로 점찍고 내부공사를 시켰다. 마네주는 튈르리 궁전을 등지고 센 강이 흐르는 서쪽을 향해 볼 때 정원의 오른편에 있었다. 루이 14세가 죽은 뒤 어린 루이 15세가 성년이 되는 1722년까지 튈르리 궁에 살 때, 어린 왕을 교육하려고 이 건물을 지었다. 1789년 10월이나 11월, 종마사육가 빌모트Jean Louis François de Grimoult de Villemotte(1777~1849)는 국회의 재정위원회에 편지를 썼는데, 거기서 마네주에 대해 값진 증언을 했다.

> 튈르리 궁의 승마연습장인 마네주는 루이 15세에게 말 타는 법을 가르치려고 세운 건물입니다. 그것은 훗날 각종 4륜 마차, 영구차를 두는 창고로 쓰였습니다. 왕족 샤를 공Charles de Lorraine-Guise(일명 le prince Charles, 아르마냐크 백작, 1684~1751)은 당시 '프랑스의 마구간 담당시종'이었는데, 그 건물을 프랑수아 로비숑 드 라 게르니에르에게 주었습니다. 라 게르니에르는 거기에 승마학교를 열었습니다. 원래는 승마연습장만 있었기 때문에 숙소를 지었습니다. 이렇게 해서 승마연습장인 마네주는 하인들이 묵을 방, 마당, 헛간, 50마리 이상 수용할 마구간, 마구 창고, 건물을 유지하는 데 쓸 물건을 두는 창고를 갖추게 되었습니다.

그런데 빌모트는 왜 재정위원회에 편지를 썼을까? 그는 몇 번 더 편지를 쓰면서 마네주에 대한 자신의 권리를 주장했다. 결국 1791년 초에 회고록을 발행해 자기주장을 되풀이했다.

> 국회가 회의장으로 쓰는 마네주 건물은 원래 루이 15세가 튈르리 궁에 살던 시절에 그를 위해 지은 건물이었다. 루이 15세가 말타기를 배우고 더는 그 건물을 사용할 필요가 없게 된 뒤 1743년 라 게르니에르에게 마음껏 활용하라고 주었고 그는 거기에 승마학교를 열었다. (……) 몇 년

뒤에 라 게르니에르는 이 건물을 크루아시에게 넘기면서 자기가 증축한 비용을 보상금으로 요구했다. 그 뒤 건물의 사용권자가 바뀔 때마다 그 액수를 주고받았다.

1777년 1월, 빌모트는 뒤가르의 뒤를 이어 왕실 마구간 시종이 되었다. 뒤가르가 전임자에게 했듯이 빌모트도 뒤가르에게 8만 리브르를 주어야 했다. (……) 1789년 10월, 국회는 이 건물을 마음대로 사용했다. 빌모트는 수지타산을 생각하지 않고 자기 재산이 국가에 이바지한다는 생각만으로 감사했다. 그러나 사람들은 빌모트에게 정당한 권리금을 주어야 한다는 데 동의할 것이다. (……) 빌모트는 지난 18개월 동안 한 푼도 받지 못했다.

이 문제는 결국 1791년 5월 1일, 국회가 빌모트에게 5만 리브르를 지불하라고 결의하면서 끝났다.

국회에서 임명한 사람 말고도 적당한 장소를 찾으러 다닌 사람이 있었다. 베르사유 궁부대신 생프리에 백작은 10월 7일에 건축가 피에르 아드리엥 파리Pierre Adrien Pâris에게 명령을 내려 수도로 옮기는 국회가 쓸 회의장을 찾으라고 했다. 파리는 베르사유에서 이미 소락청의 내부구조를 바꿔 전국신분회 회의장으로 변경한 사람이었다. 그는 루브르 궁에서 그림을 전시하던 살롱, 오귀스탱 수도회 교회, 파리 대주교청, 튈르리 궁의 그랑드 살, 소르본, 튈르리 궁의 승마연습장인 마네주를 두루 둘러보았다. 그는 의원 1,300명과 방청객을 수용할 만한 곳은 승마연습장이긴 해도 베르사유의 회의실보다 34자(10여 미터)나 더 길었기 때문에 양쪽 끝에 앉은 사람은 서로의 말을 알아듣지 못할 것으로 생각했다. 그는 궁부대신에게 올리는 보고서에 부적합하다는 의견을 적고, 종이 한 장에 여러 장소를 겹쳐 표시해서 한눈에 그 장소가 적합하지 않다는 사실을 보여주었다. 그는 큰 성당이 많기 때문에 앞으로 잘 살펴보면 적당한 장소를 쉽게 찾을 것이라는 의견을 첨부했다.

10월 9일, 궁부대신은 파리에게 베르사유로 돌아와 국회의장에게 조사 결과를 알려주라고 명령했다. 파리는 즉시 베르사유로 출발해 국회로 갔다. 마침 국회에서는 경제문제를 논의하느라 시끄러웠다. 그는 국회의장에게 자기가 조사한 내용을 보고했다. 국회는 낮 회의를 끝낼 즈음 파리로 옮기기로 결정하고 위원 여섯 명을 임명했다. 국회의장은 건축가 파리의 보고를 받는 자리에서 국회의 결정사항을 알려주었다. 파리는 새로운 장소를 찾으려고 노력할 필요가 없다고 생각하고 이튿날 수도로 가서 국회가 파견한 위원들에게 마네주가 다른 데 비해 가장 덜 불리한 조건을 갖추었다고 말해주었고, 위원들은 그렇게 해서 마네주를 결정해버렸다.

이제 이전 비용이 문제로 떠올랐다. 파리는 위원들에게 마네주를 적당히 고치려면 돈이 많이 들 것이라고 알려주었다. 위원들은 돈을 얼마나 들여야 하는지 알고 싶어했다. 파리는 위원들에게 당장 얼마가 필요한지 말하기는 어렵다고 대답했다. 왜냐하면 마네주와 함께 그 주위의 카푸친회 수도원, 시토 교단의 일파인 푀양회 수도원의 일부를 함께 정비해야 했기 때문이다. 무엇보다도 마네주 내부에 의원들이 앉을 층계석을 설치하고 필요한 사무실을 나누고 집기를 구하는 데 아주 아끼고 아껴도 얼추 15만 리브르 정도가 들지 모르겠다고 말했다. 공사는 한 달 이내에 완성해 11월 9일에 회의를 시작할 수 있게 준비할 수 있다고 덧붙였다.

실제로 공사를 시작하니 경비는 더욱 늘어났다. 10월 중순 이후 밤을 도와가며 공사를 하는데 회의장 내부와 푀양회 수도원과 카푸친회 수도원 정원에 작업대를 설치하는 비용도 만만치 않았고, 매서운 바람이 불어 작업장을 밝히는 불을 꺼뜨리는 일까지 잦았다. 공사장을 지키는 일도 베르사유에서 공사를 하는 때보다 훨씬 복잡해졌다. 베르사유에서 똑같은 공사를 한다면 2개 수비대 120명이면 충분했지만, 파리에서는 8개 수비대 480명이 필요했다. 게다가 베르사유에서는 망루가 필요 없었지만, 파리에서는 12개 망루를 설치했다. 그 밖에도 일일이 말하기 어려울 정도로 할 일이 많았다.

그럼에도 파리는 국회가 원하는 것을 고스란히 반영하면서 공사를 지휘했다. 예를 들어 마네주 주위에 의원들이 지나다니는 통로를 내고 지붕을 씌우는 일까지 새록새록 생겨났다. 1789년 "국회가 베르사유와 파리에서 쓴 경비 내역서"를 보면 마네주 회의장을 건설하는 비용은 애초에 얼추 잡아 계산한 것을 초과해 16만 8,152리브르 17수 2드니에*였다.

11월 9일 월요일, 마침내 국회는 마네주에서 첫 회의를 열었다. 『파리 신문』은 첫 회의에 대해 이렇게 보도했다.

> 오늘 국회는 수도로 옮겨온 뒤 튈르리에 준비한 회의실로 옮겼다. 이 장
> 소는 파리 대주교청보다 훨씬 쾌적하고 국회의 권위를 살리는 데 더욱
> 적합하지만, 베르사유의 소락청 회의실과 비교할 수 없을 정도다. 그것

---

* 독자는 돈 문제가 나올 때마다 오늘날의 가치로 얼마쯤일까 궁금할 것이다. 옛 돈의 가치를 오늘날의 가치로 환산하려면 적게는 50배를 곱해줘야 한다. 그리고 오늘날 1유로는 6.55957프랑이니까 유로화로 환산해서 환율을 곱해야 한다. 1리브르는 20수였으므로 이 액수를 약 16만 8,153리브르로 상정하고 계산해보면 약 128만 1,738유로이며 2016년 1월의 환율로 1,320원을 곱하면 약 16억 9,000여만 원이다. [(168,153×50)÷6.55957]×1,320.

"두 얼굴의 사나이"
검은 부분의 바이이와 칼을 찬 라파예트는 두 얼굴이지만 한 몸이다(작자 미상, BNF 소장).

Les deux Diables en fureur

Le 13 Avril 1790 deux Diables Volant.

Le 13 Avril 1790 deux Diables en Volant	_l'Un nous Chia l'Abbé M....y_
Firent une Gageure	_l'autre en devint tout pale_
A qui Chierait le plus puant	_Et nous Lacha D'Ep....y_
Sur l'humaine nature	_Et toute sa Cabale_

"화가 난 악마들"

1790년 4월 13일, 악마 둘이 누가 인간 세상에 가장 악취가 심한 똥을 싸는지 내기를 했다.
왼쪽 악마가 모리 신부라는 똥을 싸는 동안, 오른쪽 악마는 창백해져서 우리에게 데프레메닐이라는 음모가를 투하한다.

평소 폭음과 폭언을 일삼아 '술통 미라보'라는 별명으로 불리기도 했던 미라보 자작의 풍자화.

르 샤플리에   말제르브   투레

"두 얼굴의 왕"
성직자 시민헌법에 지지하는 왕은 헌법에 손을 얹고 맹세하고,
지지하지 않는 왕은 종교인의 손을 잡고 있다. 그러나 지지하지 않는 왕의 왕관이 흔들리고 있음은
그의 왕위가 헌법을 지지해야 안전하다는 뜻이다.

은 아주 길고 좁은 직사각형 건물이며 둥근 천장은 아주 두껍기 때문에 의원들의 목소리를 잘 퍼지게 하기는커녕 오히려 흡수한다. 중간에 연단을 설치해서 발언자들이 아무리 크고 힘차고 똑똑히 말해도, 또 듣는 이가 제아무리 숨죽이고 들으려 노력해도, 양쪽 끝에 앉은 사람들은 알아듣기 어렵다. 여기저기서 웅성거리는 소리는 천장 때문에 크지는 않지만 허공을 맴돌게 된다. 그래서 의원들은 웅성거리는 소리와 발언자의 말을 가려서 들으려고 몹시 피곤해진다.

폭보다 길이가 열 배나 되는 긴 건물이었기 때문에 의원들은 의사소통을 하는 데 몹시 힘들었다. 아무튼 국회는 이 건물만으로는 턱없이 부족해서 마네주와 붙어 있는 쾨양회 수도원과 카푸친회 수도원 건물을 함께 썼다. 종교인의 재산을 국유화한 덕에 가능했다. 그리하여 카푸친회 수도원 건물의 식당을 주요 문서를 인쇄하는 곳으로 쓰고, 쾨양회 수도원의 도서관을 국회의 기록물 보관소로 썼다. 마네주 건물의 긴 쪽을 3등분하여 두 군데 통로를 확보해놓고 5단짜리 좌석을 설치했다. 의장석을 조금 높게 만들고 의원들의 발언대를 맞은편에 갖춰놓았다. 방청객은 2층 높이의 창가에 앉을 수 있었다.

이제 3년 반 동안 혁명의 중심지 노릇을 할 마네주의 시대가 열렸다. 대주교청 회의실은 또다시 파리 제3신분 선거인단에게 넘어갔으며 마네주는 1789년 11월 9일부터 1793년 5월 9일까지 국회(제헌의회, 입법의회)와 국민공회가 활동하는 곳이 되었다. 마네주에서 회의를 하기 전, 아니 베르사유의 소락청에서 회의를 할 때부터 의장의 왼쪽에는 '팔레 루아얄 편'이 앉고, 오른쪽에는 '왕비 편'이 앉았는데, 이제 좌파와 우파의 이름은 달라졌다. 의장 오른편에 앉은 우파는 '검은 사람들les noirs(악당, 음흉한 사람들)', 왼편에 앉은 사람들은 '과격파enragés' 또는 '흰 사람들les blancs', 맞은편에 앉은 사람들은 '중립파les impartiaux(공평한 사람들)'였다. 의원들은 성향이 어떻든 헌법을 제정하는 일에 헌신했다. 그들은 일요일과 종교축일을 빼고 매일 아침 9시에 회의를 시작했고, 오후 3시나 4시에 회의를 마쳤다. 그리고 저녁 6시부터 다시 회의를 열었다. 국회의장*은 15일 동안 봉사하면서 회의를 주재하고, 왕에게 특사를 파견하고, 왕의 말을 전하는 대신들이나 파리와 각 지방에서 보낸 대표단을 접견했다. 의장을 보좌하는 비서들을 처음에는 두 명, 나중에 일이 많아지자 여섯 명까지 뽑기도 했다. 그러나 8월 18일 이후 다시 세 명으로 줄였다. 이들은 회의록을 작성했다. 한 사람이 모든 발언을 받아 적기 힘들었기 때문에 그들은 새로운 기술을 도입했다. 첫 사람이 받아 적을 만큼 받아 적으면서 다음 사람에게 신호를 하면 즉시 이어받아 적고, 그렇게 적은 기록을 한군데로 합치는 작업까지 일사불란하게 했다. 그들이 헌신적으로 봉사하지 않았다면 소중한 의회기록은 오늘날 이 책에서 이용할 수 있는 형태로 남지 못했을 것이다. 그리고 국회의 회의장은 방청객에게 개방했기 때문

---

* 전국신분회가 5월 5일에 열렸을 때 회의 시작을 알린 사람은 의전담당관이었지만, 이튿날 회의를 주재하는 사람을 뽑지 못한 상태에서 최고령자가 구체제의 관례대로 의장이 되었다. 그리하여 르루Leoux가 제3신분의 초대 의장이 되었다. 6월 17일에 국회를 선포할 때 의장은 바이이였다. 7월 3일, 오를레앙 공작 루이 필리프 2세가 의장으로 뽑혔지만 그가 사양하는 바람에 르프랑 드 퐁피냥이 7월 17일까지 의장 노릇을 했다. 그 뒤 라로슈푸코 리앙쿠르(7월 18일~8월 2일), 투레(8월 3일, 사양), 르 샤플리에(8월 3~16일), 클레르몽 토네르(8월 17~30일), 라 뤼제른(8월 31일~9월 13일), 클레르몽 토네르(9월 14~27일), 무니에(9월 28일~10월 9일), 프레토 드 생쥐스트(10월 10~27일), 카뮈(10월 28일~11월 11일), 투레(11월 12~22일), 부아즐랭 드 퀴세(11월 24일~12월 4일), 프레토 드 생쥐스트(12월 5~21일), 데뫼니에(12월 22일~1790년 1월 3일)의 순으로 의장직을 수행했다.

에 정치에 관심 있는 사람들은 의원들의 활동을 보면서 정치를 배웠다.

1789년 국회에서 영국식 양원제 입헌군주정을 지지하는 사람들을 '모나르시엥monarchiens'이라고 불렀다. 모나르시엥은 '왕정주의자(모나르시스트 monarchiste)'와 차이가 있다. 왕정주의자는 왕정의 기본 원칙을 지키려는 사람이었지만 '모나르시엥'은 영국식 입헌군주제를 추구했기 때문이다. 무니에는 전국신분회에서 개인별 투표를 지지했고, 죄드폼의 선서를 주도한 인물이었기 때문에 진보 성향으로 인기를 끌었지만 곧 그의 성향이 드러났다. 6월 27일, 그는 혁명이 더는 일어나지 않게 하기 위해서는 서둘러 헌법을 제정해야 한다고 생각했다. 그는 7월 7일부터 헌법위원회에서 일했다. 그는 7월의 혁명과 민중의 정치개입을 위험하게 생각했다. 헌법을 논의하는 과정에서 그는 「인간과 시민의 권리선언」도 위험하다고 생각했다. 그는 국회를 상원과 하원으로 꾸리고 왕에게 절대적 거부권을 주어야 한다고 주장하면서, 점점 단원제 국회와 왕의 일시적 거부권을 주장하는 '애국자들'과 멀어졌다. 애국자들은 그를 모나르시엥이라 불렀다. 10월 초, 무니에는 베르사유의 국회에서 의장직을 수행할 때 왕에게 파리인들의 요구를 전달해야 했다. 그는 궁으로 들어가 왕에게 루앙으로 피신하라고 권유했다. 그는 왕을 파리로 데려가지 못하게 하라고 지방민에게 호소했다. 그 일이 실패하자 그는 10월 10일에 고향 그르노블로 돌아가 지방신분회를 소집했다. 그러나 국회는 지방신분회를 허락하지 않았고, 그는 의원직을 사임했다. 그 뒤 1790년 5월 22일, 그는 사부아 지방으로 떠났고, 이렇게 해서 제3신분의 첫 정치적 망명자가 되었다. 그가 떠난 국회에서는 말루에와 클레르몽 토네르 백작이 왕당파로 왕의 대권을 지키면서 혁명의 진행을 막으려고 노력했다. 그들은 '군주제 헌법의 친구Amis de la Constitution monarchique' 클럽을 만들어 활동했다.

왕에게 한시적인 거부권을 주면서도 단원제 의회를 만들고, 미숙련 노동자의 평균 임금 3일치를 세금으로 내지 못하는 사람들을 수동시민으로 규정해 투표권을 제한하는 법을 만들게 되는 사람들이 1789년의 국회에서 가장 발언권이 셌다. 그들은 부르주아 계층의 이익을 대변하는 사람들이었으며 대주교 샹피옹 드 시세, 대주교 부아즐랭, 시에예스 신부, 미라보 백작, 타르제, 카뮈, 투레 같은 법률가들의 도움을 받으면서 새로운 프랑스를 건설하려고 노력했다. 그들보다 왼쪽에 바르나브, 뒤포르, 알렉상드르 드 라메트의 3인방triumvirat이 있었다. 1789년 7월 22일, 풀롱과 베르티에를 학살한 파리 주민들을 랄리 톨랑달이 고발하자 바르나브는 유명한 말을 남겼다.

"과연 그들이 흘린 피는 순수했던가?"

바르나브는 라메트 형제와 뒤포르와 친하게 지내면서 미라보 백작을 공격하고 자코뱅 클럽의 규정을 기초했다. 그는 1790년 10월에 국회의장으로 뽑히면서 세인의 인기를 끌었다. 그러나 그보다 더 급진적인 그레구아르 신부, 브리소, 마라의 공격을 받았다. 생도맹그(산토도밍고)의 흑인 노예들보다 그들을 부리는 식민지인의 편을 들었다는 이유였다. 바르나브는 이듬해 초에 종교인들에게 '성직자 시민헌법'에 대한 맹세를 강요하면서 좌파 쪽으로 다가갔다. 1791년 6월 하순, 바렌까지 도망쳤다가 잡힌 루이 16세를 파리로 호송할 때, 그는 파리 시장 페티옹과 함께 왕의 마차에 탔다. 그 뒤 그는 왕비에게 반했고 왕의 신성성을 강조하는 연설까지 했다. 그는 왕실에 매수당했다는 공격을 받으면서도 버티다가 1792년 초에 고향으로 돌아갔다. 저술활동을 하던 그는 입법의회의 명령으로 붙잡혀 감옥에 갇혔다가 처형당했다.

1790년 3월 22일, 국회는 지난 8개월 동안의 경험을 살려 좀더 계획적으로 일할 기틀을 마련하려고 의사일정에 대한 중요한 원칙을 정했다. 주간회의에서는 월요일부터 목요일까지 헌법을, 금요일부터 일요일까지 재정문제를, 그리고 야간회의에서는 그 밖의 중요한 문제를 다루기로 했다. 주간회의는 항상 오전 9시에, 단 일요일에만 11시에 시작하기로 했다. 날마다 회의가 끝날 때 발언대 아래에 다음 날 의사일정을 공시해 모든 의원이 준비할 수 있게 했다. 그리고 발의할 안건이 있는 의원은 미리 의장에게 알려서 공시할 수 있게 했다. 그리고 시도 때도 없이 밀려드는 각 지방이나 지역단체의 대표단과 청원자는 야간회의에 절대 받아들이지 않기로 결정했다. 처음에는 회의 시간을 잘 지키지 않았다. 예를 들어 3월 24일 수요일 아침 9시에 출석한 의원은 겨우 30여 명이었다. 의장은 의원들이 모이기 전에 각지에서 들어온 격려의 편지와 애국적 기부금의 내역을 하나하나 열거했다. 마침내 의원들이 어느 정도 모이자 총무들이 지난 회의록을 낭독하면서 의사일정을 다루었다. 이러한 모습은 앞으로도 자주 볼 수 있다. 그리고 6월 22일에는 저녁회의에서 다룰 의제의 순서를 결정했다. 마구 밀려드는 국내의 여러 문제 중 우선순위에 드는 게 가장 시급한 것이겠지만, 대체로 의장과 총무단에 접수하는 순서를 따르도록 법으로 정했다. 마네주는 제헌의회가 1791년 9월 말까지 활동하다가 10월 1일부터 입법의회가 법률을 제정하는 곳이 된다. 1792년 8월 10일, '반란 코뮌'이 튈르리 궁을 공격할 때 루이 16세는 이곳으로 피신해 사흘을 보내다가 파리 코뮌의 포로가 되어 탕플 감옥에 갇혔다. 또 마네주는 국민공회가 공화국을 선포하고 혁명을 더욱 급진화하던 현장이 되었다. 마네주는 국민공회가 1793년 5월 10일에 튈르리 궁의 극장(무대장치실Salle des Machines)에서 첫 회의를 열 때까지 프랑스 혁명사의 중요한 현장이었다.

행정과 종교의
새 체제

제 2 부

1
가난 구제는
혁명도 못 한다

"날마다 무질서가 증가하며 왕에게 온갖 나쁜 일이 생긴다. 우리는 그 끝을 알 수 없다. 어디서나 가난을 본다. 돈은 사라졌다. 동전을 대신한 아시냐 지폐는 거의 가치가 없다. 상인은 그것을 받으려 하지 않는다. 상인에겐 팔 물건도 없다. 생산은 멈췄다. 생필품은 더욱 비싸졌다. 극빈자는 두려울 만큼 늘었다. 개인들이 조용히 안전하게 살 수 있던 파리에는 도둑이 득실댄다. 일단 불만이 최고조에 달하면 옛 질서처럼 새 질서도 아주 빨리 뒤집어질 것이다."

— 1790년 11월 5일, 스웨덴 귀족 악셀 폰 페르센

오늘날 우리나라는 분명히 경제적으로 눈부시게 성장했지만 대다수의 국민은 자신이 가난해졌다고 생각한다. 다른 경제선진국도 형편은 마찬가지다. 오늘날까지도 가난한 사람들이 있는데, 그들은 대부분 게으르기보다는 일하고 싶지만 일거리가 없거나, 일거리가 있다 해도 비정규직이라서 형편없는 임금을 받기 때문에 가난하다. 그래서 정치가들은 구조적인 문제를 고쳐서 재화를 고르게 분배하는 원칙을 세우고 실천하려고 애써야 한다. 그런데 현실적으로 노력해도 잘 안 되지만, 그렇게 노력하기보다는 가진 자의 이익을 위한 방향으로 정책을 세우고 실현한다. 가난한 사람은 게으르기 때문에 가난을 면치 못하며, 나눌 것을 키워야 그들에게도 떨어지는 것이 있다는 논리까지 개발한다. 그렇게 해서 일하고 싶어도 일할 수 없는 사람이나, 일하고서도 제대로 대

가를 받지 못하는 사람들을 절망하게 만든다. 자유, 평등, 권리라는 낱말을 일상생활에서 늘 접하는 오늘날에도 일, 시간, 돈을 적절히 분배하는 체계를 만들어내지 못하는데 하물며 200여 년 전, 그것도 산업혁명을 겪지도 못한 사회에서 가난과 싸우는 문제에 무슨 기대를 걸 수 있을까?

그러나 옛날에도 정부는 가난문제를 심각하게 받아들이고, 그 때문에 거리에 나앉은 사람들을 어떻게 처리할까 고심했다. 혁명 전 프랑스 왕국에서도 역대 왕들은 거지를 사회적인 문제로 인식해 계속 그들에 대한 법을 반포했다. 1526년에는 파리 시장에게 거리, 선술집, 공공장소에서 부랑자, 무뢰한, 사지 멀쩡한 거지, 신성모독자, 현행범들을 잡아 샤틀레 감옥에 넣고 정당한 재판을 받게 할 것을 지시하는 왕령이 나왔다. 1545년 1월 16일, 프랑수아 1세가 생제르맹앙레에서 반포하고 25일에 파리 고등법원이 등기한 왕령은 파리 시장과 부시장들에게 사지 멀쩡한 거지들을 공공사업에 동원하도록 지시했다.

그 뒤에도 잊을 만하면 나오는 왕령은 크게 두 가지 유형으로 분류할 수 있다. 첫째는 노인이거나 환자나 불구자이기 때문에 더는 생업을 이어가기 어려워 극빈자가 된 경우 병원이나 구빈원에 수용해 거처와 음식을 제공한다. 둘째는 사지 멀쩡한 거지들을 강제로 구호작업장이나 공공사업장에 수용하고 일거리를 제공한다. 그리고 이들 가운데 수용을 거부하는 사람은 다시 한번 같은 경로로 수용하지만 그다음부터는 더욱 엄하게 처벌한다. 예를 들면 1686년 10월 12일, 퐁텐블로에서 루이 14세는 왕령을 반포해 사지가 멀쩡한 거지에게 군선의 노 젓는 벌을 내리도록 했다. 이들에게 가혹한 벌을 내리는 이유는 이들이 실제로 보시가 필요한 사람들의 식량을 축내기도 하려니와 더 나아가 도둑질을 저지르기 쉽다고 생각했기 때문이다. 그러나 어쩔 수 없이 구걸해야 하는 사람과 무위도식하는 사람을 엄밀히 가려내기가 어려웠기 때문에 당국은 늘 고민거리를 내려놓지 못했다.

1720년 3월 23일, "극빈자의 수용, 거지의 처벌, 병원의 가장 확실한 기금의 용도에 관하여" 제정한 법은 정부의 고민을 잘 보여주는 사례다. 1656년 파리에 극빈자를 수용하고 사지 멀쩡하면서도 무위도식하는 거지를 처벌할 병원과 구빈원을 설립한 뒤 여러 지방에도 파리의 사례를 좇아 병원과 구빈원들을 설치했음에도 이러한 무질서를 완전히 없애기에 충분치 못한 이유는 정부가 보살펴야 할 극빈자와 처벌할 부랑자, 특히 사지 멀쩡하면서도 일하려 하지 않고 범죄를 저지르기 쉬운 무뢰한들을 정확히 가려내지 못했기 때문이다. 그래서 이 법을 반포해 철저한 분류작업을 거쳐 구빈원의 예산을 꼭 필요한 사람들에게 쓰려는 의지를 보여주었던 것이다. 루이 15세의 섭정기에 이 법이 나왔지만, 루이 15세가 성년이 된 이듬해에도 이 문제는 여전히 정부의 골칫거리였다. 1724년 7월 18일, 샹티이에서 나온 "걸인과 부랑자에 대한" 왕령은 백성의 어버이로서 왕이 극빈자에 대해 가슴 아픈 심정과 부랑자를 단호히 다스려 일하게 만들겠다는 의지를 확고히 보여주었다.

"과인이 즉위한 뒤부터 남녀 걸인이 파리와 왕국 곳곳에서 더욱 많아지는 것을 보면서 무척 가슴이 아프다. 그래서 노년이거나 몸이 성치 못하기 때문에 구걸하지 않을 수 없는 사람들을 구제할 방안을 찾아야 했다."

이번에도 왕은 자비로운 사람들이 나눠주는 돈과 음식으로 먹고사는 게으른 자들을 없애려고 생각했다. 게으른 자들은 진짜 빵이 필요한 사람들이 먹을 빵을 훔치기 때문이다. 또 게으르게 먹고사는 법을 알게 되면 도시와 농촌의 일꾼도 줄어들게 된다. 일해봤자 겨우 입에 풀칠이나 할 바에 자포자기 심정으로 쉬운 길을 택하는 사람이 늘기 때문이다. 특히 파리에 가기만 하면 어떻게든 먹고산다고 생각하고 몰려드는 사람들이 많았다. 그러므로 왕은 땀 흘려 일하는 사람들에게 게으른 사람이 빌어먹는 것보다 더 많이 벌 수 있는 길도 마련해줘야 옳았다. 그러나 왕의 관심은 오로지 게으른 사람들을 찾아내서 벌주려는 데 있었다. 적은 임금으로 생산원가를 낮춰서 국제경쟁력을 높이려는 중상주의적 사고방식이 그 뒤에 숨어 있었다. 당시의 경제와 기술의 수준으로서는 당연한 생각이었다.

왕은 선왕들이 내놓은 해결책, 그리고 유럽의 여러 나라에서 사용한 방법을 검토하고, 그러한 방법이 실패한 것은 법을 전국적으로 적용하지 못했기 때문임을 알았다. 도시에서 도피한 부랑자들은 다른 곳으로 쉽게 옮겨가 예전처럼 생활했기 때문에 근절하기 어려웠다. 또 구빈소가 충분하지 못하기 때문에 이미 수용한 사람들을 내보내야 하며, 일을 하려 노력해도 일거리가 없어서 못한다는 핑계를 대는 사람에게 일거리도 마련해주지 못했다. 여기 덧붙여 몸이 성한데도 무위도식하는 걸인과 부랑자에 대한 벌도 충분하지 못했다는 것이 그동안 모든 방안이 실패한 원인이었다.

왕은 이제 구빈법이 왕국에서 골고루 집행될 수 있는 가장 확실한 방법을 찾았다고 자부했다. 그는 수입이 충분치 않은 구빈원에 대해서는 국가가 충당해주기로 했다. 그러면서도 너그러운 개인들도 여전히 구호금품을 조금씩이나마 자발적으로 보태주기를 기대했다. 국가와 개인들이 노력해서 몸이 성한 걸인에게 생계와 일거리를 확실히 제공하는 대신, 그들이 법에 복종하지 않을 어떠한 핑계도 용납하지 않고 더욱 엄한 벌로 다스리겠다는 의지를 밝혔다. 벌을 다단계로 적용해서 한 번 어기면 가장 가벼운 벌로 다스리지만, 두 번째에는 더욱 엄격하게, 세 번째 이후에는 인정사정 보지 않고 벌을 내리기로 했다. 아무리 술수를 쓰고 가장한다 해도 두 번째 적발되는 경우를 정확히 가려내 처벌해서 무질서를 바로잡고, 진실로 구호와 동정이 필요한 사람과 그의 생필품을 훔치려고 가명을 사용하는 범죄자를 가려냄으로써 현재까지 국가에 짐이 되었던 다수의 시민을 국가에 유익한 존재로 만들겠다고 했다.

이 왕령이 비록 예전의 법보다 한걸음 더 나아갔다 하더라도 루이 16세 치세에도 여전히 걸인과 부랑자 문제는 해결되지 않았다. 1777년 7월 27일, 베르사유에서 나온 "걸인에 대한 규칙"은 간단하면서도 새로운 방안을 찾느라고 고심한 법이었다.

1. 남녀 걸인들은 이 법을 공포한 날부터 15일 이내 출생지로 돌아가 호적에 등록하고 더는 보시를 요구하지 않고 생계를 꾸려갈 수단을 마련해줄 일자리, 일거리, 직업을 가질 것. 출생지까지 거리가 먼 걸인들은 파리 치안총감에게 여행에 필요한 증명서를 발급받을 것.

2. 기한이 지난 뒤에도 파리 거리나 공공장소, 모든 교회나 개인의 집 문 앞에서 발각되는 걸인은 체포해서 강제수용소에 일정한 기간 동안 구금한다.

3. 캥즈 뱅 병원*에 수용된 장님은 특별허가를 받아 거리나 집집마다 돌아다니지는 못한다 할지라도 일정한 장소에서 보시를 받을 수 있다.

4. 사지 멀쩡한 극빈자는 전하가 파리 문안과 문밖의 여러 소교구에 설치

---

* 13세기에 성 루이 왕 때 십자군에 참여했다가 이슬람교도에게 잡혀 장님이 된 기사 300명(캥즈 quinze는 15, 뱅vingt은 20을 뜻하는 말이므로 '캥즈 뱅'은 15×20=300을 나타냄)을 수용하려고 세운 병원이다.

한 구호작업장에 들어가 일을 하면서 생계비를 마련해야 한다. 환자와 불구자인 극빈자, 자기 힘으로 생계를 마련하지 못하는 극빈자는 병원에 들어가 필요한 도움을 받는다.

이처럼 가난 구제의 역사를 보면 중세부터 교회가 주로 맡았던 일을 왕국의 행정이 발달하면서 점점 행정가와 치안총감이 나누게 되었다. 행정가들에게 빈자들은 범죄에 빠지기 쉬운 계층이었기 때문에 그들을 어떻게 도와주고 범죄에 빠지지 않게 하느냐가 주요 관심사였다. 그래서 행정부는 국가를 효율적으로 경영하고 질서를 유지하는 방법의 일환으로 점점 그들을 일정한 장소에 가두고 일거리를 주는 방안을 고안했다. 교회는 중세부터 내려온 전통을 유지하면서 가난한 사람들에게 보시하고 환자를 병원에 수용하고 보살폈다. 치안총감은 사지가 멀쩡하면서도 일하지 않고 사기와 도둑질에 쉽게 빠지는 부랑자들을 감시하고 실제로 잡아들여 행정부가 정한 노역을 집행하게 했다. 그런데 이제 혁명이 일어나 교회가 구체제의 지위를 누리지 못하게 되고, 왕보다 국회의 권력이 점점 막중해지는 과정에서 가난 구제의 문제는 국회에서 해결해야 할 과제가 되었다.

수도 파리는 혁명 초부터 국회에 막대한 영향을 끼쳤는데, 이번에도 파리에서 가난한 사람들에 대한 문제를 해결해달라고 국회에 청원했다. 가난한 사람이 살아가는 데 무슨 계절이 가장 편안할까 하는 질문은 바보 같지만, 무슨 계절이 더 힘들까 하는 질문은 현실적으로 중요하다. 굶으면서도 어떻게든 버틸 수 있는 계절이 있겠지만 혹독한 겨울에는 땔감을 확보하지 못해 얼어 죽기 쉬웠다. 그래서 파리 시당국은 여느 해처럼 1789~1790년 겨울에도 가난한 사람들에게 땔감을 나눠주기로 결정했다. 파리 종합병원의 감독관 랑베르는 1789년 말부터 "무산층을 보호하기 위해 인권선언에 명시한 위대한 원칙"을 적용할 특별위원회를 구성하라고 촉구했다. 그는 1790년 1월 11일, 빈곤층을 돌볼 위원회를 구성하게 해달라고 파리 시로 하여금 국회에 청원하게 했다. 그리고 1월 19일에 파리 코뮌 의회는 랑베르가 쓴 『국회에 고함』을 출판하기로 결의했다.

"모든 시대 모든 나라의 입법기관은 가장 하층계급에 대해 존중하지 않았다. 그 계급에 속한 개인들을 순전히 수동적인 도구인 것처럼 생각할 뿐이다. 사회는 언제나 그들을 보호하기보다 짐스럽게 여긴다."

랑베르는 "거지는 정부가 형편없이 나쁘다는 증거이며 그들은 그런 정부 때문에 벌을 받는다"고 주장했다. 1월 20일에 파리 시장 바이이는 국회에 극빈자에 대한 편지를 보냈고, 국회의장은 그의 편지를 회의 중에 읽었다.

국회의장님,

저는 국회에서 가난을 구제하기 위한 자선사업을 고려해주시기 바랍니다. 파리에는 극빈자들이 넘칩니다. 일거리가 없어서 성실한 노동자도 모두 절망에 빠졌습니다. 이러한 폐단에 대해 국회도 알고 있습니다. 왕전하는 구호작업장을 열게 하셨고, 날마다 상당한 돈을 지출하시지만, 불행한 사람들은 아직도 고통에서 벗어나지 못합니다. 어떤 사람은 자비롭고 부유한 사람들이 겨울에 능력껏 돈을 내달라고 제안했습니다. 그는 그렇게 모은 기금을 제게 맡기라고 요구했으며, 저는 비서인 뒤푸르 선생에게 그 돈을 받아 관리하는 임무를 주었습니다. 저는 노동자들에게 일거리를 주어 게을러지지 않게 하면서 가난에서 벗어나게 만들고 싶습니다. 남자들에게는 구호사업장이라도 있기 때문에, 저는 이 기금으로 아직도 도움을 받지 못한 여성들을 구제하고 싶습니다. 저는 아낙들을 제사製絲공장에 고용하고 싶습니다. 그러므로 의장님, 부디 국회에서 그들의 문제를 다루도록 선처해주시기 바랍니다.

국회의원들은 파리 시장의 편지에 깊이 공감하고 대책을 마련하기로 결의했다. 이튿날인 1월 21일, 국회의장 타르제가 개회를 선언한 뒤 국토를 83개 도로 나누는 문제를 잠시 논의하고 나자 그르노블 출신 의원 바르나브가 발언권을 얻고 전날 파리 시장이 보낸 편지에 대해 말을 꺼냈다.

"파리 시장은 국회의원들이 각자 파리 극빈자들의 구호에 각별히 관심을 가져달라고 했습니다. 나는 이 문제에 대해 국회 차원의 조치를 내리려면 의견을 조정해야 한다고 생각합니다. 국회는 왕국의 단 한 개 도시의 운명에 대해서만 생각해서는 안 되기 때문입니다. 그래서 나는 이렇게 발의합니다.

국회는 파리 시장이 국회의장에게 보낸 편지에 대해 아무런 의결을 할 이유가 없다고 선언한다. 그러나 국회의원들이 수도의 빈자들을 위해 자유롭게 내는 기부금은 가장 이로운 방법으로 사용하기를 바라면서 기부금을 접수하고 파리 시정부에 기부금을 전달해 용처와 분배를 적절히 하도록 감독할 위원 네 명을 임명한다."

1739년에 리모주 주교구 드 페이 성에서 태어나 올레롱의 주교로 전국신분회에 진출한 장 바티스트 오귀스트 드 빌루트레 드 페이de Faye가 바르나브의 말에 즉시 반대 의사를 밝히면서 파리 시장은 빈자들을 위해 그만한 요구를 할 수 있다고 말했다.

"여러분이 왕국을 되살리려고 제정하는 법은 구걸행위와 뗄 수 없는 모든 악덕을 줄일 것입니다. 그러나 여러분이 내놓는 수단만 가지고서는 왕국의 모든 빈자를 동시에 구제할 수 없습니다. 나는 우리가 받는 보수에서 4분의 1씩 내놓자고 제안합니다."

라로슈푸코 리앙쿠르 공작이 모든 의원에게 보수의 몇 퍼센트를 뗀다면 액수가 일정치 않을 것이라면서 반대하고 나섰다. 그는 의원들에게는 모든 지방에 대해 극빈자를 없앨 의무가 있지만 강제징수는 부당하며, 이러한 구호금의 할당은 개인의 재력에 맞게 자발적인 의지에 맡겨야 한다고 주장했다. 그리고 나서 4인 위원들이 구걸行위를 없앨 수단을 강구해서 보고하도록 하자는 수정안을 냈다. 17세기에 대법관의 비서직을 수행해 귀족이 된 가문에서 1745년에 태어나 물랭의 귀족 대표로 전국신분회에 진출했던 프레토 드 생쥐스트는 강제수용소에 갇힌 불쌍한 사람들을 위해 적은 액수나마 기부하자고 말한 뒤, 파리 시장의 편지를 농상農商위원회로 보내서 대책을 마련하게 하자고 제안했다. 그러나 국회의장은 바르나브의 안과 라로슈푸코 리앙쿠르 공작의 수정안을 조합해서 표결에 부쳐 통과시켰다.

여기서 잠깐 국회의원의 봉급과 사례금에 대해 알아보자. 전국신분회 대표들을 뽑을 때만 해도 그들은 3년 동안 연금이나 기부금을 받지 못한다고 했다. 그러나 임무를 빨리 수행할 줄 알았던 그들은 국회의원이 되고 헌법을 만드는 격무에 시달리면서 노력의 대가를 받지 않을 수 없게 되었다. 1789년 8월 12일, 재정위원회 소속의 라로슈푸코 리앙쿠르 공작은 위원회의 모든 위원이 국회의원의 보수를 확정할 필요성을 공감했다고 하면서 이렇게 말했다.

여러분이 국가에 아무런 이익이나 개혁을 제공할 수 없었고 재정이 가장 혼란스러운 상태일 때에는 이 문제를 꺼내기 어려웠습니다. 그러나 여러분은 국고를 충당하려고 국채를 발행하는 데 동의했으며 지금까지 프랑스를 위해 온갖 희생을 감내하셨습니다.

여러분을 뽑아주신 유권자들도 여러분에게 필요한 것을 지급해야 한다는 것을 당연히 여길 것입니다. 수많은 지방에서 이미 이 의무를 수행했으며, 이제 국회도 모든 의원에게 보수를 똑같이 주어야 하며, 특히 의원들의 여행경비를 충당해줄 필요가 있다고 생각해서 다음과 같이 법안을 제출합니다.

1. 의원에게 주는 보수는 일당제로 하고 베르사유*에서 50리외(200킬로미터) 이내로 여행할 때 4일치, 100리외 이내는 8일치, 그 이상의 거리는 15일치를 각각 지급한다.

2. 이 봉급을 지불하기 위해 4인 위원회를 구성하여 재무대신과 명세서를 작성하게 한다.

1728년에 태어나 61세에 로렌 지방 미르쿠르의 귀족 대표로 전국신분회에 나간 투스탱 비레 백작은 1789년 9월 16일, 국회가 상시 개회되는 관계로 봉급문제를 생각하지 않을 수 없었다고 말한 뒤 다음과 같이 제안했다.

"국회는 의원들의 봉급 수령기간을 멋대로 정할 때 생길 폐단을 고려해 이번 회기에는 오직 6개월 동안만 봉급을 받고 다음 회기에는 3개월 동안 봉급을 받는다고 결의한다. 그러나 매년 회기를 3개월로 엄격히 제한한다는 뜻이 아니라 단지 의원의 급료를 제한한다는 뜻이다."

백작은 여느 국회의원처럼 제헌의회가 헌법을 완성하는 시점이 언제인

---

* 국회가 파리로 옮기기 전이기 때문에 베르사유가 출발점이었다.

지 알 수 없었기 때문에 그 회기를 6개월로 상정했던 것이다. 아무튼 8월에 라로슈푸코 리앙쿠르 공작이 발언했을 때와 마찬가지로 이번에도 국회는 국회의원의 봉급문제를 더는 논의하지 않았다. 그리고 국회에서 다시 봉급에 대한 이야기가 나온 것은 1790년 3월 26일이었다. 랑그도크 지방의 툴루즈에서 64세에 제3신분 대표로 진출한 변호사 출신의 드부아쟁은 의원들의 보수 중 4분의 1을 애국성금으로 내자고 제안해 우파 의원들의 열렬한 지지를 받았다. 세나에서 태어나 물랭에서 52세에 제3신분 대표로 진출한 장 바티스트 조제프 뤼카는 의원은 각자 얼마씩 내겠다고 자발적으로 밝혀야 한다면서 수정안을 냈고 좌파 의원들의 박수를 받았다. 파드칼레에서 태어나 29세에 아르투아 지방 아라스의 귀족 대표로 진출한 크루아 백작은 드부아쟁과 뤼카 가운데 후자를 지지한다고 밝히고 전자를 비판했다.

"의원들의 보수는 호의가 아닙니다. 그것은 정당하고 필요한 보상금입니다. 전자의 의견은 국회의 일부가 나머지에게 부당하게 행동하라고 제안합니다. 이 제안은 이미 국회에서 여러 번 제시되었으며 우리는 그 의도를 잘 알고 있습니다. 그리고 이 제안에 대해 호응하는 사람도 별로 없습니다."

1754년 메스에서 토지를 소유하고 유리제품업에 종사하는 집안에서 태어나 변호사로 출세한 제3신분의 피에르 루이 뢰데레는 "이건 순전히 부자와 시시한 사람의 싸움이군"이라고 빈정댔고, 어떤 신부는 "국회가 이런 식으로 와해되겠네"라고 한탄했다. 그날 애국성금에 대한 논의를 계속했지만 봉급문제는 이것으로 끝났다. 그리고 5월 29일에 전함 한 척을 건조하는 데 의원들의 보수에서 3분의 1씩 내자고 하는 안, 6월 22일에는 결석하는 의원에게 보수를 주지 말자는 안이 나왔다. 이튿날(6월 23일) 랭스의 의원 비에이야르는 자신이 아파서 14일 동안 회의에 참석하지 못했기 때문에 그동안 지급받은 "500여 리브르"를 반납하겠다고 말했다. "500여 리브르"를 최소치로 보고 계산하면 비에이야르 의원은 하루 36리브르 정도를 받았다는 사실을 알 수 있다. 이 액수가 모든 의원의 하루치 봉급인지 아닌지는 확실히 알 수 없다.*

　　다시 극빈자 문제로 돌아가보자. 앞에서 보았듯이 1790년 초까지만 해도 국회에서는 극빈자 문제에 대해 안을 마련하지 못했다. 그러나 5월 30일에 보고위원회, 구빈위원회, 조사위원회의 합동위원회를 대표해서 라로슈푸코 리앙쿠르 공작은 파리의 극빈자에 대해 보고했다. 그것은 파리에 기존의 극빈자뿐 아니라 외부에서 몰려든 극빈자가 급증해 파리 코뮌이 국회에 해결책을 요청했기 때문이다. 합동위원회는 국회가 다음과 같이 결의하자고 제안하자 아무런 토론 없이 통과시켰다. 역시 구체제에 거듭 나왔던 왕령보다는 혁명기에 제정한 법이 훨씬 구체적이고 실현 가능성이 높았다. 모두 14개 조의 법 가운데 중요사항은 다음과 같다.

1. 파리 시내와 바깥에 작업장을 추가로 설치한다. 남자는 땅을 개간하고 여자와 아동은 실 뽑는 일을 시킨다(프랑스인에게만 해당한다).
2. 외국인이며 파리에 1년 이상 거주하지 않은 모든 거지와 떠돌이에게는 출국경로를 표기한 여권을 발행해준다.
3. 파리에서 6개월 이상 거주하지 않은 프랑스인으로 일할 의지가 없는

---

* 일당을 비교하기 위해 노동자의 임금을 알아보면 전국적으로 평균 1리브르, 파리에서는 1.5~2리브르였다.

사람에게 고향으로 가는 경로를 표기한 통행증을 발급해준다.

4. 이 법을 반포하고 8일이 지나서도 파리에 남은 거지는 파리 바깥에 설립한 수용소로 데려간다. 외국인에게는 여권을 주어 왕국 밖으로 내보내고, 프랑스인은 일정 기간 교화시킨 뒤 통행증을 주어 본고장으로 돌려보낸다.

그리고 수용소를 가장 잘 운영하기 위해서 임시규칙을 만들어 국회에 계속 보고해야 하며, 각 도에 3만 리브르씩 지급해서 유익한 사업을 시행할 수 있게 했다. 수용소에 들어간 거지들은 그 지방의 명사 두 명이 참관하는 가운데 지방정부 장이나 공무원 앞에서 진술해야 한다. 여권이나 통행증을 소지한 개인은 여비로 1리외(4킬로미터)마다 3수를 지급받는다. 그가 지나는 지역에서 10리외마다 그곳 자치정부가 통행증을 검사한 뒤 여행경비를 지급하고 통행증에 기재한다. 특별한 이유 없이 경로를 이탈하거나 일 없이 한곳에 머문 사람은 그 지방 국민방위군이 체포해서 다음 행선지로 데려가고 즉시 그곳 자치정부 관리에게 체포 경위를 보고한다. 국경 근처 지방은 외국인 떠돌이를 확실하게 외국으로 내보내도록 조치한다. 일할 수 없는 불구자는 가장 가까운 병원으로 데려가 치료한 뒤 적절한 통행증을 발급해서 본고장으로 보낸다. 병원이나 구호소에 수용된 불구자, 일할 수 없는 아낙과 아동은 거기에 체류하는 동안 가장 정성껏 보살펴준다. 여권이나 통행증의 첫머리에는 이 법의 모든 조항을 인쇄하고, 소지인의 용모를 자세히 기록한다. 모든 지방정부와 병원에 비상지출에 필요한 돈을 지급한다. 왕은 이 법령을 시행하는 데 필요한 명령을 내린다.

루앙의 제3신분으로 국회에 진출한 드크레토는 6월 6일에 구빈위원회의 이름으로 임시 일반 규칙의 조항을 제안했다.

"여러분은 지난 5월 30일에 법령을 제정하고 구빈위원회로 하여금 이 법에 복종하지 않는 거지들을 수용할 수용소에 관한 규칙을 만들라고 명령했습니다. 구빈위원회는 오늘 임시로 지켜야 할 일반 규칙을 보고하오니 한 조항씩 토론에 부쳐주기 바랍니다."

이렇게 토론을 거쳐 일반 규칙이 다음과 같이 통과되었다.

"제1조. 5월 30일의 법령 제6조가 정한 대로 수용소에 들어간 거지의 진술서는 그곳 관리들이 보관하고, 진술서 한 부를 명령서와 함께 수용소 관리자에게 보낸다. 또 거지에게도 진술서 한 부를 무료로 발급해준다.

제2조. 거지 수용소가 있는 지방의 자치정부는 거지의 본고장 관리들에게 그의 진술서를 보내 거기서 지목한 사람들과 그에 대한 정보를 수집해야 한다."

그런데 제3조는 논란거리였다.

"일할 수 있으면서 수용된 거지에게는 오직 빵과 국물만 준다. 대신 그가 일해서 받을 수 있는 보수는 전액 지급하며 그 자신의 복지를 위해 쓸 수 있게 한다."

드크레토 의원이 이 조항을 읽자마자 도피네의 귀족 출신 드 뮈리네가 이의를 제기했다.

"일한 대가를 전액 지급한다고 하셨는데, 수용소에는 사기꾼이 많다는 사실을 잊어서는 안 됩니다. 순진한 일꾼에게 돈을 주면 자칫 사기를 당할 염려가 있습니다. 차라리 일한 대가를 수용소장에게 맡기고 그들이 출소할 때 찾아가도록 해야겠습니다. 이 방법과 달리 그들에게 필요한 것이 있다면 그렇게 해주시면 좋겠습니다."

로렌 지방의 제3신분 출신 부아델이 다시 이의를 제기했다.

"우리는 지금 사회의 보호가 그다지 필요하지 않은, 사지 멀쩡한 거지에 대해 논하고 있습니다. 일하려 하지 않는 자는 벌을 받아 마땅하지만, 방금 발언하신 의원은 그들을 일용직 노동자보다 더 행복하게 만들자고 제안하고 있습니다. 그들에게 공짜로 빵과 국물을 주고 약간의 돈을 모을 수 있게 하자니, 당치 않습니다. 나는 그들이 일한 대가를 가지고 그들의 음식 값과 그들을 돌보는 데 필요한 경비로 써야 합당하다고 생각합니다."

1746년에 태어나 고등법원 변호사 노릇을 하다가 오슈 제3신분 대표로 진출한 피에르 롱이 응어리진 말을 내뱉었다.

"일하려 하지 않는 자들에게 생활필수품을 제공해서는 안 됩니다. 나는 그들을 끊임없이 물이 흘러드는 곳에 가두어서 몸이 젖지 않으려면 계속 물을 퍼낼 수밖에 없도록 해야 마땅하다고 생각합니다."

크리용 후작이 뒤를 이었다. 그는 16세기 중엽 귀족이 된 집안에서 1742년에 태어나 여섯 살에 셉티마니 드라공 연대의 대위로 임관했다가 이듬해 전역당하고 1757년(7년 전쟁) 여섯 번이나 원정에 참여했다. 1758년에는 압송 드라공 연대 대위로 복무하다 전역한 뒤 1767년에 브로이 원수의 부관이며 척탄병 부대 대령으로 근무한 경력을 바탕으로 혁명이 일어날 때까지 군 경력을 화려하게 쌓았다. 이후 1778년과 1779년에 프리메이슨 활동도 한 사람으로서 샬롱의 투르아에서 귀족 대표로 진출했다.

"자발적 거지들은 확실히 국가에 부담을 주는 계급입니다. 무위도식은 범죄가 아니라 할지라도 악덕입니다. 그것을 억제하고 교정하려고 노력해야 합니다. 수용소에서는 오직 생필품만 지급해야 합니다. 수용된 사람들에게 일거리를 제공하고, 일한 대가에서 생필품 값을 제한 나머지를 모아 출소할 때 지급해 사회에서 살아갈 수 있도록 해줘야 합니다. 그들에게 일하도록 용기를 부추기려면 일이 얼마나 이로운지 알려줘야 합니다. 따라서 나는 제3조에 이렇게 덧붙이자고 제안합니다. '일한 대가에서 필요한 경비를 공제하고 남은 금액을 출소할 때 지급한다.'"

1733년에 파리에서 태어나 변호사로 이름을 날리다 제3신분 대표로 진출한 루이 시몽 마르티노는 새로운 안을 내놓았다.

"그들의 소득을 셋으로 쪼갤 필요가 있습니다. 한 부분을 생계에 쓰고, 또 한 부분을 매주 용돈으로 주어서 일하는 용기를 북돋고, 나머지는 모아서 출소할 때 지급하면 좋겠습니다."

이에 대해 부르동 신부가 이의를 제기했다. 그는 1752년에 블루아에서 변호사의 아들로 태어나 신부가 된 뒤 리옴의 종교인 대표로 진출한 사람답게 지방민의 관점에서 말했다.

"지금 여러분은 오직 파리에서 일어나는 일만 생각하시는 것 같습니다. 내 고장에서는 노동자가 하루에 겨우 5수를 버는데 그 돈을 어떻게 셋으로 쪼갤 수 있을지 도무지 답을 알 수 없습니다. 그러므로 나는 크리용 의원의 의견에 동의합니다."

여러 의원이 마르티노의 의견에 찬성했다. 에브뢰에서 1760년에 태어나 그곳 중등학교를 거쳐 파리에서 법학을 공부한 뒤 파리 고등법원의 변호사로 일하다가 에브뢰의 제3신분 대표로 진출한 프랑수아 니콜라 레오나르 뷔조가 말했다.

"서민이 온갖 부과금에 짓눌리던 체제, 아무리 착하게 살아도 일거리를 거의 얻을 수 없는 체제를 겨우 벗어난 지금, 비통하게도 빌어먹는 처지가 된 계급에 대해 어떤 법을 제정해도 마음이 편하지 않겠지요. 더욱이 지방마다 현실이 몹시 다릅니다. 또한 도 지도부나 시정부가 완전히 조직되지도 않았습니다. 그러니 이 문제는 뒤로 미뤄야 하겠습니다."

국회는 이 제안의 마지막 부분을 채택해서 마침내 제3조를 통과시켰지만, 이튿날(6월 7일) 오전회의가 시작되자 구빈위원회의 드크레토 의원이 발언대에 올라서 "위원회가 완전한 안을 제출할 때까지 어제 채택한 제3조에 '임시로'라는 단어를 추가하자"고 제안했고, 국회는 이 수정안을 채택했다.

"제3조. 건강한 거지의 음식과 일거리에 대한 규칙은 임시로 각 도의 결정에 맡긴다. 단 모든 도가 조직을 갖출 때까지 각 지방정부의 결정에 맡긴다. 국회는 구빈 계획의 나머지 부분을 구빈위원회에 맡겨 수용자에게 일거리를 주는 문제를 연구하게 한다."

극빈자 문제는 교회와도 관련되었다. 혁명기 수도원 건물을 점유하는 일은 자코뱅파나 코르들리에파 같은 정치 클럽뿐만 아니라 수많은 극빈자에게도 해당되었다. 1790년 2월 13일, 국회가 수도원에 관한 법을 제정해서 빈 수도원이 많이 생겼던 것이다. 파리 시장은 생로랑 문밖의 프란체스코회 수도원과 생자크 거리의 도미니쿠스회 수도원을 비우고 거기에 극빈자들을 수용할 법안을 만들어달라고 국회 종교위원회에 편지를 썼다. 6월 10일 저녁 회의에서 종교위원회의 라코스트 드 마슬리에르 후작이 발언대에 섰다. 그는 1760년에 파리에서 태어나 자기 가문의 영지인 푸아투의 샤토 라르세르 영주가 되었고, 1775년부터 라로슈푸코 드라공 연대의 왕 근위대 경기병으로 군 경력을 쌓고, 1786년에는 되퐁(츠바이브뤼켄) 대공에게 전권대신으로 파견되어 활약하다가 부르고뉴 지방 샬롤의 귀족 대표로 진출했다.

"파리 시장은 두 건물을 일할 수 없는 극빈자를 위한 수용소 또는 일할 수 있는 극빈자를 위한 작업장으로 쓸 수 있게 해주기를 원합니다. 우리는 두 수도원의 수도사들에게 생계수단을 확보해줄 모든 조치를 취하면서 (그렇게 할 수 있게 허락하는) 법안을 제출합니다."

이에 대해 페리고르 세네쇼세 제3신분 출신 루아 의원은 그런 일은 왕에게 허락을 받아야 할 일이 아니냐고 말했다. 페론 바이아주 귀족 대표 드폴빌 의원은 사용하는 기간을 '임시'라는 말로 한정하자고 제안했다. 그레구아르 신부는 수도원에서 쫓아낸 수도사들의 처우문제도 법안에 넣어야 한다고 제안했다. 이렇게 해서 드폴빌 의원과 그레구아르 의원의 수정안을 합쳐 법안을 통과시켰다.

"국회는 파리 시정부에 지난 5월 30일에 제정한 극빈자법을 시행하도록 허락한다. 파리 시정부는 생로랑 문밖의 프란치스코회 수도원과 생자크 거리의 도미니쿠스회 수도원을 비우고 그곳을 임시로 일할 수 없는 극빈자의 수용소 또는 건강한 극빈자의 작업장으로 쓸 수 있다.

또 파리 시정부는 6월 8일 법으로써 이 두 수도원 수도사들의 생계수단을 확보해줄 기금을 받아 수도사들이 원하는 대로 기금을 활용한다. 수도사는 같은 교단의 수도원으로 가거나 지난 2월 19일과 20일, 3월 20일의 법이 허용한 대로 수당을 지급받을 수 있다."

6월 11일에 재무대신 네케르는 국회의장에게 편지를 보내 지난 5월 30일에 채택한 법의 해석에 대해 문의했다.

"'파리에서 6개월 이상 거주하지 않은 프랑스인으로 일할 의지가 없는 사람에게 고향으로 가는 경로를 표기한 통행증을 발급해준다'고 했는데 이 구절은 '일할 의지가 없는 사람'을 강조했습니다. 그러나 이 구절은 오해의 여지가 있습니다. 프랑스에서 태어난 사람이면 모두 일을 요구할 수 있고, 그렇게 요구할 때 일거리를 제공해야 한다고 해석할 수 있습니다."

네케르는 이러한 조건 때문에 부수적인 경비문제뿐만 아니라 파리와 그 주변에 피하기 어려운 지장을 초래할 것이라고 걱정했다. 프랑스에서 태어난 사람이면 누구나 쉽게 일거리를 찾아 파리로 몰려들 것이기 때문이었다. 그것도 지방보다 많은 임금인 하루 20수를 벌 수 있으니 얼마나 매력적인가. 노동자의 수가 급속히 늘어날 것임이 뻔했다. 또 여성과 아동을 위해 파리 출신이나 지방 출신 가리지 않고 실 뽑는 취로사업장을 연다는 조항도 남성들이 가족을 데리고 파리로 몰려들게 만들 것이었다. 그리고 왕국에 있는 기존의 공장을 유지하려는 목적의 자선사업이라 할지라도 언제나 일정한 테두리 안에서 시행해야 한다. 자선사업 때문에 오히려 기존 산업을 망치지 말아야 하기 때문이다.

네케르는 공공작업장을 모든 사람에게 개방할 때 가장 현실적인 장애는 개인끼리 자연스럽게 결정하는 것보다 조금 낮은 수준의 임금을 정하겠지만, 과연 입법가의 관점으로 정확하게 행정적 조치를 내릴 수 있을지 의심했다.

"나는 지난 5월 29일, 국회 구빈위원회 위원들이 법안을 제출하기 전에 이미 이러한 의견을 보내서 문제점을 지적했습니다.

나는 국회에 다음과 같은 사실을 알려드립니다. 전하께서는 지금 기존의 공장과 별도로 파리 공공작업장에서 1만 2,000명에게 일거리를 주고 매주 큰돈을 지불하십니다. 또 부르고뉴 운하를 완공하려고 수많은 노동자를 생플로랑탱으로 이동시켰습니다. 정부는 구호작업장 수를 더 늘리는 데 반대하지 않았고, 오히려 파리 시와 협력해서 공공질서를 유지하기 위해 이러한 작업장에 대해 더욱 배려하고 있습니다."

6월 12일, 이 편지를 검토한 구빈위원회를 대표해서 라로슈푸코 리앙쿠르 공작은 네케르가 걱정하던 사항에 대해 조목조목 대답했다. 먼저, 일하기 쉬운 환경 때문에 외부에서 파리로 사람들이 몰려들까 두렵다는 말에 대해 이렇게 대답했다.

"우리 위원회는 외부 사람들이 파리로 와서 구걸하는 것을 방지하고자 노력했습니다. 국회가 이 법을 집행하는 방법을 적시했다면 행정부의 기능을 침해한다는 비난을 면치 못했을 것입니다."

그러니까 국회가 정해놓은 법을 현실에 맞춰 적용하는 것은 전적으로 행정부가 할 일이므로 아무런 문제가 없다는 말이었다. 네케르는 법의 취지에 맞게 시행령을 만들어야 한다는 뜻이다. 라로슈푸코 리앙쿠르는 네케르가 실뽑기의 과잉으로 기존의 공장까지도 망할 수 있다고 걱정하는 데 대해서도 간단히 반박했다.

"국회는 이 문제에 아직 아무런 대답을 할 필요가 없습니다. 단지 우리의 목적은 유익한 일거리를 제공해서 가난한 사람들이 빌어먹지 않게 하려는 데 있습니다. 만일 행정부가 실뽑기보다 다른 일이 낫겠다고 생각하면 그 방향으로 정책을 실시하면 됩니다. 그러면 우리의 목적과도 부합하겠지요."

이렇게 네케르가 제기한 문제에 답한 라로슈푸코 리앙쿠르는『구걸행위를 없애기 위한 재정위원회의 작업 계획』을 제출했다. 이 계획은 국회에는 "부자의 재산을 지키는 것만큼 가난한 사람의 생계를 보살필 의무도 게을리 하지 말아야 할 의무가 있다"면서 "극빈의 원인을 파악해서 구걸행위를 근절할 위원회를 구성"했다고 보고했다. 위원회는 "일할 수 없는 극빈자를 전적으로 구호하고 사지가 멀쩡한 극빈자에게는 일거리를 제공해서 생계를 유지하게 만드는 방안을 연구"했다. 이 단계에서 위원회의 연구는 구체제에 나온 논문보다 더 나아간 것이 없었다.* 그러나 구빈위원회는 7월 15일에 제2차 보고서 "병원과 빈자에 관한 입법 현황", 제3차 보고서인 "도, 디스트릭트, 도시의 각급 행정단위에 구호체계를 분배하고 운영하는 전반적 체계에 관한 기초 조사", 그리고 "파리의 병원, 구호소, 구빈원 방문 보고서"를 국회에 제출했다. 8월 31일, 9월 1일, 그리고 1791년 1월 31일까지 모두 제8차에 걸쳐 구빈대책을 연구한 결과를 국회에 보고하는 동시에 구빈법안을 제출했다.

구빈법안의 제1장 구호의 헌법적 기초Bases constitutionnelles des secours는 모두 29조로 구성되었으며 "생의 모든 단계와 환경에서 빈자를 돕는 일은 국가의 가장 신성한 의무"라는 정신으로 각급 행정단위(도, 디스트릭트, 캉통)가 관할구역의 구호를 책임지게 했다. 제2장은 제1절 농촌과 도시의 환자 구호, 제2절 어린이 구조(업둥이 구조와 입양), 제3절 노인과 불구자 구조, 제4절 건강한 극빈자 구조, 제5절 구호의 주소지, 제6절 예비사항(구빈위원회, 재정위원회, 농업위원회는 합동으로 도 지도부와 협조, 구빈위원회는 각급 행정단위와 정보 공유)으로 구성되었고, 제3장 구호기금은 모두 8개 조항으로 구성되었다. 여기서는 구체적으로 구호기금을 어떻게 마련해서 운영했는지에 대해서만 간단히 살펴보자.

---

* 예를 들어 1777년 샬롱 쉬르 마른 아카데미는 "거지를 국가에 유익하게 만들면서 극빈층을 없애는 방법"을 현상논제로 내걸었는데, 거기서 1등으로 뽑힌 말보 신부의 글은 1780년 『극빈자를 더욱 불행하게 만드는 대신 국가에 유익하게 만들면서 극빈을 없애는 방법』이라는 제목으로 정식 출간되었다. 저자는 구걸을 세 종류로 구분한다. 처음 종류는 합법적인 종교단체와 관련되었다. 재산을 소유하지 않는 탁발교단은 제도적인 것이다. 둘째도 합법적인 구걸인데 불구자라서 생업을 더는 지속할 수 없기 때문에 공적인 도움을 받아야 하는 극빈자와 관련되었다. 셋째는 불법적인 구걸로 사지가 멀쩡하면서도 무위도식하는 거지와 부랑자로서 처벌 대상이다. 저자는 구빈원과 구호성금의 문제도 자세히 다룬다. 전국의 가구를 10개 계급으로 나눠 구체적으로 걸 수 있는 액수, 교회에 설치하는 성금함, 자선구호기금(일종의 전당포) 제도까지 다룬다.

제1조. 구호금은 1791년 1월 1일부터 전국에 5,000만 리브르를 분배하도록 한다.

제2조. 전체 액수 가운데 4,000만 리브르를 모든 도와 디스트릭트에 나눠주어 앞에서 언급한 대로 어린이, 노인 환자와 불구자를 구호하는 데 쓰도록 한다.

제3조. 500만 리브르는 제1장 제5조에서 언급한 대로 각 도의 구호작업장에 골고루 나눠준다.

제4조. 나머지 500만 리브르는 일반 경비와 관리들의 급료는 물론 각 도에서 재난 따위의 비상사태가 발생했을 때 추방이나 구호에 쓰도록 한다.

제5조. 도의 지도부는 매달 초순에 재무대신에게 전달에 사용한 구호금 내역과 극빈자에 관한 현황을 보고한다.

제6조. 왕은 입법부의 매 회기 초마다 모든 도의 구호작업장에서 한 업무, 병원과 구빈원과 수용소 현황, 구빈사업에 사용한 경비를 통보해야 한다. 각 도의 회계 결과는 인쇄해서 널리 알린다.

제7조. 이 장 제1조에서 정한 5,000만 리브르는 다음 입법부 임기 2년 동안 단 2회 집행할 것이다.

제8조. 새 입법부가 구성될 때마다 여러 도가 처한 현실과 필요를 고려해 구빈사업에 필요한 경비를 책정한 뒤 의결한다.

1791년 1월 시점에서 국회는 파리와 코르시카를 제외한 전국의 인구를 2,628만 8,887명, 가구를 545만 3,873가구(인구의 4분의 1에서 5분의 1 사이)로 파악했다. 하루나 이틀치 임금을 세금으로 내거나 한 푼도 내지 않는 인구는 273만 9,384명(전체의 10분의 1), 구호가 필요한 개인은 320만 7,073명(전체의

9분의 1), 14세 미만의 구호 대상 어린이는 189만 6,930명(극빈자의 절반에서 3분의 1), 불구자와 노인은 80만 4,775명(극빈자의 4분의 1), 건강한 극빈자는 51만 5,363명(극빈자의 6분의 1), 환자는 4만 2,519명(극빈자의 15분의 1)으로 파악했다. 여기서 하루나 이틀치 임금을 내거나 그마저 내지 못하는 인구(전체의 10퍼센트 정도)는 경기가 나빠지고 빵값이 오르면 언제든 극빈자로 분류될 수 있는 잠재적 구호 대상이었다. 혁명이 투기업자에게는 기회를 주었지만 대다수 가난한 국민에게는 늘 물가고를 안겨주었기 때문에 국회와 왕, 그리고 종교인이 예전처럼 사회적 불안요소인 극빈자, 특히 떠돌이들을 도와 국가에 이로운 인구로 만들려고 노력했다 하더라도 항상 힘에 부쳤다. 인구는 많은데 일거리는 언제나 부족하고, 만성적자에 시달리던 재정문제를 하루아침에 고치지 못하는 한, 구빈문제는 혁명도 결코 해결할 수 없는 난제였다. 그리고 가난한 사람들은 현실적 불만 때문에 혁명/반혁명의 과정에 쉽게 동원되었다.

2
국가의 행정구역 분할과
지방정부조직법

구체제의 프랑스 왕국은 필요할 때마다 생긴 제도 때문에 세무·행정·군사·종교적인 면에서 제멋대로 분할되어 있었다. 예를 들어 정치적으로는 주provinces, 재정적으로는 납세구généralités, 민간 행정의 면에서는 지사관구intendances, 종교적으로는 주교구évêchés, 군사적으로는 군관구gouvernements로 나뉘어 있었던 것이다. 이러한 관할지역은 서로 겹치면서도 크기가 달랐기 때문에 제헌의원들은 합리적인 방법으로 왕국을 재정비할 필요가 있었다. 그들은 단위면적을 비슷하게 하는 문제와 인구분포를 맞추는 문제로 고심했다. 여기서 주 단위를 도^{département} 단위로 바꾸는 것이 가장 큰 문제였다. 이제 전국을 일정한 크기의 도로 나누면서 세무·행정·군사·종교적인 면을 일치시키는 합리주의를 추구하려 했다.

1789년 9월 28일, 쿠탕스 바이아주에서 귀족 대표로 선출된 아샤르 드 봉불루아르는 왕국의 지방정부조직법안을 발의했다. 그는 도시와 농촌의 분열상태를 개탄하면서 지방정부가 제대로 일을 하지 못하기 때문에 무질서 상태가 지속된다고 강조했다. 그리고 이러한 상황에서는 세금을 제대로 쓰지 못하고 낭비하게 되기 때문에 한시라도 빨리 지방정부를 조직해 정당한 사법권을 행사할 수 있는 여건을 만들자고 제안했다.

도시를 다시 안전한 상태로 돌리고, 주민들을 마음 놓고 살게 만들어주어야 합니다. 모든 종류의 노동자가 적정한 값을 주고 빵을 사먹을 만큼 봉급을 받을 수 있게 해주고, 정부는 여태껏 성공하지 못한 채 돈만 쏟아부은 곤혹스러운 상태에서 벗어나야 합니다.

국회는 여느 권력처럼 사법권도 국민에게서 나온다고 법으로 정했습니다. 그 결과 국민의 대표들은 국민에게 책임을 져야 하고, 모든 인민의 행복에 가장 기본적이며, 따라서 사회 전체를 유지하는 데 반드시 필요한 이 권력을 되도록 빨리 조직해서 진정한 자유를 가져다주고 평화를 되찾아주는 데 올바로 행사해야 하겠습니다.

따라서 나는 다음과 같이 법안을 제출합니다.

1. 오늘부터 국회는 지방정부를 조직하는 데 쉬지 않고 전념한다.

2. 국회는 지방정부 조직을 마친 후 군사문제를 논의하고, 군대가 행정
부를 대신하는 방법을 결정한다.

3. 사법권을 위탁받은 왕은 한시바삐 모든 법원에서 자신을 대리하는 검
사와 법관들에게 그 누구라도 분명히 공공질서를 해쳤거나 해치는 사
람을 가장 엄격하게 기소하라고 명령해야 한다.

4. 끝으로 국회는 왕이 왕국의 모든 지방정부와 국민의 군대의 통수권자
라고 선언한다.

10월 14일 수요일, 클레르몽 앙 오베르뉴 세네쇼세의 평민 대표로 뽑힌
고티에 드 비오자는 종교인의 재산문제도 중요하지만, 그보다 더 급한 문제
가 지방정부 수립에 관한 문제라고 주장했다. 국회는 이 의견을 받아들여 토
론하기 시작했다. 비예르코트레 평민 대표인 오브리 뒤 보셰가 말했다.

"헌법위원회가 제안한 대로 왕국을 같은 넓이로 나누는 안은 실제로 적
용하기 힘듭니다. 사실 도(데파르트망)의 크기는 지방마다 다를 수밖에 없습
니다. 그래서 나는 현행 주 경계를 바꾸지 않는 안을 제시합니다."

베지에 세네쇼세의 귀족 출신 제세 남작은 헌법위원회가 제시한 안을 먼
저 검토하고, 도시와 농촌의 지방정부를 구성할 원칙을 정해야 한다고 주장
했다. 이처럼 일부 의원은 지방정부를 조직하는 일을 전체적인 행정구역을
나누는 일과 함께 논의해야 한다고 주장했다.

헌법위원회의 타르제는 이렇게 말했다.

"만일 우리가 임시로 활동할 행정부를 조직하고자 한다면, 먼저 여러 가
지 기하학적 원칙을 적용한 분할방법을 채택해 각 주의 대표들이 검토하게
만들어야 한다고 봅니다."

뢰프벨이 발언했다.

"우리는 지방의회를 만들고 거기서 안을 보고하기 전에는 지방정부를 수립할 수 없을 것입니다. 그러므로 우선 어떤 식으로든 왕국을 분할하는 안을 채택해야 합니다."

부슈가 헌법위원회 안을 반대하자 보베의 귀족 크리용 백작이 반박하면서 이 문제를 닷새 뒤 월요일에 다시 논의하자고 제안했고, 미라보 백작도 크리용 백작을 거들었다. 샬롱 쉬르 마른의 평민 대표 프리외르가 일어섰다.

"도시, 부르, 마을마다 정부를 가져야 합니다. 관리를 선출하는 일은 주민의 몫입니다. 일정 수준의 주민을 가진 도시에는 지방정부 관리가 몇 명이 필요하다는 식으로 정해야 합니다. 우리는 이처럼 간단한 원칙을 아무런 문제없이 정할 수 있습니다. 이러한 원칙으로 우리가 임시조직에서 기대할 수 있는 것만큼 완벽하게 지방정부를 조직할 수 있습니다. 그리고 공권력이 되살아나고 다시금 평온한 상태를 되찾을 수 있습니다."

라보 드 생테티엔은 헌법위원회 이름으로 말했다.

"마치 작은 공화국처럼 수많은 지방정부를 따로 조직하는 것이 얼마나 위험한지 아시겠습니까?"

낭트 세네쇼세의 평민 대표인 펠르랭은 지방정부와 지방의회를 동시에 조직해야 한다고 주장했다.

"그래야만 국회는 전체적인 계획을 세울 때 지방의회의 의견을 들을 수 있을 테니까요."

이처럼 의원들이 저마다 주장하고 토론하는 내용을 살펴보면 지방분권의 원칙이 대세였다. 그리고 그 원칙 위에서 왕국을 합리적인 크기로 나누는 방법이 중요했다.

10월 19일 월요일, 지방정부 조직에 관한 문제를 다시 상정했다. 오브리 뒤 보세가 그 자신이 제출한 분할 계획을 검토할 위원회와 지방의 의견을 접수할 위원회를 설치하자고 제안했다. 제세 남작은 주를 그대로 유지하고 지방정부를 임시로 조직해야 한다고 주장했다. 파리의 귀족 대표 클레르몽 토네르 백작이 일어섰다. 그는 헌법위원회의 안에 대해 이러쿵저러쿵 하지만 먼저 그 안을 받아들일지 말지 결정하자는 취지로 말했다.

나는 위원회의 안을 놓고 토론하면서 적용 원칙을 이모저모 따져봐야 한다고 생각합니다. 가장 기본적인 원칙은 분명하고 일반적이어야 하며 천천히 슬기롭게 실행해야 합니다. 그러나 그 실행을 모든 주의 의지에 맡겨서는 안 됩니다. 행정권이 오직 하나이듯 입법권도 오직 하나만 있어야 합니다. 내 주장을 한마디로 요약하겠습니다. 먼저 위원회의 안을 조목조목 토론에 부칠 것인지, 아니면 다른 안을 받아서 작업할지부터 결정합시다.

엑스 세네쇼세 출신인 부슈는 먼저 정해야 할 일을 나열했다.

"첫째, 모든 주는 옛날의 경계선을 유지해야 합니다. 둘째, 현재 주의 행정을 맡고 있는 의회를 새로 뽑는 의회로 대체해야 합니다. 셋째, 모든 도시는 매년 정부를 선출해야 합니다. 넷째, 모든 주는 캉통canton으로 분할하는데, 캉통의 크기는 지역의 특색과 이해관계를 고려해서 정할 수 있습니다."

젝스 바이아주 귀족 의원인 프레 드 크라시에는 아주 단순한 문제부터 시작하자고 하면서 "왕국을 새로 분할할 것인가, 분할은 무엇을 뜻하는가, 그리고 어떻게 분할할 것인가"를 논의하자고 제안했다.

의장은 "헌법위원회의 안을 토론에 부칠 것인가, 말 것인가"를 물었다. 그 결과 국회는 다음과 같이 결정했다.

"헌법위원회가 제안한 안을 지방의회와 자치정부를 조직하는 작업의 기초로 삼으며, 따라서 다른 안보다 우선, 그리고 전적으로 이 안을 가지고 토론한다."

그다음으로 결정한 사안은 지방의 행정을 맡을 의회와 국회의 피선거권에 관한 법을 토론에 부친다는 것이었다.

11월 3일에 헌법위원회의 투레는 입법, 지방정부, 왕국의 분할에 대한 아주 근본적인 문제를 거론했다.

"위원회 보고서에서 다룬 모든 문제는 근본적으로 헌법입니다. 입법부 구성원들은 국민의 대표입니다. 그들은 선거로 뽑아야 합니다. 주와 지방도시의 행정도 의원들을 뽑아서 맡겨야 합니다. 따라서 왕국의 모든 지역에, 그리고 각 주의 모든 부분에 아주 공평하게 대표권을 나눠주고 선거의 질서를 확정해야 합니다. 게다가 각급 행정단위가 공권력의 질서 안에서 차지하는 등급을 정확히 결정하고, 그들의 권위의 성격과 범위도 규정해야 합니다."

이렇게 말한 뒤 투레는 헌법을 제정하는 사업의 의의를 강조했다.

헌법을 제정하는 일, 이 위대한 사업은 우리에게 국가를 재건하고 쇄신하는 일입니다. 우리가 근본부터 바꾸려고 원치 않는다면 지금이라도 헌법을 만드는 일을 중지합시다. 지금같이 무정부상태에서 헌법을 만드는 일은 아주 험한 가시밭길입니다. 왜냐하면 경향 각지에서 급히 해결책을 마련해달라고 요구하는 사람들의 이해관계가 서로 얽히고설켜서 도저히 쉽게 해결할 수 없을 지경이기 때문입니다. 그러나 그 어떤 난관도 우리의 용기를 꺾지는 못할 것입니다.

헌법을 제정하는 일, 그것은 수백 년 앞을 준비하는 일이며, 앞으로 자주 손볼 필요가 없을 정도로 아주 바람직한 건물을 세우는 일입니다.

헌법을 제정하는 일, 그것은 국민의 이름으로써, 그리고 오직 국민에게만 존재하는 가장 강력한 권한으로써, 또한 국민의 어느 부분이 절대로 가질 수 없는 가장 강력한 권한으로써, 국가의 모든 부분을 전체tout에 연결해주고 복종하게 만드는 최고의 법을 창출하는 일입니다. 하나의 집단으로서 국민을 뜻하는 이 '전체'의 이익만이 헌법과 법률을 결정하는 기준입니다.

(이 같은 전제조건을 고려하여) 나는 왕국의 영토를 다시 나누는 계획을 세웠습니다.

헌법위원회는 나라를 324제곱리외(약 5,150제곱킬로미터)의 크기로 80쪽을 내도록 제안합니다. 각 단위는 9개 코뮌commune으로 나누고, 각 코뮌을 또 9개 캉통으로 나누고자 합니다. 이렇게 하면 각 행정단위의 모든 하위부분을 쉽게 작동시킬 수 있으리라 생각합니다.

베르데 의원은 왕국을 넓이로 나누지 말고 인구로 나누자고 제안했다.

"인구 2,500만 명 가운데 능동시민이 440만 명입니다. 이들을 720개의 큰 코뮌에 골고루 나누면 한 코뮌은 6,000명에서 7,000명씩 능동시민을 가지게 됩니다."

미라보 백작이 일어섰다. 그는 헌법위원회의 원칙 가운데 일부를 수용해 국토를 주 단위로 나누는 것을 바꾸자고 주장했다. 그는 비례대표제를 고려하면서도 인간과 사물을 함께 고려하고, 시민들이 좀더 활발히 협조할 수 있는 방향으로 국토를 나누자고 제안했다. 그럼에도 그것은 너무 생소한 결과를 낳지 않으면 좋겠다고 했다. 편견을 앞세워 나누지 말고, 모든 지방이 똑같이 바라는 방향에서, 그리고 사람들에게 익숙한 관계 위에서 나누면 좋겠다고 말했다.

헌법위원회는 80개 도(데파르트망), 720개 코뮌, 6,480개 캉통을 제안했습니다. 나는 캉통이나 코뮌을 원치 않습니다. 그리고 80개 도가 아니라 120개 도를 원합니다. 이처럼 큰 단위의 수를 늘린다면 그 아래 단위의 코뮌은 필요 없게 됩니다. 도의 모든 도시와 마을은 도의 중심과 직접 소통할 수 있습니다. 그리고 각 도는 행정부와 국회와 직접 소통하게 됩니다. 그렇게 된다면 더 통일성을 갖춘 나라가 되겠지요. 그리고 나라는 덜 복잡하게 굴러갈 것입니다.

헌법위원회는 6제곱리외 또는 36제곱리외의 코뮌을 만들고, 각 코뮌마다 중심지를 두자고 합니다. 이렇게 해서 도를 9개 코뮌으로 나누고, 각 코뮌을 9개 캉통으로 나누면서, 캉통마다 기초의회를 하나씩 설치하면, 코뮌에 모두 27명의 의원이 생기게 됩니다. 이것은 캉통마다 능동시민 600명을 가지고, 200명에 한 명씩 기초의회 의원을 뽑도록 하는 것을 전제로 계산한 결과입니다.

거의 같은 인구를 기준으로 국토를 나눈다고 할 때, 서로 같은 수준으로 경쟁하는 마을 가운데 하나를 행정중심지로 정하고, 다른 공동체들을 설득해 그 중심지에 행정을 맡기는 일이 얼마나 힘들겠습니까? 더욱이 캉통마다 능동시민 600명을 갖게 하고 6,480개의 기초의회를 두는 일은 거의 불가능하지 않겠습니까?

11월 12일, 국회는 "각 도시, 부르, 소교구 또는 시골의 공동체마다 지방정부를 둔다"고 결의한 뒤 다음과 같이 5개 조항을 결의했다.

"1. 각 도(데파르트망)는 디스트릭트(선거구)로 나눈다.

2. 각 도를 헌법위원회의 안대로 9개 디스트릭트로 나눌 필요는 없다.

3. 각 도는 반드시 3의 배수로 나눈다.

4. 모든 도의 디스트릭트의 수를 똑같이 맞출 필요는 없다.

5. 각 도의 디스트릭트 수는 각 도의 편리와 필요를 고려해 각 주의 의원들의 의견을 들은 뒤 국회가 결정한다."

그리고 12월 14일에 국회는 선거법, 지방정부구성법, 지방정부의 기능의 세 부분으로 구성된 "지방정부 구성에 관한 법"을 통과시키고 당장 인쇄하여 왕의 승인을 받도록 했다.

제1조. 도시, 부르, 소교구 또는 여타 공동체에서 시청, 주교청, 상업재판소 같은 형태로 존재하는 모든 기관을 폐지한다. 단 현재 봉사 중인 지방 관리들은 새로 정부를 조직할 때까지 계속 일한다.

제2조. 현 지방정부의 관리와 요원들은 선거로 뽑은 사람들로 대체한다.

제4조. 모든 지방정부의 장의 호칭을 '메르maire'로 정한다.

제25조. 인구 500명 이하의 행정단위에서는 장 1명을 포함하여 3명을 뽑는다.

500명부터 3,000명 사이는 장 1명을 포함하여 6명을 뽑는다.

3,000명부터 1만 명까지는 9명, 1만 명부터 2만 5,000명까지는 12명, 2만 5,000명부터 5만 명까지는 15명, 5만 명부터 10만 명까지는 18명, 10만 명 이상은 21명을 뽑는다.

인구가 아주 많은 파리의 경우에는 특별법을 제정한다.

　모두 62개조의 "지방정부구성법" 다음에는 "왕국의 모든 새 지방정부 구성에 대한 지침"을 내렸다. 지침은 모두 세 부분으로 구성되었다. 첫째는 지방정부 관리 선거에 관한 부분, 둘째는 지방정부의 구성에 관한 부분, 셋째는 그들의 기능에 관한 부분이다. 첫째 부분에서 프랑스인이나 귀화인으로서 25세 이상의 성인 남자이며, 각 지방의 평균 임금 3일치를 직접세로 낼 수 있는 사람이어야 한다고 정했다. 그리고 그 지역에서 최소한 1년 하루 이상 거주하며, 남의 집에서 하인 노릇을 하지 않는 사람이어야 한다고 못 박았다. 둘째 부분에서 지방정부를 구성하려면 능동시민만이 아니라 모든 남성, 여성, 아이를 포함한 인구를 고려한다고 했다. 셋째 부분에서 각급 지방정부의 장, 구성원, 검찰관과 부검찰관은 헌법을 잘 지키고 유지하며 국민, 법, 왕에게 충성하는 동시에 모든 임무를 성실히 수행한다고 맹세해야 했다.

　12월 22일, 그동안 논의했던 조항들을 수정하고 보완해 마침내 "기초의회구성법Décret général sur la constitution des assemblées primaires & adinistratives"을 반포했다. 도의 수를 75개에서 85개 사이로 열어놓고, 지방의 현실을 적용해 각 도를 3개 이상 9개 이하의 디스트릭트로 나누도록 하며, 각 디스트릭트는 거의 4제곱리외의 캉통으로 나누도록 했다. 캉통마다 최소한 기초의회 하나를 둔다. 도와 디스트릭트마다 행정중심지를 지정한다. 각 도시, 부르, 소교구, 시골의 공동체에는 자치정부를 둔다. 도는 국회의원을 뽑지만, 그렇게 뽑힌 국회의원은 특정 도의 대표가 아니라 모든 도, 다시 말해 전 국민의 대표다. 도의 행정요원들은 그곳의 모든 디스트릭트의 피선거권자들로부터, 디스트릭트의 행정요원들은 그곳의 모든 캉통의 피선거권자들로부터 뽑는다. 디스트릭트마다 두 명 이상을 뽑아서 도의 행정부에 보낸다. 피선거권자의 자격은 각 지방의 임금수준으로 평균 10일치 이상 세금을 내는 사람이다. 자치정부 구성원은 도와 디스트릭트 어느 곳의 행정에 참여할 수 없다. 행정요원들의 절반을 2년마다 새로 뽑는다. 처음에 나갈 절반을 추첨으로 결정한다.

도의 행정부는 도 위원회conseil de département와 도 지도부directoire de département의 두 부분으로 구성한다. 도 위원회는 해마다 한 번씩 회의를 열고, 행정의 각 부분에 대한 규정을 마련하고, 도의 전반적인 지출과 사업을 명령하고, 지도부의 경영에 대한 보고를 받는다. 첫해의 회의기간은 6주이며, 다음 해부터는 최소한 한 달이다. 도의 지도부는 항상 관내 사업을 관장하고, 도 위원회에 보고서를 제출한다. 경영보고서는 인쇄하여 배포한다. 도의 행정부는 모두 서른여섯 명이 꾸려나간다. 그중 여덟 명이 도의 지도부가 된다. 그 아래 디스트릭트의 행정부는 모두 열두 명이 꾸려나가는데, 네 명이 디스트릭트 지도부로 일한다.

1790년 1월 15일, 왕국의 행정구역을 나누는 일이 대강 끝났다. 그리고 2월 26일에 국회는 지난해 말(12월 22일)에 반포한 법에서 열어두었던 도의 수를 83개로 확정했다. 랑그도크 지방이 7개, 파리와 그 주변이 6개, 노르망디나 브르타뉴가 각각 5개 도를 가지고, 중간급인 로렌 지방, 샹파뉴 지방, 오 멘 일대가 각각 4개 도를 가졌다. 이후 1791년 9월 12일, 프랑스 왕국 안의 교황령이던 아비뇽 일대를 병합해 모두 84개 도로 늘어나게 된다. 프랑스는 왕국의 경계를 자연적인 강, 산맥, 바다까지 넓히려고 노력하는 가운데, 공포정 시대와 그 뒤에도 계속 도의 수를 늘려나갔다.

파리는 비교적 평온해졌지만 지방에서는 계속 소요사태가 끊이지 않는 가운데, 제헌의원들은 지방정부를 조직하고 행정구역을 합리적으로 나누는 작업을 수행했다. 그들은 신분제 사회의 흔적을 지우면서 앞으로는 모든 의회에서 참석자의 과반수를 얻어야만 안건을 통과시키도록 하고(1789년 7월 29일), 모든 회의체는 신분이 아니라 개인으로 구성하도록 했다(10월 26일). 그러나 유권자와 피선거권자를 결정할 때는 납세액을 기준으로 삼았다. 9월 29일부터 10월 29일까지 논의한 결과, 프랑스인으로서 각 선거구에 1년 이상 산 25세 이상의 남성 가운데 3일치 임금을 낼 수 있는 사람에게 투표권을 주었다. 이들을 '능동시민'이라 규정했다. 그리고 이들이 기초의회에 모여 선거인을 뽑았다. 선거인으로 뽑힐 수 있는 자격은 10일치 임금을 세금으로 내는 사람이었다. 그리고 은화 1마르크(거의 52리브르) 이상 세금으로 낼 수 있어야 국회의원이 될 자격을 얻었다. 이렇게 해서 가난한 사람들이 정치적 의사결정에 참여하는 길을 차단했다. 인권선언문 제1조에서 모든 사람이 평등하다고 하는 동시에 공공의 이익만이 평등을 제한할 수 있다고 했는데, 벌써 그 현실이 이렇게 나타났다. 12월 14일, 지방정부에 관한 법과 22일 도에 관한 법을 제정하는 기본 정신은 행정의 지방분권화와 납세자 정치였다. 비록 모든 공직자를 선거로 뽑는다는 원칙이 확립되었다는 점에서 의의를 찾는다 하더라도 국민주권 이론을 앞세우는 동시에 능동시민과 수동시민을 구별하는 현실에서 한계를 드러냈다. 극작가이면서 혁명기에 신문을 발행하고 국민공회의 의원이 된 루이 세바스티앵 메르시에는 『새로운 파리』에서 이렇게 한탄했다.

능동시민이 되려면, 다시 말해 기초의회에서 투표권을 얻으려면 재산을 가져야 한다. 소크라테스, 코르네유, 장 자크 루소 같은 사람이 오늘날 살아 있다면 능동시민이 될 수 없다.

능동적이라는 형용사가 시민이라는 명사를 죽였다. 그러나 생각해보라!
진정한 능동시민이란 바스티유를 정복한 사람들이며, 전제주의의 모욕
을 끝장내버린 사람들이 아닌가!

메르시에는 시민이라는 말에 이미 능동적으로 정치생활에 참여한다는
뜻이 들어 있는데 굳이 능동시민이라고 하는 것은 중언부언이고 더욱이 수
동시민이라고 말하는 것은 모순이라고 꼬집었던 것이다.

능동시민과 수동시민에 관한 논의가 한 번의 결정으로 끝나지는 않았다.
1790년 1월 25일, 로베스피에르는 시민을 구별할 때 지역적으로 문제가 생
길 수 있다고 지적했다. 왕국의 행정구역을 나누는 문제를 가지고 의원들이
씨름할 때, 그는 "능동시민의 권리 행사에 대해 발의"하려고 연단에 섰다.

직접세는 왕국의 대부분에서 시행되는 제도입니다. 그런데 아르투아와
그 부근의 몇몇 주에서는 직접세를 내는 사람이 거의 없습니다. 부역은
존재하지 않고, 타이유세와 카피타시옹세는 간접세로 바뀌었습니다. 부
동산 소유자가 내는 세금도 마찬가지입니다. 이렇게 해서 아르투아에서
는 능동시민이 아주 소수입니다. 게다가 프랑스 주민의 상당수가 아르투
아의 경우처럼 정치적 권리를 얻지 못하게 될 것입니다.
지금의 상황을 볼 때, 정치적 평등은 파괴되었습니다. 여러분이 인민이
라는 신성한 이름으로 부르는 계급의 사람들을 보십시오. 재산이 수도사
나 성직록 수혜자에게 속했다는 이유만으로, 그리고 직접세가 여러 주에
서 시행하는 제도가 아니라는 이유만으로 시민이 희귀한 존재가 되어야

한단 말입니까? 여러분은 우리에게 자신의 권리를 맡긴 사람들을 아무런 권리도 누리지 못하게 만들고 싶습니까? 그들이 "당신들은 자유와 헌법에 대해 말하지만, 우리에게는 자유와 헌법이 없습니다"라고 말한다면 어떻게 대답하시렵니까? "자유는 일반의지 속에 있다고 하면서, 국민의 목소리를 모을 때 우리의 목소리는 거기에 포함되지 않습니다. 노예 시대의 프랑스에서 우리는 자유를 조금 누리는 계급으로 다른 계급과 구별되었는데, 이제 자유로워진 프랑스에서 우리는 노예와 같은 처지가 되어 다른 계급과 구별됩니다"라고 말한다면 어떻게 대답하시겠습니까?

이렇게 말한 뒤 로베스피에르는 법안을 발의했다.

"능동시민의 자격 조건으로 인정한 세금의 성격과 할당량은 국회가 현 징세제도를 개혁하고 모든 정치적 권리를 행사하는 것과 연계해 적절한 제도를 마련할 때까지 차등화해야 한다. 그때까지 프랑스에서 태어나거나 귀화한 모든 남성은 정치적 권리를 완전히 행사하게 될 것이다."

그러나 로베스피에르의 안에 대해 특히 우파 의원들이 반대했다. 아직까지 국회는 부르주아 혁명의 단계에 만족했던 것이다.

파리의 시정부조직법

파리 코뮌은 그 나름대로 '시정부조직계획위원회Comité du plan de la municipalité' 또는 흔한 말로 '24인 위원회Comité des vingt-quatre'를 구성하고 조직법안을 마련해 틈틈이 토론했고, 마침내 1790년 2월 8일에 마지막 3개 조항을 끝으로 토론을 마쳤다. 그들은 모두 296개 조항을 담은 안을 마련했다. 그러나 국회는 파리 코뮌의 바람대로 움직이지 않았다. 국회는 전국 규모의 지방정부조직법을 먼저 마련해야 했기 때문이다. 4월 20일, 파리의 노트르담 선거구는 수도의 정부를 조직하는 법을 빨리 제정해달라고 결의한 뒤 코뮌에 보냈다. 파리 코뮌은 이 결의를 파리의 공식의견으로 채택해 대표단을 국회에 보냈다. 국회의장은 파리 코뮌 대표들에게 이렇게 대답했다.

"파리의 한가운데 자리 잡은 국회는 여러분이 상기시켜주신 문제가 얼마나 중요한지 잘 알고 있습니다. 프랑스 구석구석까지 법질서를 확립하려고 부지런히 살피는 국회는 수도에 훌륭한 행정부를 확보해주는 시급한 문제에 눈길을 고정했습니다. 만일 이 문제에 대해 국회가 일한 결과가 아직 나오지 않았다 할지라도 입법가의 발걸음은 늦은 만큼 확실하다는 사실을 잊지 말아주십시오. 국회는 여러 가지 안을 받았습니다. 우리는 그 안을 하나하나 슬기롭게 검토하고, 파리 코뮌의 대표들이 총회의 이름으로 제출한 안을 특별히 눈여겨보겠습니다."

4월 27일, 헌법위원회의 데뫼니에는 파리 정부조직법안을 인쇄해서 각 의원의 집으로 보낼 테니 검토해보라고 발표했다.

"여러분, 파리 정부의 조직은 수도의 번영과 자유를 유지하는 데 아주 중요한 요소입니다. 헌법위원회 구성원은 이 문제에 각별히 주의를 기울여야 한다는 사실을 의무로 여기고 일했습니다. 우리는 국회가 채택할 수 있는 수많은 가능성을 조합해보고, 그 결과를 여러 차례 검토했습니다."

국회는 5월 3일부터 21일까지 헌법위원회의 "파리 정부조직법안"을 한 조항씩 검토하고 채택해나갔다. 그중 주요 조항만 먼저 살펴보자.

제1장
제1조. 파리의 옛 정부와 거기에 속한 모든 직책, 시청과 수도의 각 선거

구에 자리 잡은 임시정부를 폐지한다. 그러나 임시정부와 현재 직책을 수행하는 사람들은 새 정부를 구성할 때까지 계속 임무를 수행한다.

제4조. 국회가 지난 12월 14일 이전에 제정한 지방정부조직법의 조항은 현행법이 따로 정하지 않는 조항을 제외하고 모두 파리 시에도 적용된다.

제5조. 시정부 구성(시장 1명, 행정관 16명, 행정위원회 위원 32명, 명사 96명, 코뮌 검찰관 1명, 부검찰관 2명).

제6조. 파리 시는 능동시민의 수를 비슷하게 맞춰 48개 구(섹시옹)로 나눈다.

제8조. 48개 구의 기초의회는 파리 도(데파르트망)의 정부 구성원을 지명할 선거인을 선출하거나 데파르트망이 국회에 보낼 대표를 선출한다.

제9조. 능동시민은 개인 자격으로 모여야 하며, 자신이 소속한 구에서만 투표권을 행사할 수 있다.

제10조. 능동시민이 900명 이상인 구는 기초의회를 2개 구성하고 각각 투표를 진행한 뒤, 두 기초의회 위원들이 모여 단일후보를 결정해서 시청으로 보내야 한다.

제11조. 48개 구의 기초의회는 같은 날 같은 시간에 모이며, 선거와 시민 맹세 이외의 일을 할 수 없다.*

제15~16조. 코뮌의 시장과 검찰관을 뽑을 때, 능동시민 총회에 참여하는 48개 구는 각자 자기 구의 투표 결과를 가지고 시청에 출석한다. 48개 구의 투표 결과를 시청에서 즉시 합산해 당선자를 가리고, 필요한 경우 이튿날 최종 투표에 대비한다.

제20조. 명사 96명은 시장과 시정부 위원 48명과 함께 파리 코뮌의 총회를 구성한다. 코뮌 총회는 12월 14일 법령의 제54조에서 정한 것처럼 중

요한 문제를 논의한다.**

제21조. 파리 시정부 구성(사무국장 1명, 부국장 2명, 재무관 1명, 기록 관리인 1명, 사서 1명).

제22조. 시정부는 행정위원회와 사무국으로 구성한다.

제23조. 시장과 행정관 16명이 사무국을 구성한다.

제24조. 나머지 32명은 행정위원회를 구성한다.

제32조. 코뮌 총회는 시장과 시정부 이름으로 소집한다.

제33조. 코뮌 총회의 구성원 중 최소 48명이 모여 시장과 시정부에 총회의 정식소집을 요구할 수 있으며, 시장과 시정부는 이를 거부할 수 없다.

제34조. 임기 2년의 시정부 행정위원과 명사 144명 가운데 72명을 1년마다 새로 뽑는다.

제54조. 파리 국민방위군의 이름으로 군대를 창설할 수 있다.

제60조. 능동시민은 파리 시의 정부나 파리 도(데파르트망)의 정부 또는 입법부나 왕에게 건의서나 청원서를 작성하는 목적으로 무기를 들지 않고 평화롭게 모일 수 있는 권리를 가진다. 이때 시정부 관리들에게 회의 장소와 시간을 알려야 한다. 능동시민 20명만이 건의서나 청원서를 제출할 수 있다.

---

* 제헌의원들은 기초의회에 오직 선거 때만 모이게 하면서 구민들이 상설회의를 열어 정치적으로 개입할 길을 미리 막아놓았다. 이 문제는 1792년 8월 10일 '제2의 혁명'이 일어나기 직전에 다시 불거졌고, 기초의회에 능동시민과 수동시민이 모두 참여하게 되자 수동시민이 많았던 변두리와 문밖 사람들이 발언권을 얻기 시작했다.

** 부동산 취득이나 양도에 관한 문제, 지방의 특별지출에 필요한 세금, 채권발행, 공공사업, 매각대금이나 상환금이나 회수금의 사용, 소송의 대응문제.

여기서 모든 내용을 다루기는 힘들기 때문에 나머지 부분을 아주 간단히 소개하기로 한다. 제2장은 모두 43개 조항에 48개 구의 기초의회에 대한 내용을 규정하고, 제3장은 45개 조항에 시장의 임무, 시 행정위원회와 사무국이 하는 일을 담았다. 제4장은 34개 조항에 48개 구의 운영과 기초의회가 할 일을 담고, 제5장은 34개 조항에 왕국의 시정부 조직에 관한 조항을 파리에 적용할 수 있도록 했다. 왕은 이 법을 6월 27일에 승인했다.

파리와 지방의 정부조직법을 보면, 1789년 국회의원들의 원칙이 인권선언부터 일관성 있게 나타나고 있음을 알 수 있다. 그들은 '자유, 평등, 재산권'을 앞세우면서 3개 신분 전체의 평등은 고사하고 제3신분 전체의 평등도 생각하지 않았다. 아마 그들은 평민 의원들과 귀족 간의 평등을 제일 먼저 생각했음직하다. 기초의회에서 투표권을 행사할 사람들은 각 지방의 노동자 평균 임금 3일치를 세금으로 내는 25세 이상의 남자였으므로 그 나이의 남성 가운데 440만 명 정도가 2,800만 명의 운명을 결정할 수 있었다. 그러므로 성인 남성 가운데 300만 명 정도의 '수동시민'과 1789년 10월 5일에 두드러진 역할을 한 여성의 불만이 얼마나 컸을지 짐작할 수 있다.

3
사법제도의 개혁

국회의원들이 할 일은 기본적으로 재정 문제를 해결하고 헌법을 제정하는 두 가지였다. 헌법을 제정해 새 체제를 만들면 그 법을 시행할 기구도 만들어야 했다. 앞으로 보겠지만 고등법원을 폐지하는 일도 새 체제에 맞는 법질서를 구현하려는 준비작업이었다. 1789년

8월 26일의 「인간과 시민의 권리선언」은 이미 새로운 법질서가 필요하다는 사실을 예고했다. 1790년 3월 24일, 투레는 법질서의 중요성을 잘 요약했다.

"사법권은 개인의 행복, 공공정신의 발전, 정치질서의 유지, 헌법의 안정화에 영향을 끼칩니다. 사법권을 슬기롭게 조직한다면 공공생활에서 가장 신성한 평등을 해칠 부당한 행위를 모두 막을 수 있습니다."

그는 세 가지 조건을 고려해서 사법권을 조직해야 한다고 말했다. 법원을 실제로 필요한 만큼만 설치하고, 재판을 받을 시민의 권리를 빼앗지 않을 만큼 적당한 비용과 접근성을 보장하며, 소액재판의 경우에는 언제나 2개 심급의 범위에서 판결을 내야 한다는 것이다.

투레는 먼저 첫 심급에서는 소액재판이나 가벼운 위반사항을 다루도록 하며, 캉통마다 치안판사 한 명, 디스트릭트마다 왕립법원을 하나씩 두자고 제안했다. 치안판사는 100리브르까지 재판에서 판결을 내리며, 50리브르까지 종심판결을 내린다. 치안판사의 판결에 불만인 사람은 디스트릭트 법원에 재심을 청구할 수 있다. 디스트릭트 법원은 250리브르까지 판결한다. 투레는 앞으로도 필요한 상고법원의 심급과 기타 사항은 계속 논의해야 한다는 여지를 남겼다. 1787년만 해도 개혁 성향을 보여주었지만 전국신분회가 국회로 바뀐 뒤에는 왕정을 옹호하기 시작한 카잘레스는 곧바로 반발했다. 그는 삼권분립을 인정하지 않고 왕이 최고재판관이라고 주장했다.

그가 발언하는 동안 삼권분립 원칙을 존중하는 의원들이 웅성거렸다. 카잘레스는 이 문제를 토론할지 말지 당장 결정하고, 만일 오늘 토론하자고 결론이 난다면 3일 동안 토론을 하자고 주장했다. 의장은 투레가 먼저 요청한 문제가 있으니 그것부터 결정해야 한다고 말했다. 그러자 뒤포르가 "가장 근본적인 원리부터 토론하자"고 말했다. 그 말을 들은 카잘레스는 곧바로 자기 안을 철회했다. 사법개혁 문제는 그 뒤 4월과 5월에도 계속 토론의 주제로 등장했다.

여기서 모든 의견을 일일이 살펴보기란 어렵기 때문에 몇몇 의원의 의견만 살펴보기로 한다. 제헌의원 가운데 내로라하는 사람들은 일찍부터 사법제도에 대해 생각을 다듬었다. 시에예스 신부는 1789년 9월부터 "프랑스 사법과 치안의 새 조직에 대한 개관Aperçu d'une nouvelle organisation de la justice et de la police en France"을 다듬기 시작해 1790년 3월 19일, 국회에 안으로 제출했다.

"제1조. 1790년 6월 1일부터 왕국 전체의 기존 치안과 사법조직을 폐지하고 현재 법령으로 구성하는 새로운 체제를 시행한다.

제2조. 어디서나 치안과 사법은 계속해서 왕의 이름으로 시행한다."

시에예스의 안은 아직 구체제의 용어를 그대로 썼다. 입헌군주정의 헌법을 마련하는 과정이었으므로 행정의 우두머리인 왕의 대리관lieutenant이라는 이름이 어색하지 않았다. 그는 파리에 '국가법원cour nationale'을 설치하고, 각 도에서 대표판사 한 명씩 보내 모두 83명의 대표판사로 운영하게 하는데, 이들을 '프랑스대법관grands juges de France'이라 부르자고 했다(제150~151조). 83명은 치안문제, 재심, 정치재판, 형사범죄를 다루는 4개 부서에 나뉘어 일한다(제156조). 치안법정은 6명, 재심법정과 정치법원은 각 36명, 형사법원은 5명으로 구성한다(제158~163조).

3월 29일, 아드리엥 뒤포르는 "사법질서 확립의 원칙과 방안Principes et plan sur l'établissement de l'ordre judiciaire"을 발표했다. 1787년과 1788년에 왕에게 반발한 파리 고등법원에서 가장 젊은 세대의 판사였던 그는 파리 귀족을 대표해 전국신분회에 나간 뒤, 바르나브와 알렉상드르 드 라메트와 함께 이른바 '삼두정'을 이끄는 지도자가 되었다. 그의 안은 사법제도를 개혁하는 데 중요한 역할을 했다. 그는 자신이 12년 동안 옛 사법제도의 모든 폐단을 연구했다고 하면서, "사법권은 오로지 인민의 이익을 위하는 원칙을 좇아야" 폐단을 고칠 수 있다고 강조했다. 그는 재판을 쉽고 빠르고 공평하게 진행해야 인민을 이롭게 한다고 말했다. 그의 발언을 요약해본다.

뒤포르는 의원들이 주권자인 시민들의 뜻을 받들어 입법부를 세우고, 자신들이 정한 법을 시행할 권력인 군주와 그 법이 과연 제대로 집행되는지 아닌지 감시할 사법부를 만들어야 한다고 주장했다. 그리고 판사들이 오직 법을 적용하는 데만 신경 쓰고, 입법이나 행정의 기능에는 참여하지 말아야 한다고 강조한 뒤, 판사를 임기제와 평생직으로 뽑을 때의 장단점을 논의했다. 판사를 평생직으로 뽑으면 판사의 정의감이 약화될 수 있다는 것이다.

뒤포르는 판사에게 경험이 중요하다고 하는 말을 조목조목 검토한 뒤, 임기제 판사의 장단점도 차례로 검토하고 나서 임기제를 추천했다. 판사가 임무를 무사히 마칠 때 그의 능력을 보고 다시 뽑으면 안전하기 때문이다. 그리고 임기제건 평생직이건 판사는 함부로 파면할 수 없는 지위를 누려야 한다고 주장했다. 뒤포르는 보고서의 첫머리에서 아주 간단하게 제시한 원칙과 계획을 장황하게 설명하고 말을 마쳤다.

"내 계획은 아주 단순합니다. 민사와 형사 재판에 배심원을 두고, 도(데파르트망)에 적을 둔 순회판사들이 돌아다니면서 재판하고, 왕국 전체의 도청 소재지에 판결을 수정하는 판사들을 두고, 각 중심지마다 왕의 관리를 두는 것입니다."

3월 31일, 국회는 매주 첫 3일 오전과 낮 회의는 사법제도에 대해 토론하고, 제4일과 제5일은 종교와 십일조 문제를 다루기로 결정했다. 곧이어 렌 출신인 랑쥐네는 뒤포르의 안을 근본적으로 반박하면서 그 안은 쓸모없고 위험하며 실천할 수 없다고 말했다. 특히 순회판사 제도는 현실적으로 적용하기 어렵다고 비판했다. 그는 시에예스의 안을 대안으로 제시했다. 그는 시에예스가 제안한 대로 인민이 매년 업적평가 투표scrutin d'épreuve를 해서 믿을 수 없는 판사를 걸러내는 편이 낫다고 말했다. 랑쥐네는 변호사의 수를 줄여야 한다는 데 동의하지만, 변호사는 현실적으로 필요악이며, 배심원을 두면 변호사의 수도 자연히 늘어나야 한다고 주장했다. 그도 시에예스의 안을 지지하면서 뒤포르의 안을 반박했다.

4월 6일, 드라기냥의 종교인 무쟁 드 로크포르, 아노네 출신 생마르탱이 차례로 안을 제출한 뒤 투레가 일어섰다. 그는 배심원 제도는 논란거리이긴 해도 두는 편이 좋겠다고 말했다. 그리고 형사 사건과 민사 사건만이 아니라 군사재판과 출판물의 범죄에 대해서도 배심원 제도를 적용해야 한다고 강조했다.

4월 7일에도 배심원 문제를 놓고 토론이 벌어졌다. 로베스피에르는 배심원이란 말이 아주 소중한 사회제도이긴 해도 분명히 규정하기란 어렵다고 말하고, 그 이유는 대부분의 프랑스인이 영국의 제도를 제대로 알지도 못하면서 막연히 좋아하기 때문이라고 비판했다.

"배심원 제도의 성격은 시민들이 동료 시민들의 재판을 받는다는 것입니다. 그 목적은 시민들이 좀더 정의롭고 공평하게 재판을 받는 데 있습니다. 우리는 전제적인 사법기관의 횡포에서 시민들의 권리를 보호해야 합니다. 우선 이러한 원칙을 우리의 위원회들이 마련한 제도와 비교해봅시다."

로베스피에르는 영국의 제도 대신 자유로운 헌법의 원리 위에서 배심원들이 사회에 약속해줄 수 있는 모든 이점을 실현할 수 있는 제도를 수립해야 한다고 주장하고 나서 기소 배심단의 구성안formation du jury d'accusation을 내놓았다. 각 캉통의 선거인들이 다단계 투표로 그해의 배심원 여섯 명을 뽑고, 디스트릭트 지도부는 캉통의 배심원을 소집해 기소 배심원이 모이는 날을 지정해준다. 소집일 일주일 전, 배심단의 관리자는 캉통 배심원 가운데 여덟 명을 공개 추첨해 기소 배심단을 구성한다는 안이다. 이들이 관리자 앞에서 성실히 임무를 수행한다는 맹세를 한 뒤 기소장과 문서, 증언을 토대로 기소 여부를 만장일치로 결정해야 한다는 안이었다.

로베스피에르는 5개 조항의 판결 배심단의 구성안formation du jury de jugement을 잇달아 내놓았다. 먼저 도내 모든 디스트릭트에서 배심원을 뽑아 전체 명단을 만들고, 매달 1일 형사법원장은 추첨으로 16명을 뽑아 판결 배심단을 구성해서 매달 15일에 소집한 뒤 판결에 참여시킨다. 피고는 아무런 이유를 대지 않고서도 배심원을 30명까지 거부할 수 있으며, 기소 배심단에 참여한 배심원들도 거부할 수 있다는 안이었다.

로베스피에르는 형사법원을 도에 하나씩 두고, 디스트릭트의 판사 가운데 6개월마다 여섯 명씩 뽑아 운영하게 만드는 내용을 담은 형사법원 구성안과 판결 배심단 앞에서 재판을 진행하는 방법, 그리고 체포방법, 치안유지의 원칙을 차례로 제안했다. 예를 들어 현행범은 경찰뿐만 아니라 시민도 체포할 수 있도록 하자는 것이었다.

국회는 사법제도 개혁에 대해 계속 토론했고, 이 과정에서 수많은 안이 나왔다. 결국 이 토론은 혁명이 시작된 지 1년이 지나 1790년 8월 16일부터 일주일 사이에 결판이 났다. 투레가 보고자로 나서서 모든 법원이 쉬고 있는데 앞으로 6주 안에 일을 시작해야 하기 때문에 새 법원을 계속 설치하려면 당장 선거를 시작해야 겨우 시간에 맞출 수 있겠다고 의원들에게 호소했다.

투레는 헌법위원회가 마련한 법안을 "중재자들의 순수하고 단순하고 평화로운 정의"를 목적으로 만든 안이라고 말하면서 제1장부터 읽어 내려갔다.

제1장. 중재권을 가진 판사들에 대하여
제1조. 중재권은 시민들 사이의 쟁소를 해결하는 데 가장 합리적인 방법이므로 입법기관은 중재의 호의나 효과를 축소하는 어떠한 조치도 취해서는 안 된다.
제2조. 권리를 자유롭게 행사하고 자유롭게 행동하는 사람은 모두 어떠한 문제와 경우에도 예외 없이 개인적 이익을 주장할 수 있도록 중재자를 한 명 이상 임명할 수 있다.

제1조는 토론을 거치지 않고 통과되었지만, 제2조에 대해서는 동의하지 않는 사람이 수정안을 냈다. 그러나 투레가 수정안을 거부하자고 말한 뒤 제2조도 그대로 통과되었다. 이런 방식으로 의원들은 사법개혁안을 한 조 한 조 심의하고 채택해나갔다.

모든 재판은 "왕의 이름으로" 하고, 법관직의 매매제도는 영원히 폐지하며, 선거로 뽑혀 봉급을 받는 판사는 무료로 재판을 한다. 판사의 임기는 6년이며 다시 뽑힐 수 있다. 판사는 왕의 임명장을 받지만, 왕은 선출된 판사를 거부할 수 없다. 만 30세 이상이며, 5년 이상 경력을 가진 남성이어야 판사가 될 수 있다. 배심원 제도는 형사재판에만 두기로 하고, 사법상의 모든 특권을 폐지한다. 그리하여 모든 시민은 똑같은 사건에 대해 똑같은 형식으로 똑같은 심급의 판사에게 재판을 받을 수 있다. 민법과 민사재판 절차는 계속 개정할 수 있다. 범죄의 정도에 맞는 형벌을 정할 필요가 있을 때마다 형법도 계속 개정할 수 있다. 앞으로 법관은 전통적인 법복을 입지 못한다. 그는 여느 공무원처럼 검은 옷을 입고, 모자에는 깃털을 꽂는다.

캉통의 법원마다 치안판사 한 명과 그를 돕는 분쟁조정위원 몇 명을 둔다. 캉통에 속한 도시나 부르의 인구가 2,000명 이상일 때도 치안판사 한 명과 분쟁조정위원을 몇 명씩 둔다. 인구 8,000명 이상일 경우, 입법부는 따로 법을 마련한다. 만 30세 이상의 남성으로 도(데파르트망)와 디스트릭트(선거구)의 피선거권을 가진 사람만이 치안판사가 될 수 있다. 치안판사와 분쟁조정위원의 임기는 2년이며 다시 뽑힐 수 있다. 이들은 50리브르 이내의 소송을 단심으로 재판했고, 그 이상 100리브르까지의 소송은 초심 판결을 내릴 수 있다. 만일 치안판사의 판결에 불만이 있으면 디스트릭트 법원에 항소할 수 있다.

디스트릭트의 법원마다 판사 다섯 명과 왕이 파견한 검찰관officier du ministère public 한 명을 둔다. 판사를 뽑을 때 유고시를 대비해 네 명의 후보를 미리 뽑아둔다. 왕이 파견한 검찰관은 행정부가 사법부를 감시하도록 만든 장치다. 판사의 임기는 6년이며 임기가 끝나기 4개월 전에 선거를 실시한다. 판사들은 국민과 왕에게 다음과 같이 맹세한다.

"국회가 반포하고 왕이 승인한 헌법을 수호하고, 국민과 법과 왕에게 충성하며, 판사의 직책을 정확하고 공정하게 수행할 것을 맹세합니다."

디스트릭트에서 인구 5,000명 이상의 도시는 판사 여섯 명을 둘 수 있다. 여섯 명은 2개 부서에서 초심 재판을 하거나 항소심을 재판한다. 가장 먼저 뽑힌 판사가 재판장이 된다. 2개 부서를 갖춘 법원의 경우, 두 번째로 뽑힌 판사가 제2부의 재판장이 된다. 디스트릭트 법원은 개인의 신상과 재산에 관한 사건을 재판한다. 그리고 상업재판, 치안문제까지 재판할 경우도 있다. 그들은 1,000리브르 이내의 소송을 다룬다. 디스트릭트 법원의 초심 재판은 판사 세 명이 선고하고, 항소심의 경우는 네 명이 선고한다. 디스트릭트 법원은 서로 다른 법원의 판결에 대한 항소심을 다루기도 한다. 만일 소송 당사자들이 어느 법원을 택할 것인지 합의하지 못한다면, 디스트릭트 지도부가 다른 도에 속하면서도 가장 가까운 디스트릭트 법원 7개 목록을 작성해 국회에 보고하고, 국회는 그중 한 곳을 선택하도록 소송 당사자에게 명령한다. 이 제도는 디스트릭트 법원 553개보다 높은 상고법원을 설치하지 않으려는 의지의 표현이었다. 굳이 상고법원을 설치하지 않고서 같은 심급의 이웃 디스트릭트 법원의 판단에 맡기는 데서 평등주의와 실용주의의 원칙을 볼 수 있다. 하기야 높은 심급의 판결이라 할지라도 하위 심급의 판결보다 정의롭지 않은 경우를 오늘날에도 볼 수 있으니, 1790년의 결정도 꽤 합리적이었다고 볼 수 있다.

파리의 법원 설치

1790년 8월 25일, 투레는 헌법위원회가 파리 출신 의원들과 상의해서 마련한 파리 법원 설치법안을 보고했다.

"제1조. 파리의 48개 구에 모두, 그리고 생드니(파리 북쪽의 도시)와 부르라렌(파리 남쪽의 소도시)에도 각각 치안판사 한 명과 그를 돕는 분쟁조정위원을 몇 명씩 둔다."

투레가 11조까지 읽어 내려갔을 때 마르티노 의원이 이의를 제기했다. 그는 각 디스트릭트처럼 파리의 각 구마다 치안판사와 분쟁조정위원을 두는 것은 너무 많지 않으냐고 비판했다. 그러나 투레는 도대체 파리 인민을 위해 만든 안이 불필요하다고 주장하는 이유를 납득하기 어렵다고 대답했다. 사실 파리 인구가 60만 명 정도인데 48개 구로 나눈다면 한 구에 평균 1만 명 이상의 주민이 산다는 사실을 알 수 있으므로, 디스트릭트마다 치안판사를 두는 원칙을 크게 위반하지 않았다. 결국 제1조를 수정하지 않고 그대로 통과시켰다. 의원들은 한 조씩 토론을 거쳐 법안을 통과시켰다.

파리 시와 도에 법원을 6개 설치한다. 법원마다 판사 다섯 명과 왕이 파견한 검찰관을 둔다. 항소법원은 16일의 법안에서 규정한 것처럼 6개 법원에 대해 모두 지정한다. 다시 말해 나머지 5개 법원과 파리 도 밖에서 가장 가까운 디스트릭트 법원 두 곳이 항소법원이 된다. 기초의회는 치안판사와 분쟁 조정위원들을 뽑는다. 또한 의회에 참석했건 아니건 능동시민 100명당 선거인을 한 명씩 지명한다. 종교인을 판사로 뽑을 수 없다. 6만 명 이상의 도시의 판사와 검찰관이 4,000리브르씩 받는 것처럼 파리의 판사와 검찰관은 모두 4,000리브르를 받는다.

헌법위원회는 제도를 더 만들 필요가 없다고 생각했지만 파기법원의 필요성을 외면하기는 어려웠다. 그리하여 1790년 11월 27일에 '파기법원조직법'을 반포했다. 입법부에 설치하는 파기법원은 최종심의 판결을 파기해달라는 주문에 대해 선고하고, 법원 사이에 합법성을 의심하여 오가는 주문, 사법권 관할 분쟁, 판사들의 규칙, 법원 전체를 공격하는 주문에 대해 심판한다. 파기법원은 사건을 다루지 않으며 오직 법원에서 재판절차를 어기거나 법을 명백히 위반하는 판결을 모두 무효화한다. 그리고 치안판사의 최종심에 대해서는 파기를 요구할 수 없도록 했다. 이렇게 해서 프랑스의 법적 구체제는 사라지게 되었다.

4
고등법원의 폐지

프랑스 구체제의 역사를 공부할 때, 고등법원parlement의 기능과 인적 구성만 이해해도 그 체제에 대해 상당한 지식을 얻을 수 있다. 중세 전성기인 14세기 초부터 봉건왕국을 통합하는 과정에서 조정朝廷의 기능을 세분화하면서 생긴 고등법원은 수백 년의 뿌리 깊은 전통을 자랑하는 제도였다. 법관들은 사회적으로 뿌리 깊은 귀족 출신이며 재력과 금력, 게다가 지력까지 두루 갖추었다. 그들은 정치·사회·문화의 모든 면에서 중요한 역할을 했다. 그러나 고등법원은 루이 15세 치세 말기에 집단이기주의를 개혁하려는 모푸의 정변으로 잠시 사라졌다가 루이 16세 치세 초에 부활한 뒤 혁명 직전 라무아뇽의 개혁 대상이 되었다. 하지만 고등법원은 왕과 대신들의 정치를 전제정이라고 공격하면서 여론을 자기편으로 만들고 "왕국의 기본법 수호자"라는 깊은 인상을 남기면서 인기를 끌었다.

그런데 구체제의 역사를 제대로 알지 못하는 사람은 영어로 쓴 프랑스 역사책을 우리말로 번역할 때 이 낱말을 모두 영어식으로 '의회'라고 잘못 이해하고 번역한다. '고등법원과 의회'의 역사를 알아야 올바로 번역할 수 있는 말이다. 파리 고등법원은 전국신분회를 소집하는 데 결정적인 역할을 했지만, 혁명이 시작되자 그 활동은 위축되었다. 결국 국회가 고등법원을 폐지한 뒤로는 예전에 고등법원을 뜻하던 말이 의회를 뜻하는 말로 바뀌었다.* 그러므로 구체제의 제도를 가리킬 때는 고등법원으로 옮겨야 정확하다. 여기서는 고등법원을 폐지하는 과정을 살펴보기로 한다.

국회는 1789년 7월 1일부터 모든 의원을 40명씩 나눠 30개 위원회를 구성하고, 6일에는 30개 위원회에서 한 명씩 뽑아 30명으로 헌법준비위원회를 구성했다. 9일에는 무니에가 헌법위원회의 이름으로 보고하면서 헌법의 전문으로 인권선언문을 넣자고 제안했다. 이때부터 사실상 제헌의회의 활동이 시작되었고 왕의 입법권이 결정적으로 무력화되었다. 이것은 왕령을 등기하거나 그 부당함을 상주하는 고등법원의 권리마저 무력화시키는 과정이 시작되었음을 뜻했다. 제헌의회는 국민의 대표기관으로 자처했을 뿐 아니라 왕도 그 사실을 인정하면서 진정한 혁명이 시작되었다.

1788년까지 파리 고등법원이 왕국의 기본법을 들먹이면서 세금을 걷으려면 국민의 동의가 필요하다고 강조했지만, 1년 뒤에는 국회가 왕이 동의하기도 전에 귀족과 종교인의 특권인 봉건적 권리를 폐지했고, 재무총재 네케르는 국회에 국채를 발행하도록 도와달라고 간청하게 되었다. 이 과정에서 고등법원은 자연스럽게 정치의 무대에서 한구석으로 밀려났다. 7월 16일, 파리 고등법원 수석재판장 보샤르 드 샤롱은 왕이 파리와 베르사유에서 군대를 물리라고 명령을 내린 사실을 축하하는 포고령을 내리고 국회에 보냈다. 1년 전만 하더라도 전국의 모든 기관은 파리 고등법원의 포고령을 따라야 했다. 그러나 국회는 클레르몽 토네르의 의견을 좇아 국민의 대표로서 파리 고등법원의 포고령을 따르지 않기로 결정하고, 국회가 스스로 결정해 왕에게 대표단을 파견하기로 했다.

1789년 8월 17일, 리옹 출신 베르가스는 헌법위원회가 마련한 사법권 조

---

* 이 책을 쓰는 데 가장 기본적인 사료가 『1787년부터 1860년까지 의회기록*Archives parlementaires de 1787 à 1860: Recueil complet des débats législatifs & politiques des chambres françaises*』(tome 1~100, Paris, 1868)이듯이, 여기서 'parlement'은 고등법원이 아니라 의회를 뜻한다.

직에 관한 법안을 보고했다. 그는 "사법권의 영향"에 대해 설명하고 잇달아 "사법권의 목적"은 시민에게 헌법이 정한 모든 권리를 자유롭게 누리도록 보장해주는 것이라고 말했다. 그는 사법권을 올바로 조직하지 못하는 경우를 나열한 뒤 그 대안을 제시했다. 그가 보고한 헌법위원회의 안은 구체제 고등법원과 모든 재판의 문제점을 고치려는 목적을 가지고, 영국에서 1세기 전인 1679년부터 실시한 인신보호령Habeas corpus의 정신을 담았고, 제헌의회는 그 정신을 8월 26일 인권선언문에 담아냈다.

이제는 실제로 새로운 법원을 조직하는 일이 남아 있었지만, 그 밖에도 처리해야 할 안건이 쌓여 있었고 날마다 새로운 일이 터졌기 때문에 국회는 제대로 손을 쓰지 못했다. 9월 10일에 파리 코뮌은 국회에 빨리 형법을 고쳐달라고 다그쳤다. 국회는 곧 법학자 투레를 위원장으로 임명하고 법안을 마련하도록 했다. 투레는 9월 29일에 27개조의 "형사재판의 임시개혁안"을 발표했다. 그것은 피고에게 최대한 권리를 보장해주는 법안이었다. 법관은 명사들로 구성한다. 체포된 혐의자를 24시간 이내로 판사 앞에 세워야 한다. 판사들은 공개적으로 심문한다. 만일 현행범을 체포하는 경우, 명사들이 직접 현장에 나가기 어려운 형편일 때에는 이웃 주민 두 명이 대신한다. 구속명령을 받은 피고는 변호사를 여러 명 선임할 권리를 가진다. 피고는 자유롭게 증인을 부를 수 있다. 투레의 안은 10월 3일 저녁회의의 주제가 되었다. 의장은 세 가지 원칙을 설명했다.

"재판과정을 공개하고, 피고는 변호인의 도움을 받을 수 있으며, 모든 증거자료를 다 수용한다. 그리고 파리 코뮌이 재촉하는 대로 한시바삐 법안을 마련한다."

르펠티에 드 생파르조, 브로슈통, 라셰즈, 라로슈푸코 리앙쿠르 공작, 구

피 드 프레펠른이 활발히 토론을 벌였다. 새로운 수정안이 나왔지만, 국회는 임시로 위원회 안을 집중해서 다루기로 결정했다.

11월 3일에 왕국을 도(데파르트망), 코뮌, 캉통으로 재편성하는 문제를 본격적으로 다룰 때 법원문제가 함께 나타났다. 오후 2시가 되자 의장은 관례상 왕국의 재편성 문제를 이튿날 다시 논의하기로 했다. 그때 알렉상드르 드 라메트가 긴급발언을 신청해 왕국의 모든 고등법원을 쉬게 하고, 이 문제에 대해 별도로 명령을 내릴 때까지 휴가법정이 대신 일하도록 하는 명령을 내리자고 제안했다. 그는 사실상 고등법원에 대한 사망선고를 내리자고 제안했던 것이다.

여러분은 지금 일부 고등법원들이 어떤 조치를 준비하고 있는지 아실 것입니다. 그들은 우리가 헌법을 제정하는 과정을 곱지 않은 눈으로 지켜보고, 결국 자신들이 오랫동안 누리던 권리와 거만한 야망이 점점 설자리를 잃는 것을 보면서 몹시 노골적으로 유감스러운 감정을 드러내고 있습니다. 그러므로 우리가 지금 지방의회를 설치하려는 작업에 그들이 반대할 수 있게 허용한다면 얼마나 위험하겠습니까! 우리 가운데 그 누가 새로운 사법질서를 수립할 필요성을 느끼지 않겠으며, 우리의 초대 헌법위원회가 제안했던 조치 가운데 이 정치적인 단체(고등법원)를 오직 사법에 전념하고 인민에게 가장 가까이 있는 법원들로 대체하는 안을 승인하지 않겠습니까?

여러분, 나는 고등법원의 운명에 대해 결정적인 안을 제시하려는 뜻은 없습니다만 고등법원에 대해 어떤 중요한 조치를 내려야 한다고 생각합니다. 그럼에도 여러분은 너무 일찍 명령을 내려서는 안 된다고 생각합니다. 그 명령을 실행하려면 일정한 시간이 필요하기 때문입니다. 그러므로 일단 고등법원을 쉬게 하고 가장 시급한 문제를 휴가법정에서 다루도록 하자고 제안합니다.

대체로 모든 고등법원은 11월 11일부터 이듬해 9월 9일까지 일했다. 그리고 9월 10일부터 11월 10일까지 법관들이 휴가를 보내는 두 달 동안 휴가법정chambre des vacations을 맡을 재판장과 판사들을 임명해 아주 급한 민사사건과 형사 사건만 처리하도록 했다. 이제 생마르탱 축일(11월 11일)이 되면 고등법원이 공식 개정할 텐데, 국회의원들은 고등법원이 개정하기를 원치 않았다.

타르제가 라메트의 안을 찬성하는 취지로 발언했다.

"고등법원은 자신이 조세문제를 해결할 능력이 없다고 선언했으며, 전국신분회를 소집해달라고 요구했습니다. 그들은 입법권이 시민들에게 속한다는 사실을 보지 못했습니다. 그들은 1614년의 전국신분회 대신 국회가 필요하다는 사실도 인식하지 못했습니다. 이제 때가 왔습니다. 혁명이 일어나고, 국민은 영원히 권리를 되찾았습니다. 국회는 상설기관이 되었습니다. 고등법원은 이러한 사실을 한시바삐 인정하고 따라야 합니다."

무쟁 드 로크포르 의원은 엑스 고등법원이 10월 1일부터 다시 일하기 시작했으니, 국회는 모든 고등법원에 휴가를 명령해야 한다고 주장했다. 프레토 의원은 휴가법정의 수가 아주 적기 때문에 감옥에 들어찬 범죄자들을 모두 재판하기란 어렵다고 말하면서, 이 문제를 다음 목요일까지 연기해 더 논의하자고 제안했다. 그러나 투레가 프레토의 안에 반대하고 나서며 고등법원이 여태껏 공공정신이 아니라 사사로운 이익을 추구했다는 사실을 지적했다. 이에 대해 올레롱의 주교 빌루트렉스 드 파이는 포 고등법원이 주민들의 신뢰를 충분히 얻고 있다고 하면서 고등법원의 편을 들었다. 그러나 고등법원의 권리를 옹호하는 의원은 거의 없었다. 라로슈푸코 리앙쿠르 공작은 고등법원이 예전에는 유익한 기관이었지만 새 헌법의 원리와 더는 맞지 않는다고 강조했다.

"시민 전체가 뽑은 진정한 대표인 국회가 상설기관이 되어 훌륭한 원칙을 가지고 입법과 행정 활동을 하는 이때에도 과연 고등법원이 필요한 기관일까요?"

의장은 원안을 표결에 부쳐 다음과 같이 결의했다.

"1. 국회가 조만간 사법권을 새로 조직할 때까지 휴가 중의 모든 고등법원은 계속 휴정하며, 휴가를 마친 고등법원도 휴정한다. 그리고 휴가법정이 모든 사건을 맡는다.

2. 국회의장은 왕에게 이 명령에 대해 재가해줄 것과 함께 전국에 공문을 발송하도록 요청한다."

왕은 국회가 요청한 대로 이 명령을 재가해주었고 모든 고등법원에 공문을 발송했다. 국회는 왜 단번에 고등법원을 없애지 못했을까? 그것은 왕령이 고등법원의 등기부에 전재되어야 비로소 효력을 가지는 전통 때문이었다. 그리하여 국회는 고등법원이 휴가일 때 최소한의 기능을 하는 휴가법정만을 두어 국회에서 결정하고 왕이 재가하는 법령을 등기하도록 하면서, 왕국의 전반적인 개혁의 틀 속에서 사법부를 개혁하려 했던 것이다. 고등법원을 완전히 폐지하려면 갈 길이 멀었지만 1789년 11월 3일은 고등법원 사망진단서를 준비하는 첫날로 기억할 만한 날이었다.

파리 고등법원의 반발

1789년 10월 초만 하더라도 국회에서 사법제도를 개혁하는 일을 조용히 지켜보던 고등법원들은 점점 반발하기 시작했다. 파리 고등법원이 국회가 명령한 무기한 휴가조치를 거부하기로 결정할 것이라는 소문이 돌았다. 파리 고등법원 재판장 로장보Le Peletier de Rosanbo는 1750년대 도서출판행정총감으로서 계몽사상가를 보호했고, 루이 16세 치세의 소비세 재판소 수석재판장을 지낸 말제르브의 사위였다. 그는 11월 5일, 왕에게 고등법원 판사 열네 명이 서명한 항의서를 보냈다.

"파리 고등법원의 휴가법정은 사태가 급박하게 돌아가고 그 때문에 고등법원의 지위를 낮추는 상황을 보면서 몹시 비탄에 빠진 나머지, 오늘의 선언문을 등기부에 전재하는 일과 이 휴가법정에서 어떠한 명령이라도 내리는 일이 모두 부당하다고 항의합니다."

국새경은 로장보를 불러 왕을 만나게 했다. 그 자리에서 국새경은 고등법원의 저항이 나라를 위험하게 만들 것이라고 경고했다. 그는 왕과 국회의 결정을 존중해야 왕을 민중봉기의 위험에 처하지 않게 할 것이라고 말했다. 국새경의 말은 민중의 지지를 받는 국회의 힘을 인정하고 따르라는 뜻이었다. 그러나 재판장 로장보는 단호히 대답했다.

"나는 한 번도 소요사태를 불러일으키지 않은 단체에 속한 사람이오."

그러나 국회가 정오를 향해 솟아오르는 해라면, 파리 고등법원은 낮에 나온 달이었다. 구체제 시대에도 파리 고등법원은 군주와 갈등을 빚었고 여론의 지지를 받아 오래 버틸 수 있었다. 물론 마지막에는 졌지만 그래도 절대군주를 견제할 수 있는 중요한 세력이었다. 그런데 혁명기에는 상황이 달라졌다. 고등법원은 군주가 아니라 국회의 명령에 반발하는 처지가 되었던 것이다.

"삼지창을 든 미라보"
미라보 백작은 혁명 초기 웅변가로 이름을 떨쳤다. 사람들은 그를 올림포스 산 위에서 벼락을 치는 제우스에 비유했다.
제3신분의 대표로 뽑힌 이 귀족은 정의의 심판관을 상징하는 삼지창을 들고 반대파를 혼비백산하게 만든다(BNF 소장).

루이 15세 광장(오늘날의 콩코르드 광장).

"바르나브, 민중파와 왕당파"
바르나브는 1789년에는 민중의 편이었다가
1791년에는 두둑한 돈주머니를 받고 왕(비)의 편이 되었다(작자 미상, BNF 소장).

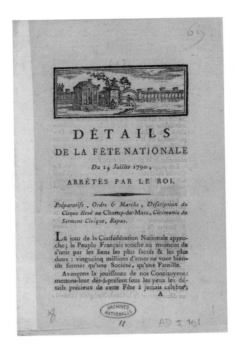

1790년 7월 14일 전국연맹제의 준비에 대한 왕의 명령
(준비, 순서와 행진, 샹드마르스에 설치할 구조물, 시민 맹세 행사, 식사).

"거기서 무엇을 하십니까? 난 지금 벌을 받고 있소."(작자 미상, BNF 소장)

1790년 5월 10일, 몽토방에서 가톨릭교도들과 귀족주의자들이 국민방위군과 개신교도들을 상대로 싸우는 장면.

1790년 5월 30일, 리옹의 연맹제, 조국의 제단 위에 자유의 여신이 서 있다.

루앙 고등법원의 반발

11월 6일, 지방의 단체로는 노르망디의 루앙 고등법원이 제일 먼저 반발했다. 루앙 고등법원의 휴가법정은 국회의 권위를 인정하기 때문이 아니라 오직 왕에 대한 충성심 때문에 왕의 선언문을 등기했다고 교묘히 빈정거리면서 저항했다. 국회의원들은 루앙 고등법원을 아주 오만불손하게 생각했다.

국회는 11월 9일 마네주에서 첫 회의를 연 날, 루앙 고등법원의 도전을 어떻게 물리칠 것인지에 대해 논의했다. 비고르 세네쇼세의 제3신분 대표인 바레르 드 비외작은 루앙 고등법원이 반역죄를 지었다고 말했다. 클레르몽 토네르 백작이 바레르의 안을 찬성했다. 데뫼니에는 이제까지의 규칙과 원칙을 좇아 국민의 이름으로 기소할 위원 네 명을 임명하자고 제안했다. 페티옹은 국회의장이 왕에게 가서 루앙 고등법원의 선동적인 명령을 단호히 금지해준 데 대해 감사해야 한다고 주장했다. 그 밖에도 여러 안이 나왔지만 그 문제는 다음 날 다시 논의하기로 했다.

11월 10일, 타르제는 루앙 고등법원의 명령이 국민의 주권을 침해하는 행위이므로 엄중하게 처벌하자는 안을 발의했다. 랑쥐네 의원은 "당장 휴가법정의 모든 기능을 정지하고 그 대신 일할 위원들을 임명하자"고 제안했다. 클레르몽 토네르 백작이 발언권을 얻어 루앙 휴가법정을 매섭게 꾸짖었다.

여러분, 이달 3일 국회는 모든 심급의 법원에 명령을 내렸습니다. 그리하여 모든 법원은 휴가 중이더라도 국회가 보내는 법을 등기부에 올려야 합니다. 만일 어길 때에는 직무태만과 독직의 죄로 기소할 것임을 국회는 분명히 했습니다. 그러나 노르망디(의 루앙) 휴가법정은 마치 자신들이 확실한 근거를 가지기라도 한 듯이 저항하고 있습니다. 여러분은 샤틀레 법원이 고등법원 인사들을 재판하지 못한다고 들으셨을 것입니다. 그러나 지금 샤틀레 법원은 베스발 남작, 랑베스크 공의 반역죄를 다루고 있지 않습니까? 샤틀레 법원은 모든 국민의 신뢰를 얻었습니다. 만일 여러분이 고등법원을 샤틀레 법원에 보내는 일을 두려워한다면, 알게 모르게 귀족의 특권을 옹호한다는 증거입니다.

이처럼 국회의원들이 노발대발하자 노르망디 지방의 루앙 고등법원 재판장이며 휴가법정의 재판장 자격으로 랑베르 드 프롱드빌 의원이 일어섰다. 의원들은 박수로써 그를 격려했다.

나는 집단정신이 공공정신에 굴복해야 한다는 사실을 압니다. 그러나 사람들이 갑작스럽게 변하기란 아주 어렵습니다. 나는 재판장이지만 휴가법정의 명령에 조금도 참여하지 않았으며, 그 명령을 국새경에게 보냈을 때야 비로소 휴가법정이 그러한 명령을 내렸는지 알았습니다. 휴가법정은 국회의 명령에 복종했습니다. 왕에게 충성한다는 증언이 아마도 무분별하게 보일지 모르고 잘못된 것일지 모르지만 표현이 오만할 뿐 죄를 찾아보기는 어렵습니다. 나는 말꼬리를 붙잡고 싸움을 걸고 싶지는 않습니다. 나는 오직 의원님들께 간청하려고 일어섰습니다.

프롱드빌은 눈물을 쏟을 듯한 어조로 호소했다. 그는 루앙 고등법원 법관들이 자기 지위와 존재이유를 잃는 현실에 당황해서 단지 의견을 발표했을 뿐 국회의 명령에 불복종하지 않았는데도 국회에서는 그들을 벌하려 한다고 말하면서 마침내 눈물을 쏟았다. 의원들은 거듭해서 박수로써 그를 격려해주었다. 그는 감정을 추스르고 나서 다시 한번 루앙 고등법원의 처지를 이해해달라고 읍소했다. 알렉상드르 드 라메트 의원은 프롱드빌 의원이 문제의 핵심을 교묘히 흐려놓는다고 비판했다. 바르나브가 뒤를 이었다.

만일 우리가 그의 연설을 인류애와 관련해서 생각한다면 한마디도 대꾸할 말이 없습니다. 그러나 등기권에 대한 위헌적인 원리에서 우리는 분명히 범죄행위를 봅니다. 등기권에 대한 유보조건을 온갖 미사여구를 동원해 설명한다 할지라도 결국 반역으로 나아가는 범죄를 구성할 뿐입니다. 그러므로 우리는 그 죄를 어떻게 기소해야 할지 형식을 결정하는 일만 남았습니다. 내가 보기에 이 범죄는 국가반역죄입니다. 그러므로 반역죄를 다룰 능력을 갖춘 법원으로 이 사건을 보내고, 위원들을 임명합시다.

이 말을 들은 랑베르 드 프롱드빌은 다시 우는 소리를 했다.

"휴가법정이 법령을 등기할 수는 있지만, 그것은 임시조치일 뿐입니다. 그리고 '아무런 전례를 남기지 않고'라는 말 때문에 휴가법정을 더욱 유죄로 취급해서는 안 됩니다. 게다가 휴가법정은 11월 6일의 명령을 인쇄하거나 벽보로 붙이거나 관할구역의 하급법원으로 보내지 않았습니다."

논란 끝에 타르제가 적절한 안을 발의했다.

국회는 루앙 고등법원의 휴가법정이 이달 6일에 결의한 명령을 왕의 명령으로 검토해본 결과 국민의 주권을 침해한다고 생각한다.

1. 왕은 그 휴가법정의 명령을 즉각 금지한다.

2. 국회는 이 법령을 보내서 휴가법정의 이름으로 결의한 사람들에 대해 기소할 것임을 알려주도록 한다.

3. 왕에게 간청하여 루앙 고등법원의 새 휴가법정을 임명하고, 이전 휴가법정과 같은 권한과 기능을 인정해준다. 그리하여 새 휴가법정은 이달 11월 3일의 법령을 무조건 등기하도록 한다.

이튿날인 11월 11일, 국회의장은 의원들에게 말했다.

"전하께서는 국회가 국민의 이름으로 감사한 내용에 만족하셨고, 새 휴가법정의 구성에 대해서는 고려해보겠다고 말씀하셨습니다."

루앙 고등법원은 국회가 왕을 업고 단호한 태도를 보여주자 납작 엎드렸다. 왕은 12일에 국회의장에게 편지를 보내 루앙 고등법원에 새 휴가법정을 구성하라고 명령했으니 이 사건을 더는 소추하지 말아달라고 부탁했다. 왕이 국회의 손을 들어주는 동시에 패배자들에게 관용을 베풀라고 명령하자 국회의원들은 박수로써 화답했다. 그러나 알렉상드르 드 라메트는 왕이야 관용을 베풀 수 있겠지만, 국회는 이번 사건을 올바로 심판할 때까지 관용을 미뤄두어야 한다고 주장했다. 중농주의자 뒤퐁 드 느무르는 "피정복자를 용서하라, 오만한 자를 짓눌러라!"라는 원칙을 적용해 이제 용서하자고 주장했다. 의원들은 토론 끝에 마침내 왕이 바라는 대로 더는 소추하지 않기로 했다.

메스 고등법원의 반발

메스 고등법원은 왕이 11일 국회에 보낸 편지가 고등법원을 관용하는 데 그치지 않고 용기를 북돋워주는 것으로 판단하고, 12일에는 국회가 11월 3일

제정한 법령과 왕의 재가를 인정하지 않는다는 결정을 내렸다. 16일에 왕은 회의를 열어 메스 고등법원의 결정을 무효화했고, 보르도 대주교이며 국새경인 샹피옹 드 시세는 국회에 그 사실을 통보해주었다. 그러나 국회는 17일 메스 고등법원의 결정에 대해 논의하기 시작했다. 미라보 자작이 먼저 발언권을 얻었다. 그는 형인 미라보 백작과 달리 반혁명적 성향을 보여주었고, 더욱이 진보 성향의 라파예트처럼 아메리카 독립전쟁에 참가했으면서도 반혁명의 기수였다.

그는 "순수하고 단순한 등기"와 "임시등기"의 차이가 무슨 대수냐고 말문을 연 뒤, 자유를 보장받지 못한 상태에 놓인 메스 고등법원에 법을 지키고 의무를 이행하라고 한 것은 잘못이라는 취지로 말했다. 그리고 루이 16세도 자유롭지 못한 상태에서 국회가 원하는 대로 법을 승인해주었으니 그 승인 자체가 무효라고 주장했다. 그의 말은 회의실을 발칵 뒤집어놓았다. 여러 의원이 그에게 발언을 취소하라고 떠들었다. 의장이 겨우 의원들을 진정시켰다. 미라보 자작은 아랑곳하지 않고 말을 이었다.

나는 국회도 자유롭게 의견을 말하고 결정한다고 생각합니다. 이 순간 여러분이 내게 보여주는 관심은 대부분의 의원 여러분과 나의 의견이 완전히 다르다는 확실한 증거라 하겠습니다. 그러나 여러분, 왕국의 모든 국경선에서 우리가 믿는 모든 진실의 증거를 다른 사람들이 믿지 않을 가능성이 없다고 생각하십니까? 여러분은 모든 지방에서 완벽하게 정확한 소식이 들어오지 않는다는 사실을 나보다 더 잘 아실 것입니다. 같은 장소에서 보고 들은 내용도 저마다 다르게 증언하는 일이 있습니다. 베르사유에서 대포를 앞세우고 왕에게 수도로 가자고 청했던 1만 5,000명을 지방 사람들은 군주를 납치한 무장대로 생각해서 고발하는 일이 일어날 수도 있습니다. 왕을 파리로 모셔가기 전에 일어난 끔찍한 일은 모두 수많은 음모의 결과라고 믿는 사람도 있습니다. 그러나 실제로 그것은 몇몇 도적떼가 따로 저지른 범죄에 지나지 않을 수도 있습니다.

다시금 회의장 안이 시끄러워졌다. 미라보 자작은 의원들이 조용해지기를 기다렸다가 다시 입을 열었다. 그는 타 지방 사람들이 왕과 국회가 파리 주민들에게 둘러싸여 자유롭지 못한 상황에서 모든 법을 제정하고 승인하는 것처럼 믿는다고 말하면서, 왕과 국회가 원칙을 공유한다는 점, 국회는 완전히 자유롭기 때문에 모든 인민은 입법부의 모든 결정과 법령을 마땅히 존중해야 한다는 점, 메스 고등법원과 왕국의 모든 법원이나 행정부도 왕의 재가를 받은 국회 법령을 즉시 무조건 등기해야 한다는 점을 널리 알려야 한다고 주장했다.

베포르와 위냉그 바이아주 의원 라비는 미라보 자작의 발언이 국회를 존중하지 않는 동시에 국회에 대해 나쁜 여론을 불러일으킬 우려가 있으니 3개월간 발언권을 제한해야 한다고 주장했다. 그러나 보수 성향의 카잘레스 의원이 자유발언권을 존중해야 한다고 옹호했다. 구피 드 프레펠른 의원은 자유와 방종을 구별해야 하는데, 미라보 자작은 왕과 국회 모두를 모욕했으므로 라비 의원의 제안을 토의할 것인지 물어보자고 제안했다. 로베스피에르는 미라보 자작의 연설을 인쇄해서 국회에 발언의 자유가 있음을 널리 알리는 증거로 삼자고 제안했다. 그러자 라비 의원이 다시 일어나 로베스피에르 말대로 인쇄하는 것만으로도 충분한 벌이라고 생각하기 때문에 자기 제안을 철회한다고 못을 박았다.

바르나브는 메스 고등법원의 명령은 혁명을 실패하게 만들려는 큰 틀에서 나온 것이라고 강조했다. 그는 메스 고등법원이 국민의 권리를 침해하고 인민을 선동할뿐더러 왕과 국회의 자유를 의심하고 모욕했다고 하면서 국회가 내린 모든 결정, 특히 인민이 집결했을 때 신중하게 내린 계엄령이야말로 국회의 자유에 대해 그 어떤 의심도 불러일으키기 어려운 증거라고 말했다. 그는 메스 고등법원이 국회의원들의 자유를 의심하고 반역자의 혐의를 씌웠으므로 법관들을 소환하자고 목청을 높였다.

바레르 드 비외작은 전제주의 시대에 고등법원이 유익하고 용감했기 때문에 그들의 저항을 높이 평가해야 하지만, 메스 고등법원의 사례를 본받는다면 자유를 불안하게 만들 수 있을 것이라고 말했다. 그는 루앙 휴가법정이 순순히, 무조건 등기한 데 비해 메스 고등법원은 국회의 법령과 왕의 재가에 대해 항의서를 곁들였음을 강조하면서 두 법원의 행태를 비교했다.

"루앙에서는 명령을 은밀하게 따로 결의해 군주에게 몰래 전달했습니다만, 메스에서는 인민에 대한 호소와 저항을 명령에 담아 등기부에 올렸습니다. 루앙 휴가법정에서는 단 여덟 명이 죄를 지었습니다만, 메스의 고등법원에서는 모든 사람이 죄를 지었습니다."

메스 고등법원 법관 출신인 피에르 루이 뢰데레 의원이 일어나 메스 고등법원의 명령이 비난받아 마땅하다고 설레발을 친 뒤 11월 3일 이후의 사건을 재구성하면서, 교묘히 메스 고등법원 법관들의 허물을 최소한으로 축소하려고 노력했다. 투렌 바이아주 의원 므누 남작은 뢰데레 의원이 그럴듯한 말로 감동을 주었지만, 메스 고등법원이 법을 만든 주권자와 그것을 집행하도록 승인한 군주를 모두 무시했으며, 그것은 "내란의 표시"라고 말했다. 결국 논란 끝에 국회는 "메스 고등법원 구성원 가운데 11월 12일의 결정에 참여했던 사람을 일주일 안에 소환"하기로 결의했다. 이 결의 내용을 알게 된 메스 고등법원은 몸을 낮추고 항복했다. 11월 28일, 메스 코뮌은 국회의장에게 메스 고등법원이 얼마나 후회하는지 정중한 편지로 설명하고 11월 21일에 메스 고등법원이 기록한 등기부의 사본을 후회와 복종의 증거로 첨부했다. 메스 코뮌 행정위원회도 국회의원들에게 메스 고등법원의 허물을 용서해달라고 정중하게 부탁했다. 국회의원들은 몹시 만족했고, 르 샤플리에가 제안한 안을 통과시켰다.

"국회는 메스 시민들의 바람을 존중해 11월 12일의 명령을 결의한 메스 고등법원 구성원들을 국회에 소환한 결정을 취소한다."

렌 고등법원의 반발

구체제 시대부터 브르타뉴 지방의 렌 고등법원은 왕권에 강력히 저항했다. 그 전통이 살아 있었기 때문인지 렌 고등법원은 11월 3일의 법에 가장 심하게 반발했다. 11월 29일, 낭트 시의 상임위원회는 렌 고등법원의 처사를 맹렬히 비판하면서 그 사실을 국회에 알리기로 결의했다. 이렇게 해서 국회는 낭트 시의 공식문서를 접수했고 12월 8일 회의에서 샤스뵈프 드 볼네가 그 공문을 낭독했다.

낭트 시는 브르타뉴(렌) 고등법원의 휴가법정이 국회와 왕의 권위를 무시하고, 휴가를 연장하도록 명령한 법을 등기하지 않는 극도의 무모한 태도를 보면서 놀라고 또 분노했습니다.
낭트 시는 국민의 대표들에게 다시 한번 존경심을 표현하며, 국회가 제정한 법에 복종할 것을 확실히 천명합니다. 우리는 브르타뉴(렌) 고등법

원의 선동을 소리 높여 규탄하며, 너그러운 주민들은 용기를 내서 국회
가 제정한 법을 유지하는 데 힘쓰겠습니다.

생 장 당즐리의 레뇨 의원은 과연 렌 고등법원이 문제의 법을 등기부에
기재했는지 뒤늦게나마 조사할 필요가 있다고 전제한 뒤, 의장이 조사 내용
을 국회에 보고하도록 하자고 제안했다. 12월 14일, 의장은 조사 결과를 담
은 국새경의 편지를 받았다. 렌 고등법원의 휴가법정은 11월 3일 모든 고등
법원의 휴가를 연장한다는 왕의 선언을 그대로 이행하지 않겠다고 했다는
것이다. 15일에 국회는 이 문제를 본격적으로 논의하기 시작했다. 먼저 르
샤플리에 의원이 발언했다. 그는 렌 휴가법정은 루앙과 메스의 경우보다 더
오만하다고 목청을 높였다. 왕이 고등법원에 내린 명령을 두 번이나 거절하
고, 세 번째에는 11월 3일의 법이 맡긴 임무를 수행할 수 없다고 분명히 답
변했다는 사실을 지적하면서, 그것은 그들이 국회의 법과 왕의 명령에 대해
심사숙고해서 노골적으로 복종하지 않기로 한 증거라고 비판했다. 그는 낭
트 시민들이 바라는 대로 임시법원을 설치하는 안을 제안했다. 샬롱 쉬르 마
른의 프리외르 의원은 르 샤플리에가 제안한 안에 원칙적으로 동의하면서도
공공질서를 확립하려면 조금 더 강도 높은 안이 필요하다고 강조했다. 그러
고 나서 그는 렌 고등법원 휴가법정의 구성원들을 소환해 진상을 파악하고,
그들이 자신들의 행위를 정당화하지 못할 때에는 샤틀레 법원에 세워야 한
다고 말했다.

로베스피에르가 일어나 르 샤플리에 의원을 지지한다고 말하면서도 그
의 안에 "인민이 자유롭게 새 구성원들을 뽑는다"는 구절을 넣어달라고 요
청했다. 일부 의원이 "아니오, 그것은 사실과 다릅니다"라고 외쳤다. 그동안

미라보 자작이 연단에 올라서서 차례를 기다렸다. 의장은 자작에게 연단을 떠나라고 했지만, 자작은 꿈쩍하지 않고 발언권을 달라고 고집을 피웠다. 회의실은 오랫동안 소란스럽다가 가까스로 분위기를 가라앉혔다. 엑스 세네쇼세의 평민 의원 부슈는 물의를 빚은 미라보 자작을 8일 동안 회의장에서 쫓아내야 한다고 주장했다. 바르나브는 국회의원들에게는 이러한 벌을 내릴 권리가 없다고 하더니 연설자가 반성할 수 있도록 단지 회의에 참석하지 못하게 하자고 제안했다.

사람들은 그에게 평소 폭언intempérance de langage과 폭음intempérance을 하던 습관에 걸맞은 '술통 미라보(미라보 토노Mirabeau-Tonneau)'라는 별명을 붙여주었다. 알렉상드르 드 라메트는 미라보 자작의 이름을 회의록에 기록하고, 그에게 어떤 벌을 내릴지에 대해서는 다음 토요일(12월 19일) 저녁에 토의하자고 제안했다. 국회가 그 내용을 결의하자 곧 미라보 자작은 큰 소리로 저항했다. 다시 한번 회의장이 소란스러워졌다. 랑베르 드 프롱드빌 의원은 미라보 자작을 용서하자고 말하면서, 토요일까지 처벌 논의를 미루자고 결정한 것을 취소하고 예정대로 의사일정을 다루자고 제안했다. 라로슈푸코 리앙쿠르 공작은 미라보 자작의 행위를 의회기록에 분명히 남기자고 했다. 므누 남작이 역설적으로 말했다.

"미라보 자작에게 우리가 베풀 수 있는 가장 아름다운 은혜는 그가 냉정하지 못하다는 사실을 믿어주는 것입니다."

의원들은 다시 렌 고등법원 사태에 대해 토론을 시작했다. 미라보 자작이 또다시 말했다.

"보고위원회가 가진 문서 중에는 렌 고등법원의 휴가법정을 정당화해주고 재판장이 혼자서 왕에게 답변했음을 보여주는 증거가 있습니다."

미라보 자작은 16일에 그러한 문서를 공개한 뒤 문제를 논의하자고 제안했다. 우리는 미라보 자작이 끈질기게 특권층을 대변하는 모습을 계속 보고 있다. 그는 파리에서 태어났고, 리모주 세네쇼세의 귀족 대표로 전국신분회에 나간 뒤, 세 신분 대표들이 함께 회의를 하는 데 반대했을 뿐 아니라 8월 4~11일의 특권폐지 결정에도 반대했다. 나중에 그는 왕당파 신문인 『사도행전』을 발간하는 데 참여할 만큼 구체제에 대해 미련을 버리지 못했다.

낭트 세네쇼세 평민 의원인 지로 뒤플레시스가 르 샤플리에의 안대로 가자고 말한 뒤, 캉브레지 귀족 에스투르멜 후작이 의미 있는 얘기를 했다.

"브르타뉴의 옛 법 때문에 고등법원이 잘못을 저지르게 되었음이 분명합니다. 그곳 법관들은 옛 법과 최근의 법 사이에서 혼란을 겪고 있습니다. 그러니까 왕에게 간청해 고등법원에 편지를 써서 휴가법정의 법관들을 교체하라고 합시다."

일부 의원이 논의를 다음으로 연기하자고 요청했지만, 결국 뢰데레 의원이 발의한 내용대로 결정하고 회의를 마쳤다.

"이 법이 나온 뒤 15일 안에 렌 고등법원 휴가법정의 법관들은 국회에 출두해야 하고, 왕에게 간청해 렌 고등법원에서 다른 법관들을 뽑아 새로 휴가법정을 구성하도록 한다."

1790년 1월 8일 금요일 오후 2시, 국회와 왕의 권위에 도전했던 렌 고등법원 휴가법정의 법관들이 국회에 출두했다. 그들은 모두 귀족이었다. 그들을 보려고 파리 사람들이 마네주로 몰려들었다. 의장은 그들에게 말했다.

국회는 왕국 안의 모든 법원에 보낸 모든 법을 즉시, 아무 조건도 없이 등기부에 전재하도록 명령을 내렸습니다. 그럼에도 당신들은 귀 고등법원의 휴가를 연장한다는 법령의 등기를 거부했습니다. 이러한 행위에 국회는 몹시 놀라서 그 동기를 알려달라고 여러분에게 명령했습니다. 어떻게 법의 집행을 정지할 수 있습니까? 어떻게 법관들이 복종의 본보기를 보여주지 않습니까? 말씀해보세요. 가장 중요한 문제만큼 가장 사소한 문제에도 공정한 국회는 여러분의 말씀을 듣고자 합니다. 설사 입법부의 원칙이 엄격하다고 생각한다 할지라도 여러분은 언제나 자식을 용서할 준비를 갖추었고, 자식이 잘못했다 할지라도 오직 정신적 방황과 단순한 잘못만을 보려고 노력하는 조국의 어버이 앞에 서 있다는 사실을 잊지 마십시오.

태어난 지 반년 밖에 안 된 국회가 5세기의 전통을 가진 고등법원을 자식처럼 어르는 모습에서 혁명이 문화적으로 얼마나 급격한 변화를 가져오는지 엿볼 수 있다. 의장의 말을 들은 뒤 옛 휴가법정의 재판장 라 우세는 준비해온 연설문을 꺼내 읽었다. 11월 3일에 왕이 재가한 법을 따르라는 명령을 받았을 때 렌 고등법원 법관들은 뿔뿔이 흩어져 있었기 때문에 휴가법정을 제대로 구성하지 못했다. 법관들은 제각기 시골에서 휴가법정을 구성하라는 명령을 받았기 때문에 11월 23일에야 겨우 모였고, 그때 검찰총장 대리가 11월 3일의 법을 전달해주었다. 그러나 그들은 왕이 재가한 법을 오직 법원 명령으로 등기부에 올릴 수 있을 테지만, 휴가법정을 제대로 구성하지 못했기 때문에 쉽지 않았다. 더욱이 브르타뉴 지방의 모든 권리를 지키겠다고 맹세한 그들로서는 그 권리를 부정하는 왕의 명령을 도저히 받들 수 없었다. 라 우세는 그 이유를 브르타뉴 지방의 독특한 역사와 전통에서 찾았다.

"브르타뉴의 안Anne de Bretagne(1477~1514)이 샤를 8세와 결혼하고, 또 루이 12세와 결혼했을 때, 그리고 1532년 반Vannes에 모인 브르타뉴 사람들이 브르타뉴 공작령을 프랑스 왕국에 통합하는 데 동의했을 때, 그들은 엄숙한 계약으로써 옛날부터 지키던 권리를 보장받았습니다. 우리는 2년마다 계약을 새로 맺고 렌 고등법원의 등기부에 기록했습니다. 마지막 계약은 1789년 3월에 특허장의 형식으로 갱신되어 등기부에 올랐습니다."

이런 역사와 전통 때문에 브르타뉴 사람들은 왕과 그 대리인들이 명령을 내릴 때 당당히 저항할 수 있었다. 그들은 지방신분회를 유지하고 있었기 때문에 중앙정부의 명령에 맞설 수 있었다. 또한 그들은 면책권을 특권이 아니라 정당한 권리라고 생각했기 때문에 왕에게 맞섰던 것이다. 이런 이유로 렌 고등법원이 지방신분회의 동의를 받지 않고 국회가 제정한 법을 등기할 수 없었던 것이다.

파리 성직자 대표이며 국회의장인 몽테스키우 신부는 라 우세에게 "국회는 의견을 신중히 검토한 뒤에 결과를 알려주겠다"고 말했다. 렌 고등법원 법관들이 나간 뒤 르 샤플리에가 렌 고등법원이 말한 내용에서 틀린 사실부터 바로잡자고 제안했고 미라보 자작도 발언권을 신청했다. 그러나 의장은 다음 날 계속 토의하자고 하면서 회의를 마쳤다.

1월 9일에 미라보 자작은 아주 오랫동안 연단을 차지하더니 마지막에는 렌 고등법원 휴가법정의 법관들이 국회가 제정한 법을 등기하지 못한 이유가 순수한 동기 때문이었음을 인정해주는 명령을 내리자고 제안했다. 르 샤플리에가 연단에 올랐다. 르 샤플리에는 렌에서 태어나 법학을 공부하고 변호사 노릇을 하다가 제3신분 대표로 국회에 나간 뒤 특권층을 계속 공격했다. 그는 렌 고등법원의 휴가법정이 변명만 늘어놓았음에도 여러 사람이 그들을 옹호한다고 비판했다. 그는 자기 고향의 고등법원 휴가법정의 재판장이 했던 변명을 조목조목 반박하면서 귀족들에 대한 반감을 함께 드러냈다.

의원들은 미라보 자작과 르 샤플리에의 연설을 하나로 묶어 인쇄하기로 결정했다.

1790년 1월 9~16일자 『파리의 혁명*Révolutions de Paris*』에서는 "브르타뉴 귀족들은 논리보다는 자기네 당파의 은밀한 재원을 더 소중히 여겼다"고 하면서, 라 우세가 읽은 성명서의 내용은 거짓이라고 조목조목 반박했다. 국회는 사법체계를 정비해 새 프랑스를 만들려고 노력하고, 여론을 반영하거나 이끄는 신문은 특권을 놓지 않으려고 노력하는 보수적인 고등법원의 주장을 반박했지만, 고등법원들은 끈질기게 저항했다. 마침내 2월 6일, 국회는 렌 고등법원의 휴가법정 판사들이 행사하던 능동시민의 권리를 정지시키기로 하면서 판사들에게 심한 굴욕감을 안겨주었다.

고등법원의 폐지법과 그 후

결국 1790년 9월 6일에 새로운 사법체계를 조직하는 법을 만들 때 고등법원을 폐지한다고 못을 박았다. 그러나 법이 나온 뒤에도 여러 고등법원이 계속 반발했다. 1790년 10월 5일, 국새경은 국회에 간단한 의견서를 보내 고등법원 문제를 논의했다. 루앙, 보르도, 두애, 낭시, 그르노블, 툴루즈의 고등법원들의 휴가법정과 콜마르의 상급법원은 이미 옛날의 사법체계를 모두 폐지한다는 법령을 수령했고 루앙과 보르도, 두애, 낭시의 휴가법정은 마지못해 등기부에 기록했지만, 그르노블 고등법원의 경우, 왕의 대소인이 여러 번 찾아갔으나 한 사람도 만나지 못한 상태라고 했다. 그르노블 고등법원은 법령을 수령하지 않는 방법으로 곤혹스러운 상황을 면하고자 했던 것 같다.

툴루즈 고등법원의 휴가법정은 노골적으로 반발했다. 그들은 9월 25일에 내린 포고령에서 저항의 의사를 분명히 했다. 그들은 프랑스 왕정이 이제 해체될 순간이 되었으며, 이런 식으로 나가다가는 아무런 흔적도 남기지 않고 사라질 것이라고 우려했다. 혁명 전야에는 왕국의 기본법을 지키면서 왕에게 맞서던 고등법원이 이제는 자신들이 사라지면 왕정도 해체될 것이라고 주장했다. 그리고 전통에 뿌리내린 법원들은 이제 존경받지 못하는 상황임을 한탄한 뒤, 전국신분회 대표들은 오직 고등법원이 앞장서서 막으려 노력했던 국고의 탕진을 방지하려고 모였음에도 그 대표들은 유권자들이 맡긴 임무를 저버리고 헌법을 바꾸려 한다고 꾸짖었다. 만일 그들이 사법체계를 바꾸려 한다면 먼저 유권자들이 맡긴 임무부터 바꿔야 할 것이라고 주장했다. 그들은 랑그도크 지방의 여러 선거구에서 보낸 진정서를 인용하면서 그 지방민들이 툴루즈 고등법원을 그대로 유지해주기를 바라고 있다고 강조했다. 또 종교인들은 오래전부터 누리던 재산을 모두 빼앗겼으며 귀족은 진정한 군주정을 위해 이미 모든 권리와 자격을 빼앗겼다고 말한 뒤, 종교가 거의 파괴될 지경인 이 상황에서 설사 새로운 사법질서를 세운다 해도 인민에게 세금의 짐을 더욱 가중시킬 뿐이라고 주장했다.

이 같은 툴루즈 고등법원 휴가법정의 주장에 대해, 로베스피에르는 그들이 멸시받을 만한 포고령을 내렸다고 주장하면서 이렇게 물었다. "그렇다면 왜 국새경이 서둘러서 국회에 이러한 사실을 알렸을까요?" 그는 국새경이 툴루즈 고등법원의 포고령을 국회에 넘겨주면서 오히려 교묘하게 그들의 이익을 대변하고 있다고 분석했다. 한마디로 툴루즈 고등법원은 행정부와 한통속이 되었다고 말했다. 그 말을 듣고 우파 의원들이 한참 웅성거렸다.

파리 고등법원의 휴가법정을 이끌어간 로장보는 1790년 10월 14일, 국회의 명령에 대한 항의서를 작성해 판사 열네 명의 서명을 받았다.

우리는 왕권의 안정, 국가의 영광, 모든 신분과 계급의 시민들의 행복을 위해 군주정의 폐허 속에도 수세기 동안 군주정을 지배한 원칙을 보존하는 일이 중요하다고 생각합니다. 그리고 온갖 상황에서 휴가법정의 법관들은 왕국의 제일 중요한 법원의 일부로서 우리가 (지난해) 11월 5일 국가 헌법과 법률을 해치는 시도에 대해 작성한 항의를 다시 한번 강조하면서, 우리만이 모든 왕족과 대귀족과 법관들의 불만을 잠재울 수 있다고 생각합니다. 또한 우리는 이제까지 우리가 등기부에 전재한 여러 가지 법령을 승인할 의사가 전혀 없었으며, 비록 전재했다 하더라도 그것은 고등법원이 개원할 때마다 거듭 강요당했기 때문이었음을 밝힙니다.

항의서에 서명한 판사들은 국회를 아직도 전국신분회라고 부르고, 그것을 구성하는 세 신분 모임이 내린 결정을 전 국민의 바람으로 인정할 수 없다고 주장했다. 국회가 모든 면에서 새 체제를 만들어가고 왕과 비슷한 힘을 기르는 1790년 후반에 파리 고등법원 판사들의 절규는 애처로웠다.

"전국신분회는 멋대로 국회라고 자칭하면서 유권자들이 준 위임장에서 분명히 표현한 내용을 어기고 권한을 남용했습니다. 그들이 위임받은 권한은 국가의 빚을 갚고, 조세평등을 실천하여 필요한 경비를 마련하고, 행정의 분야를 현명하게 개혁하는 일이었습니다."

그럼에도 국회는 종교인의 재산을 빼앗아 종교를 업신여기도록 만들고 모든 종류의 재산권을 침해했으며 나라를 지탱하는 중요한 신분인 귀족을 보잘것없는 존재로 만들었다. 또 왕의 위엄을 훼손하고 왕의 권위를 공격해 한낱 헛된 유령 같은 존재로 만들었다. 끝으로 군주정의 진정한 원리를 파괴할 만큼 혼란을 조장하면서 권력을 남용했다는 것이다. 파리 고등법원 판사들은 이처럼 자신들의 싸움을 종교인과 귀족, 그리고 왕의 싸움으로 만들려는 속셈이었다. 그러나 너무 늦었다. 그것은 마지막 저항이었고, 또 실제로 로장보는 항의서를 제때에 제출하지 못했다. 9월 6일의 법을 근거로 지방 고등법원은 9월 30일에 폐지되었으며 파리 고등법원은 바로 10월 15일에 폐지되었기 때문이다. 로장보는 가족과 장인과 함께 훗날 공포정 시대에 반혁명 혐의로 처형되었다. 그때 로장보가 주동해서 작성한 항의서가 세상의 빛을 보았다. 고등법원이 1789년 이후 1년 동안 제대로 힘을 쓰지 못한 이유는 어디 있는가? 제3신분이 수적으로 우세한 상황에서 국회를 선포했고, 여론을 등에 업고 왕과 세력균형을 조금씩 깨나가는 상황에서 국회가 휴가법정으로 고등법원의 활동을 제압했기 때문이다. 고등법원은 귀족들이 외국으로 망명을 떠났기 때문에 지지세력을 많이 잃었고 마침내 1790년 10월 중순에는 5세기 남짓한 전통이 끊어지게 되었다.

5
성직자 시민헌법

먼저 이 장의 제목에 대해 설명하고 지나가자. 우리나라 학자 가운데 '성직자 시민헌법Constitution civile du clergé'을 일본처럼 '성직자 민사기본법'이라고 번역하는 사람들이 있다. 두 나라 학자들이 합의하지 않았는데, 한자어 표기가 같은 번역어를 쓰는 것은 어느 한쪽이 자발적으로 지적 예속상태에 들어갔다는 뜻이다. 아무튼 이 법의 번역에는 아쉬운 부분이 있다. 먼저 'civile'은 '민사의' 또는 '민간의'를 뜻한다. 그러나 우리는 '민사정부'보다 '민간정부'를 좀더 익숙하게 쓴다. 그리고 '시민의'라는 뜻도 생각할 수 있다. 우리는 '시민사회société civile, civil society'라는 말을 쓰기 때문이다. 이 헌법도 프랑스 혁명으로 탄생한 시민사회에 종교인을 편입시키는 법이기 때문에 '형사의'와 함께 쓰는 '민사의'라는 말보다는 '시민의'라는 말이 자연스럽고 적합하다. 그리고 이 '헌법'은 1791년에 나오게 될 헌법에 들어갈 예정이었다. 파리 출신 제3신분 루이 시몽 마르티노 의원은 1791년 4월 21일 회의에서 분명히 말했다.

"의원 여러분께서 종교위원회에 맡긴 일은 우리가 프랑스 제국에 제정해 줘야 할 헌법에서 아주 중요한 부분입니다."*

이 법을 '성직자 민사기본법'이라고 옮긴 사람은 사료를 제대로 검토하지 않고, 이것이 '헌법'일 리 없다는 전제하에 사전에서 다른 뜻을 찾다가 '기본법'이라는 알 듯 모를 듯한 개념을 찾아낸 것이라고 추측할 수 있다. 그러나 제헌의원들은 이 법을 당당히 '헌법'으로 생각했음을 마르티노 의원의 말에서 확인했으므로 이제부터는 '성직자 시민헌법'을 제정하는 과정에 대해 알아보기로 한다.

국회는 1789년 8월 12일에 '종교위원회comité des affaires ecclésiastiques'를 설치하고, 20일에 위원 열다섯 명을 임명해 종교적 구체제를 벗어버리는 작업을 시작했다. 오툉의 주교로 전국신분회에 나간 귀족 성직자 탈레랑은 일찍부터 제3신분과 뜻을 같이하면서 비교적 진보 성향을 보여주었다. 제1부 5장

---

* Archives parlementaires t. 13, p. 166. Messieurs, le travail dont vous avez chargé votre comité ecclésiastique n'est pas la partie la moins iportante de la constitution que vous devez à l'empire français. 중요한 개념이 나오는 맥락을 모른 채 사료를 보지 않고 사전만 가지고 번역할 때 '헌법'을 '기본법'으로 옮길 수 있다.

"교회 재산의 국유화"에서 살펴봤듯이 그는 10월 10일에 위원회를 대표해 종교인의 재산을 국유화하는 방안을 제출했다. 국회는 그 재산을 바탕으로 채권인 아시냐를 발행했다. 1790년 2월 5일, 클레르몽의 주교인 트렐라르는 종교위원회의 이름으로 다음과 같이 요구했다.

나는 국회에 세 가지 법안을 제안합니다.

첫째, 위원회의 위원을 열다섯 명 증원시켜주십시오. 현재 인원으로는 수십만 가지 요구사항을 철저히 분석할 수 없습니다. 각 지방정부와 통신하면서 이러한 행위를 통제하기란 불가능합니다.

둘째, 열다섯 명은 국회 전체 명단에서 투표로 뽑도록 합니다.

셋째, 성직록을 가졌거나 성직록을 근거로 은급을 받는 사람 또는 성직자 전반과 주교구의 재산관리 명목으로 은급을 받는 사람들은 모두 지방정부에 자신의 직위, 성직록의 수, 은급에 대해 신고하고 2주일 안으로 국회에 그 결과를 보고하도록 합니다. 이 법을 어기는 사람의 성직록과 은급을 무효로 합니다.

국회는 트렐라르의 안을 논의하면서 기한을 수정하고 단서조항을 달았다. 이틀 뒤 국회는 추가 위원 열다섯 명을 뽑았다. 여기서 눈여겨볼 만한 것은 종교위원회를 열다섯 명으로 발족했는데, 반년 만에 서른 명으로 늘려야 할 정도로 프랑스의 가톨릭교를 국가가 통제하는 일이 힘겨웠다는 사실이다. 가톨릭교가 지배하던 문화를 새로운 시민사회의 질서에 편입시키는 일은 아주 힘겨웠다. 날마다 예상치 못한 문제가 자꾸 일어났기 때문이다.

2월 13일, 국회는 중요한 개혁을 단행했다. 그것은 15만 명이나 되는 남녀 수도사의 운명에 관한 개혁이었다. 그날 의원들은 가톨릭교가 국교인가 아닌가 결정하자는 낭시 주교의 제안을 놓고 한바탕 설전을 치른 뒤 수도원을 폐지하는 문제에 대해 다시 토론을 벌였다. 1755년 제르의 마르상 성에서 태어나 메냥 신부를 가정교사로 두고 배우다가 열한 살에 삭발례를 치르고 파리 생쉴피스 신학교에 들어갔다가 소르본 신학부를 졸업한 뒤 1770년 부아즐랭 예하의 보좌관, 그리고 1782년 랑그르 주교구 볼리외 수도원장을 지낸 프랑수아 사비에 드 몽테스키우 신부는 박수를 받으면서 연단에 올랐다.

> 나는 여러분의 판단에 영향을 미칠 격언을 상기시키겠습니다. 하느님의 것은 하느님에게, 황제의 것은 황제에게. 우리는 사회가 수도자 단체에게 어떤 권한을 가지고 있는가 하는 점을 가장 먼저 검토해야 합니다. 서원이란 무엇입니까? 서원은 인간이 영원한 신과 자기 양심에게 자신이 선택한 종교단체에서 한결같이 살겠다는 약속입니다. 현재 서원한 수도자들이 존재합니다. 법이 서원을 인정하고 허락했기 때문입니다. 서원을 막을 수 있을까요? 그렇습니다. 사회는 원하는 것을 할 수 있으니까요. 그렇다고 해서 사회는 이미 이룬 서원을 깰 수 있습니까? 아닙니다. 그 서원은 법의 보호를 받아 행한 것이기 때문입니다. 그러므로 나는 종교인들에게 이렇게 말할 것입니다. 만일 교단을 떠나고 싶으면 떠나시오. 머물고 싶다면 머무시오. 왜냐하면 당신의 서원은 계약이기 때문입니다. 그리고 내겐 당신의 계약을 깰 힘이 없습니다.

이렇게 말하고 나서 그는 "법은 이제부터 남녀 수도사의 엄숙한 서원을 인정하지 않는다. 현재 수도원에 사는 남녀 종교인이 교단을 떠날 때 법은 조금도 방해하지 않는다. 수도원에 남고자 하는 사람들은 자유롭게 남을 것이다. 각 도의 의회는 수도사 신분을 유지하려는 사람들에게 가장 적합한 수도원을 선택해줘야 한다. 수녀의 경우는 예외로 현재 살고 있는 수녀원에 계속 머물 수 있다"는 안을 제출했다. 그 밖에도 여러 명이 법안을 제출했지만, 몽테스키우 신부와 바르나브의 안이 가장 많은 지지를 받았고, 두 안을 놓고 의견을 물은 결과, 신부의 안을 선택해 토론을 진행한 뒤 마침내 법안의 3개 조항을 그날 통과시켰다. 그리고 18일에 제4조, 19일에 제5조와 6조, 20일에 제7조를 통과시켰다. 그 가운데 일부만 추려보면 다음과 같다.

제1조. 법은 이제부터 남녀 누구나 수도자가 되고자 하는 사람의 엄숙한 서원을 인정하지 않는다. 따라서 이러한 서원을 하는 성대서원 수도회와 단순서원 수도회*는 장차 비슷한 제도를 확립할 때까지 프랑스에서 모두 폐지한다.

제2조. 수도원과 수녀원에 사는 남녀 수도자는 그 지방 자치정부에 의사를 밝힌 뒤 그 집에서 떠날 수 있으며, 그에 합당한 연금을 받아 생활할 수 있다.

교단을 떠날 의사가 없는 수도자는 지방정부가 지정한 수도원에 모여 살아야 한다.

---

* 가톨릭 대사전을 참고하면 성대서원은 '오르도Ordo'라 불리는 수도회에 입회하는 자가 하는 서원이며 항상 종신서원이 된다. 단순서원은 '콩그레가시오Congregatio'라 불리는 수도회에 입회하는 자가 한다. 성대서원의 경우 서원한 사실을 어길 시에 그 행위는 불법이면서 동시에 무효로 되며, 단순서원의 경우에는 불법이긴 하지만 그 행위를 무효화시키는 효력을 갖지는 않는다.

현재 공공교육과 자선행위를 실천하는 수도원은 국회가 따로 제도를 마련할 때까지 그대로 둔다.

제3조. 수녀는 현재 사는 수녀원에 계속 머물 수 있다. 여러 수도원의 수도자들을 한곳에 모으는 조항에서 여성 수도자는 예외다.

제4조. 수도원을 떠나는 탁발수도회 수도자들에 대한 연금은 여타 수도회 수도자들과 다르게 책정한다.

3월 21일, 타르제는 헌법위원회의 이름으로 국회가 그때까지 한 일과 앞으로 할 일을 정리해 보고했다. 그는 헌법위원회가 매주 목요일과 금요일에는 종교문제와 십일조를 대체할 세금문제를 토의하기로 결정했다고 말했다. 4월 9일 금요일, 샤세는 십일조위원회의 이름으로 십일조를 대체하는 안을 보고했다. 십일조위원회는 재정위원회, 종교위원회, 농상위원회, 세무위원회에서 각 한 명씩 뽑아서 만든 위원회였다. 십일조위원회는 무엇보다도 종교인들이 떳떳하게 보수를 받고 종교인으로서 할 일만 하는 방안을 생각했다. 그러나 십일조위원회는 이 문제를 홀로 결정하기 어려웠다. 왜냐하면 종교위원회는 3개 분과 가운데 한 분과에 종교인의 조직과 보수문제를 다루도록 했기 때문이다. 결국 이 분과가 마련한 안을 십일조위원회가 채택하게 되었다. 그렇게 해서 종교위원회의 한 분과가 결정한 내용과 십일조위원회가 결정한 내용을 종합한 결과는 앞으로 7월 12일에 나올 '성직자 시민헌법'의 모습을 거의 갖추고 있었다. 83개 도에는 주교나 대주교를 한 명씩만 둔다든지 파리 대주교의 연봉, 그 밖의 대소 도시의 주교나 대주교의 연봉뿐만 아니라 사제들의 연봉까지 어느 정도 결정했다. 4월 14일의 "교회 재산, 십일조, 종교예식의 요금, 제단의 관리에 관한 법Administration des Biens Ecclésiastiques, *dîmes, frais du culte. Entretien des ministres des autels*" 12개조가 통과되기 전까지 국회의원들은 온갖 설전을 벌였다.

한 예로 4월 12일에 리옴 세네쇼세 성직자 대표인 제를의 발언이 문제가 되었다. 샤르트뢰 수도회 소속 제를은 종교위원회가 마련한 안을 읽었는데, 거기에는 가톨릭을 국교로 하자는 안이 들어 있었다.

"국회의 모든 위원회가 편파적이라고 말하는 사람들이 있습니다. 그러나 나는 종교위원회는 전혀 편파적이지 않다고 분명히 말합니다. 국회는 종교를 원치 않는다고 말하면서 비방하는 사람들이 있고, 또 국회는 프랑스에서 모든 종교를 인정하지 않는다고 두려워하는 사람들이 있는데, 우리는 그들이 입을 다물도록 로마 가톨릭교는 영원히 국교이며 그 숭배만을 인정한다는 법을 제정해야 합니다."

우파 의원들이 열렬히 환영했다. 그러나 여러 의원이 반대했다. 국회는 곧 걷잡을 수 없을 정도로 질서를 잃었다. 의원들은 그 문제를 이튿날 표결에 부치기로 하고 해산했다.

그날 저녁, 성직자와 귀족 중 왕당파 의원들이 국회와 가까운 곳에 있는 생토노레 거리의 카푸친회 수도원 건물에 모였다. 원장신부 모리, 카잘레스, 레이노 드 몽로지에, 미라보 자작, 비리외 백작, 뒤발 데프레메닐, 푸코 라르디말리 후작, 툴루즈 대주교 퐁텐, 낭시 주교 라파르, 원장신부 라로슈푸코 리앙쿠르 공작 같은 거물급을 주축으로 종교문제에 대해 걱정하고 토의했다. 몽로지에는 13일 국회에서 할 일에 대해 말했다.

"우리는 아침 9시에 회의실에 모입시다. 우리 가운데 단 네 명, 모리 신부, 카잘레스, 미라보 자작, 몽로지에만 발언할 것입니다. 네 사람은 가톨릭교, 다시 말해 이 세상의 보편종교가 프랑스의 국교임을 분명히 하는 법을 발의해 통과시키는 데 힘쓸 것입니다."

그들은 법안을 통과시키려고 모든 토론을 차단한다는 계획도 세웠다. 더욱이 그들은 국회의원들이 제를의 안을 사실상 거부했으므로 엄숙히 항의서를 작성해 왕에게 올리자고 의논했다. 물론 그 항의서는 곧 인쇄해 파리와 전국에 널리 퍼뜨리기로 했다. 모리 신부가 말했다.

"만일 왕이 하늘에 대한 논쟁에 참여하기를 거부한다면, 또 만일 왕이 하느님에게 종교문제를 맡긴다면, 우리는 모든 지방에 글을 써서 우리를 지배하는 군주가 얼마나 유약한 분인지 알려야 합니다."

그들이 모인 곳에서 멀지 않은 자코뱅 클럽에서도 회원들이 모여 열띤 토론을 벌였다. 국회에서 가톨릭을 국교로 하자고 제안했던 수사 제를도 회원이었기 때문에 참석해서 자기가 섣불리 안을 발의했다는 사실을 뉘우쳤다. 그는 다음 날(13일) 회의에서 안을 철회하겠다고 약속했다. 그러나 제를의 행동은 파리 주민들에게 다시 한번 혁명의 명분을 생각하게 해주었고 애국심을 부추겼다. 그들이 토론하는 동안, 카푸친회 수도사가 푀양 구위원회에 '검은 사람들les noirs(왕당파)'이 모여 음모를 꾸민다는 사실을 알리고, 구위원회는 곧 시장과 치안위원회에 보고했다. 이튿날부터 이 소문이 퍼졌고, 파리 주민 사이에는 귀족의 음모를 밝혔다는 소식을 전하는 유인물("카푸친회 수도원의 모임. 새로운 음모 밝힘Assemblée des aristocrates aux Capucins. Nouveau complot découvert")이 나돌았다. 국회에서는 투렌 바이아주 출신의 므누 남작이 제를의 안보다 좀더 합리적인 안을 제안했다. 므누 남작은 자기가 로마 가톨릭을 유일한 종교로 받아들인다는 사실을 전제로 이야기를 시작했다.

"내 양심과 의견은 오직 내 것이며, 나는 내가 숭배하는 하느님에게만 양심과 의견을 바칩니다. 그러므로 그 어떤 법, 정부, 사람이라도 양심의 문제에 대해 내게 아무런 영향도 끼칠 수 없습니다. 어떤 사람도 내 의견을 혼란스럽게 해서는 안 되듯이, 나 또한 다른 사람의 종교적 의견을 혼란스럽게 해서는 안 됩니다.

이러한 원칙은 여러분이 만든 인권선언문에 엄숙히 나타나 있습니다. 인권선언문은 모든 사람이 시민권을 누리고 정치적으로 또 종교적으로 평등하다고 했습니다. 그러므로 내가 존중하는 종교라고 해서 내 나라의 지배적인 종교로 만들고 싶어하는 것이 바람직한 일입니까?

나는 이렇게 발의합니다.

국회는 최고존재를 존중하고 로마 가톨릭교를 존중하며 국가가 받아들일 유일한 종교라는 이유로써 종교문제를 마음대로 결정할 수 있다고 생각하지 않는다."

국회의 다수 의원은 므누 남작처럼 생각했다. 제를도 므누 남작의 의견이 합리적이기 때문에 자기 안을 철회한다고 분명히 말했다. 제를은 이처럼 적절한 명분을 찾았고 전날 밤 자코뱅 클럽에서 자기 안을 철회하겠다고 약속한 대로 행동했다. 그리고 국회는 논란 끝에 '국교에 관한 법Religion de la Nation'을 통과시켰다.

"국회는 개인의 양심과 종교적 의견에 대해 어떠한 권한도 갖지 않았고 또 가질 수도 없다고 생각한다."

국회의 소수파 의원들은 14일 저녁 생토노레 거리의 카푸친회 교회에 다시 모였다. 엑스의 대주교 부아즐랭 드 크뤼세가 회의를 이끌었다. 그들은 가톨릭교를 국교로 삼지 않는 국회의 법을 규탄하는 항의서를 작성하고 종교인 144명, 귀족 104명, 제3신분 49명으로 모두 297명이 서명했다. 프랑스 혁명의 정치사에서 아주 중요한 이 항의서는 "1790년 4월 13일 국회의 종교법에 대한 소수파의 선언Déclaration d'une partie de l'Assemblée nationale sur le décret rendu le 13 avril 1790, concernant la religion "이라는 제목의 24쪽짜리 문서로 4월 19일에 발간되었다. 이 문서는 13일의 '국교에 관한 법'이 신성을 모독하고 종교인의 신성한 권리를 침해·강탈한다고 비난했다. 그들은 18일에 교회 재산을 국가가 처분하는 문제를 공개적으로 거론했다. 다시 말해 그날은 일요일이었기 때문에 카푸친회 교회에 일반 신도가 모였는데 그들에게 국회의 결정에 대해 비난했던 것이다. 그러나 군중이 겹겹이 둘러싸고 소란을 피우자 교회에 모인 우파 의원들은 해산해버렸다.

'인민의 친구들Amis du peuple'이라고 자처했던 우파 의원들은 월요일에 다시 모이기로 했다. 그때는 초대장을 받은 사람만 모이기로 했다. 그러나 카푸친회는 이미 그들 때문에 일을 많이 겪었기 때문에 우파 의원들에게 문을 열어주지 않았다. 그래서 그들은 강 건너 소르본 근처로 회의장소를 옮겼다. 그들이 4월 21일에는 소르본의 리슐리외 무덤 근처에서 회의를 열었다는 소문도 돌았다. 이처럼 우파 의원들은 국회에서 다루는 종교적인 문제에 민감하게 반응했고 자신들의 저항을 널리 알려 세력을 모으기 위해 다방면으로 노력했다. 그리하여 14일에 작성한 선언문을 19일에 인쇄한 뒤, 5월 초부터 파리에 뿌리기 시작했다. 이처럼 종교문제가 국회의 안팎에서 논란을 불러일으키는 동안, 4월 21일 종교위원회를 대표해 마르티노가 "성직자의 새 조직에 대한 보고서"를 제출했다. 십일조위원회를 대표해 샤세가 보고한 내용이 종교위원회의 제2분과가 채택한 내용이었다면, 마르티노의 보고서는 제1분과가 채택한 내용이었다. 파리 출신 의원 마르티노는 '성직자 시민헌법'의 중요성을 강조하면서, 그동안 위원회가 '헌법' 초안을 마련하려고 노력한 내용을 자세히 보고했다. 그는 모든 사회제도를 만들 때 반드시 원초적이고 자연스러운 목적인 국민 전체와 개인의 자유와 안전을 확보하도록 만들어야 하며, 그렇게 하려면 종교를 제자리에 찾아주는 일을 함께해야 한다고 강조 했다. 그는 종교인을 새 나라의 새 질서 속에, 다시 말해 새로 태어난 시민사 회의 일원으로 만들겠다는 의지를 보여주었다.

5월 20일, 뒤랑 드 마이안은 종교위원회의 제3분과가 안을 채택했다고 보고했다. 브르타뉴의 의원이며 생마르탱 드 모를레의 사제인 엑스피이 신 부가 그 보고서를 읽었다.

여러분, 종교위원회는 오늘 여러분이 종교인의 재산에 대해 반포한 법령 을 완성하여 보고합니다.

여러분은 작년 11월 2일에 종교인의 재산을 국유화하고, 그것을 바탕으 로 종교인의 봉급, 예배 비용, 구빈사업에 쓰기로 결정했습니다. 게다가 사제직을 유지하는 문제에서 그 모든 사제가 거처와 부속 채소밭은 물론 1년에 1,200리브르 이상 받을 수 있도록 결정했습니다.

지난 4월 20일, 여러분은 국유화하는 재산을 각 도와 디스트릭트의 의회 에 맡기고, 1790년 1월 1일부터 모든 종교인의 봉급을 그것을 정한 시점 을 기준으로 삼아 현금으로 지급하기로 결정했습니다. 그 결과, 모든 종 교인은 봉급이나 은급을 제외한 수입을 모두 자신이 속한 디스트릭트의 금전출납관에게 반납해야 한다고 결정했습니다.

여러분이 만든 법령을 집행하는 고통스러운 작업과정에서 한 걸음 내디 딜 때마다 장애물을 만날 수 있습니다. 설사 여러분이 커다란 난관에 부 딪혔다 할지라도 여러분에게는 중대한 동기가 있으므로 난관을 헤쳐나 가야 합니다. 종교의 이익, 사제들의 이익, 그리고 국가의 이익, 이 세 가지가 여러분이 만든 법령과 앞으로 만들 법령의 정당성을 인정해줄 것입니다.

먼저 종교의 이익에 대해 말씀드리겠습니다. 종교의 정신은 한편으로는 겸손과 재산에 초연한 태도에 바탕을 두었고, 다른 한편 존엄한 사제들은 존경을 받고 있습니다. 여러분은 성직자의 물질생활을 개혁함으로써 종교를 개혁할 것입니다. 종교인들은 다행스럽게도 이제부터는 재산을 얻을 수 없게 되므로 종교의 권위를 남용해 재산을 불리려는 헛된 꿈을 꾸지 않게 될 것입니다.

둘째, 종교인들도 이익을 볼 것입니다. 오직 종교만을 생각하는 것이야말로 그들의 합법적이고 유일한 이익이기 때문입니다. 또한 그들은 생활 필수품을 확실히 공급받으며 가격과 계절의 변화에도 안정적으로 살 수 있을 것입니다.

셋째, 국가의 이익이 이러한 개혁을 명령했습니다. 국가의 이익은 단지 교회의 재산을 팔아 나라 빚을 갚는 일만 뜻하지 않습니다. 오늘날까지 그다지 세심하게 용익권을 사용하지 않던 손에서 이러한 재산을 국가가 매각하면 농업은 더욱 발달할 것입니다. 이제 토지를 국유화하면 더는 종교인의 정치적 간섭을 받지 않을 것입니다.

엑스피이 신부의 보고는 이 뒤로도 끝날 줄 몰랐다. 이렇게 거의 끝나지 않을 것처럼 긴 시민헌법의 정신과 초안이 나오고, 그 뒤 한 달 이상 국회는 주로 종교와 재정문제를 다루었다. 물론 국회는 뜻하지 않게 일어나고 시급히 결정해야 하는 사건도 다루었기 때문에 시민헌법을 제정하는 일이 생각보다 늦어졌다. 예를 들어 반혁명 성향을 보여준 미라보 자작이 생명의 위협을 받을 때 의원들의 불가침성을 결정하고, 귀족 칭호를 폐지하고, 7월 14일 국민의 잔치(전국연맹제)를 준비하고, 애국자 신문을 고발하는 사건을 다루어야 했다. 더욱이 지방에서 일어나는 사건에 대해서도 국회는 조치를 마련해줘야 했다. 그럼에도 16일 동안이나 시민헌법 초안을 심의하는 일에 오롯이 매달렸다. 마침내 7월 12일에는 시민헌법 최종안이 나왔다. 새 체제에서 가장 중요한 변화는 교회를 국가 밑에 두어 주교나 대주교의 수를 줄이는 동시에 로마 교황청과 관계를 끊도록 하는 데 있었다. 그리하여 종교인의 사법적·정치적 간섭을 배제하고 오로지 종교적인 일만 하도록 했다. 모두 4장 89개조의 내용 가운데 중요사항을 정리하면 다음과 같다.

제1장 종교인의 직책에 대하여

제1~4조. 앞으로 왕국의 주교구는 83개 도 행정중심지에 하나씩 두며, 기존의 주교구 가운데 83개를 제외한 나머지는 폐지한다.[*]

왕국을 루앙, 랭스, 브장송, 렌, 파리, 부르주, 보르도, 툴루즈, 엑스, 리옹의 10개 대관구arrondissements métropolitains로 나눈다.

각 대관구는 6~10개의 주교구를 관장한다.

제5조. 프랑스의 모든 교회, 소교구, 시민은 외국세력의 지배를 받는 주교나 대주교의 권위를 인정해서는 안 된다.

제7조. 왕국의 모든 소교구를 재정비하거나 관할구역을 정할 때 주교와 모든 디스트릭트 행정부가 끊임없이 의견을 조율하여 결정한다.

---

[*] 구체제에는 모두 135개의 주교구가 있었다. 1801년 정교협약에서 83개는 다시 60개로 줄었다.

제10조. 인구 1만 명 이상의 도시에 있는 가톨릭교회의 보좌신부는 16명이며, 1만 명 이하인 곳에는 단 12명만 둔다.

제11~15조. 주교구마다 신학원을 하나씩 둔다.

신학원은 가톨릭 성당 근처, 주교관 건물 울타리 안에 세운다.

제16~17조. 6,000명을 넘지 않는 도시나 부르에는 소교구를 단 하나만 두며, 기존의 소교구는 모두 폐지한다.

제18조. 디스트릭트의 행정부들은 주교와 협력해 1년에 겨우 한두 번 성사에 참여할 수 있는 오지에 교회를 세워 사제를 파견할 수 있다.

제21~22조. 이 헌법에서 말하는 직책과 호칭 이외의 모든 직책과 호칭을 폐지한다.

주교좌 성당이나 성직자회 소속 교회 또는 남녀 수도회의 수도원과 재속 교회의 모든 성당참사회, 성직록, 부제단을 없앤다. 그리고 정규 수도원이나 일시적 성직록을 모두 영구 폐지한다.

제2장 종교인의 직책을 임명하는 방법에 대하여

제3조. 주교는 1789년 12월 22일의 법으로 도의회 구성원을 뽑는 방식대로 선거인단에서 뽑는다.

제7조. 주교는 최소한 15년간 성직자로 활동한 경력을 갖춘 사람이어야 한다.

제9조. 소교구 주임신부도 선거로 뽑으며, 최소한 10년의 경력을 갖춘 사람이어야 한다.

제12조. 선교사, 보좌주교, 병원이나 교육에 봉사하는 종교인도 선출직이며, 사제직을 얻은 뒤 15년간 봉사한 사람이어야 한다.

제13조. 성당의 참사회원 같은 고위직도 모두 선거로 뽑는다.

제16조. 새로 뽑힌 주교는 한 달 안에 대관구 주교에게, 그리고 대관구 주교가 새로 뽑혔을 경우, 대관구 안에서 가장 연장자 주교에게, 선거 결과 보고서와 당선증을 제출하고 교회의 승인을 받는다.

제19조. 새로 뽑힌 주교는 교황에게 어떠한 승인도 받아서는 안 된다.

제20~21조. 주교의 즉위식은 소속 대성당에서 대관구장 또는 가장 연장자 주교가 주도하여 거행하며, 이때 새 주교는 지방정부 관리, 주민, 성직자들 앞에서 주교로서 맡은 책임을 성실히 수행하고 국민과 법과 왕에게 충성하며, 국회가 제정하고 왕이 승인한 헌법을 잘 지키겠다고 맹세한다.

제3장 종교인의 대우에 대하여

제1조. 종교인은 사회에서 으뜸가는 중요한 일을 하고, 끊임없이 봉사가 필요한 장소에서 살아야 하므로 인민은 그들을 신뢰해야 하고, 국가는 그들에게 필요한 경비를 지불해야 한다.

제2조. 주교, 사제, 그 밖의 종교인에게 필요한 숙소를 제공해야 한다.

제3~4조. 파리 주교는 5만 리브르를 받는다.

주민 5만 명 이상 도시의 주교는 2만 리브르를 받는다. 그 밖의 모든 주교는 1만 2,000리브르를 받는다.

파리의 수석 보좌주교는 6,000리브르, 차석 보좌주교는 4,000리브르, 그밖의 모든 보좌주교는 3,000리브르를 받는다.

인구 5만 명 이상 도시의 수석 보좌주교는 4,000리브르, 차석 보좌주교는 3,000리브르, 그 밖에는 2,400리브르를 받는다.

그 이하의 도시는 차례로 3,000, 2,400, 2,000리브르를 받는다.

제5조. 사제의 경우에 파리는 6,000리브르, 5만 명 이상 도시는 4,000리브르, 1만~5만 명의 경우 3,000리브르를 받는다.

3,000~1만 명의 도시나 부르는 2,400리브르, 2,500~3,000명인 경우 2,000리브르, 2,000~2,500명은 1,800리브르, 1,000~2,000명은 1,500리브르, 1,000명 이하는 1,200리브르를 받는다.

제6조. 파리의 수석 보좌신부는 2,400리브르, 차석 보좌신부는 1,500리브르, 나머지 보좌신부는 1,000리브르를 받는다. 그 밖의 3,000명 이상 도시의 수석과 차석 보좌신부는 800리브르씩, 그 밖의 모든 보좌신부는 700리브르씩 받는다.

제7~8조. 돈은 각 디스트릭트 금고에서 3개월치씩 미리 지급한다. 사제직이 공석일 경우, 국가가 주는 돈은 디스트릭트 금고에 맡긴다.

제12조. 국가로부터 봉급을 받는 모든 성직자는 앞으로 모든 업무를 무료로 제공해야 한다.

루이 16세는 제4장에서 종교인이 임지에 거주하는 조건을 규정한 성직자 시민헌법을 열흘 뒤(7월 22일)에 "받아들인다"고 했다. 이 말을 '승인'으로 해석할 수도 있지만, 실제로 완전한 승인이 아니었음은 분명했다. 그는 교황의 눈치를 살피면서 이 헌법을 인쇄해 널리 반포하는 일을 8월 중순까지 미루고 교황의 답변을 기다렸던 것이다. 그는 마침내 8월 24일에 승인하고는 왕비의 친구인 스웨덴 귀족 페르센 백작에게 몹시 후회하는 투로 말했다.

"나는 프랑스에서 왕 노릇을 하기보다, 차라리 메스에서 왕 노릇을 하고 싶소."

독실한 기독교도였던 그는 종교인의 지위를 낮추는 헌법을 마지못해 승인했음을 털어놓았던 것이다. 당시 메스에는 루이 16세가 가장 믿을 수 있는 부이예 장군이 있었다. 그는 장군이 곁에 있다면 정국을 주도할 수 있으리라고 생각했지만, 마음대로 군대를 이동할 수 없는 신세가 되었다.

'성직자 시민헌법'은 반혁명의 불씨를 키우는 요소였다. 그럼에도 1년 전의 현실에 비해 확실히 민주화한 모습을 보여주는 개혁이었다. 새 프랑스를 혈통보다 능력 위주의 사회로 만들어가려는 원칙을 적용했기 때문이다. 혁명 직전부터 개신교도와 유대교에 대한 태도를 바꾸기 시작한 프랑스가 정교분리 원칙을 적용하면서 가톨릭교회를 국가 아래 둔 것을 보면, 문화적 구체제의 큰 뿌리가 끊겼음을 알 수 있다. 계몽주의자 가운데 볼테르의 주장만큼 혁명에 확실하게 반영된 것은 없으리라. 볼테르는 틈만 나면 가톨릭교를 비판하고 더 나아가 종교적 자유를 주장했는데 이제 그 길이 확실히 열렸던 것이다. 그러나 그 길은 결코 순탄치 않았고, 프랑스는 크게 둘로 나뉘었으며, 왕이 파리에서 국경 쪽으로 도피하는 계획을 세우는 원인을 제공했다.

연맹제,
화합의 잔치인가 막간극인가?

제 3 부

1
지방 도시의 연맹

　　　　유명한 화학자이자 혁명 전에는 징세청부
업자였던 라부아지에는 1789년에 파리 주민이 한 해 동안 얼마나 먹는지 계
산했다. 그 결과 인구 60만 명이 빵 10만 톤, 황소 7만 마리, 암소 18만 마리,
송아지 12만 마리, 양 36만 마리, 돼지 3만 5,000마리, 포도주 7,000만 리터
를 소비하는 것으로 나타났다. 이 숫자에 속지 말자. 총량을 60만 명이 고루
나눠 먹는 것은 아니니까. 더욱이 가난한 사람은 빵이라도 구할 수 있기를 바
랄 정도로 힘든 시절이었다. 가난과 극빈의 경계에 있다가 국가, 종교단체 또
는 너그러운 개인의 도움을 받아야 살아갈 수 있는 극빈자가 되는 사람은 빵
집이나 반찬가게 앞에 줄을 설 수도 없었다.

　혁명기 파리에는 밀가루가 턱없이 부족하고 겨우 하루를 버틸 수 있을 정
도만 공급받는 날이 많았다. 그러니까 인구의 대부분을 차지하는 가난한 사
람들은 누군가 밀이나 밀가루를 쌓아놓고 값을 올린다고 생각했다. 굶주린
사람들은 밀가루 투기꾼을 찾아 나섰고 의심스러운 사람을 잡아서 죽이기도
했다. 그러므로 1789년에 새로운 시정부는 생활필수품을 안정적으로 공급하
려고 무진 애썼다. 치안문제는 정치적 권리를 달라는 문제가 아니라 먹고사
는 문제에서 발생했기 때문이다. 그러나 파리는 혁명 전부터 그랬듯이 언제
나 인근 지역에서 생활필수품을 구해야 했기 때문에 1789년에는 더욱 어려
운 일을 많이 겪었다. 전국적으로 작황이 나빴기 때문인 데다 혁명기에는 특
권층이 약자를 착취하는 구조가 전반적으로 무너지고 있었지만, 그 대신 치
솟는 빵값은 그 누구도 막기 어려웠다. 그래서 파리 코뮌은 언제나 골머리를

썩였다. 1789년 여름, 가난한 사람들은 빵값이 치솟을 대로 치솟아 여전히 불만이었다. 다행스러운 일은 지난해와 비교해 작황이 좋았고 8월 초에는 이미 곡식을 거의 다 베고 창고에 저장할 수 있었다. 그리하여 빵값을 무게 4리브르(약 2킬로그램)에 12수로 안정시킬 수 있다고 낙관했다. 그럼에도 하루하루 물자를 공급해 질서를 유지하는 방법을 고심해서 찾아야 했다.

옛날보다 생산력이 훨씬 높고 교통통신이 발달한 오늘날에도 유통이 중요한데, 하물며 구체제의 낡은 유통망을 제대로 정비하지 못한 혁명 초기 프랑스에서는 얼마나 문제가 많았을 것인가? 파리 코뮌의 생필품위원회는 무엇보다도 생필품 수송로를 안전하게 지키는 방안을 찾으려고 고심했다. 1789년 8월 2일, 코뮌 회의에서 그들은 파리와 루앙을 잇는 길에 일종의 '민간인 사슬chaine civile'을 만들어 북쪽 항구 르아브르에서 루앙을 거쳐 파리로 가는 물건을 안전하게 수송하자고 제안했다. '민간인 사슬'이란 수송로에 있는 지방정부들이 연계하는 조직을 뜻했다. 그들은 특히 곡식과 밀가루를 수송할 때 정확한 양을 파악해 파리 코뮌의 생필품위원회에 날마다 알려주어야 했다. 8월 4일, 엘뵈프 시정부는 대표 두 명에게 편지와 보고서를 들려 파리 코뮌 회의에 파견했다. 그 보고서는 엘뵈프 시민 열한 명이 파리로 생필품을 싣고 가는 배를 약탈하려고 덤비는 도적 4,000명을 물리치는 계획을 실행했다고 밝혔다. 보고서 말대로 도적이 4,000명이라면 무법천지였다는 뜻이겠으니 '도적'을 굶주린 사람들로 바꿔서 읽어야 할 것이다. 아무튼 이 대목을 읽자, 파리 코뮌의 대표들은 우레와 같은 박수를 쳤다. 그리고 다시 회의장은 숙연해졌다. 엘뵈프 시정부는 열한 명 가운데 길베르가 도적떼의 손에 잡혀 지하감옥에 갇혀 있으니, 파리에서도 손을 써서 그를 안전하게 구해달라고 요청했기 때문이다. 파리 코뮌은 국민방위군 부사령관을 불러 적절한 조치를 취하라고 명령했다. 엘뵈프 시정부는 8월 6일에 파리 코뮌이 개입해 길베르가 무사히 풀려났다고 감사의 뜻을 밝혔다. 파리의 코뮌 의회는 이처럼 처음부터 다른 도시들과 긴밀하게 접촉하면서 생필품을 구해야 했던 것이다.

이 같은 사정은 전국적으로 비슷했다. 모나 오주프Mona Ozouf가 『혁명의 축제La fête révolutionnaire』(1789~1799)에서 지적했듯이 굶주림에 대한 공포 또는 1789년 7월 하순부터 8월 초까지 전국을 휩쓴 '대공포'가 도시와 도시, 민병대와 민병대를 협력하게 만드는 결정적인 동기였다. 서부와 남부의 도시들이 먼저 연맹의 맹세로써 협력하기로 했다. 왕당파의 반혁명세력을 견제하고, 생활필수품을 안정적으로 공급하며, 혹시 모를 외적의 침입에 공동으로 대처하기 위한 연맹의 바람은 도처에서 불었다.

실제로 연맹제를 벌인 사례를 보기 전에 연맹의 개념이 언제 생겼는지 생각해보면 혁명 이전으로 거슬러 올라갈 수 있다. 역사가 프티프레르Claude Petitfrère는 1788년부터 1789년 겨울, 서부의 브르타뉴 지방신분회에서 제3신분에게 권리를 인정하는 문제로 귀족과 부르주아 계층이 대립할 때부터 개혁에 대한 반대자들에 맞서서 애국자들이 함께 대처하는 방안을 마련했는데, 바로 여기서 연맹의 싹을 찾을 수 있다고 말한다.

혁명이 시작된 뒤부터 연맹은 더욱 구체적이고 활발해졌다. 1789년 6월 17일, 전국신분회가 국회로 바뀐 뒤 잇단 혁명적 조치를 내놓은 데 대해 왕은 군대를 불러 모아 국회와 그들을 지지하는 파리를 떼어놓으면서 혁명의 싹을 자르려고 했다. 7월 초에 파리의 주민들은 그에 대한 반동으로 민병대를 조직했다. 지방에서도 파리의 소식을 듣고 민병대를 조직해 질서를 잡으려고 노력했다. 곧 국민방위군이라고도 불리게 되는 민병대는 도시 부르주아 계층이 자기 재산과 도시의 치안상태를 유지하려고 만든 조직이었다. 시간이 흐르면서 동부, 남동부 국경과 가까운 도시는 힘을 합쳐 서로 지켜주고, 곡식과 생필품의 공급과 유통을 관리하기로 했다. 이것이 연맹의 시작이었다.

프랑슈 콩테 지방의 14개 도시가 연맹제를 제일 먼저 구상했다. 브장송의 생필품위원회는 프랑슈 콩테 지방의 13개 도시(아르부아, 봄, 돌, 그레, 론스르소니에, 오르줄레, 오르낭, 폴리니, 퐁타를리에, 캥제, 생클로드, 살랭, 브줄)에 공문을 보내 대표 세 명씩 뽑아 연맹을 조직하자고 제안했다. 그들은 먼저 돌에서 모이고 싶어했지만 의견을 조율한 결과 11월 2일에 브장송 시청에서 처음 모였다. 그날 그들은 연맹조약을 만장일치로 통과시켰다. 모두 3개 문단의 전문과 36개조의 조약문은 대부분 무엇보다도 왕국 밖으로 곡식을 수출하지 못하며, 매점매석 행위를 금지하는 내용을 담았다. 조약의 전문에서 귀족주의자aristocrates야말로 "국가가 새로 태어나는 것을 방해하는 적들"이라고 규정했다.

> 그들은 시민의 마음속에 아무 근거도 없는 근심의 씨를 뿌린다. 그들은 시민을 두렵게 만든 뒤 들끓게 하고, 결국 폭력을 조장하면서 기뻐한다. 그들은 결국 가장 통탄할 만한 무정부상태를 조성한다. 그들은 그때마다 생필품이 부족하다는 말로 시민들을 불안하게 한다.
>
> 그래서 프랑슈 콩테의 14개 도시와 국민민병대는 조국의 제단 앞에서 가장 긴밀한 형제애의 관계로 항상 단결하고 행동을 함께하겠다고 엄숙히 맹세한다. 14개 도시의 대표들은 프랑슈 콩테의 모든 도시, 부르, 농촌 공동체가 우리의 조직에 참여하도록 권고하고 간청한다. 그로써 우리의 연맹이 곧 모든 프랑스인이 단합하는 원칙이 되기를 바란다.

이 전문에서 '조국의 제단'이라고 한 것은 더는 상상 속의 은유가 아니었다. 그들은 실제로 조국의 제단을 만들고 그 앞에서 맹세했던 것이다.

"제1조. 여기 참여한 모든 도시와 민병대는 앞으로 각자가 맹세한 대로 영구히 동맹을 맺고 우애 넘치는 친밀한 관계를 유지한다. 그리하여 연맹에 동참한 모든 도시의 주민과 앞으로 동참하는 마을 주민들은 서로 한 가족 구성원으로 간주한다."

이 조항을 보면 민병대가 주축이 아니라는 사실을 알 수 있다. 도시의 주민들이 한 가족이 되는 동맹에서 민병대는 대표로 참여하는 형식이었다. 파리와 마찬가지로 모든 곳의 국민방위군 또는 부르주아 민병대는 지방에 새로 생긴 민간정부의 밑에 있었기 때문이다. 그 지역의 민병대 사령관 나르본 백작은 대표들과 함께 조약에 서명했다. 그리고 이 조약과 함께 국민방위군의 편제를 개편해야 했다. 도시의 경계를 넘어서 더 큰 조직으로 개편할 필요성이 생겼기 때문이다. 나르본 백작은 브장송과 인근 바이아주의 모든 민병대의 총사령관이 되었다.

프랑슈 콩테 지방의 연맹이 프랑스 전체의 모범이 되기를 바랐듯이 과연 얼마 지나지 않아 곳곳의 국민방위군은 옛 주의 범위를 넘어 연맹관계를 맺기 시작했다. 1788년 지방신분회를 제일 먼저 열었던 도피네 지방에도 1789년 11월 29일에 연맹의 바람이 불었다. 도피네 지방과 비바레의 시민 병사 1만 2,000여 명이 발랑스 근처 론 강가의 에투알 들판에 모여 다음과 같이 연맹의 맹세를 했다.

"론 강의 좌우에서 이곳으로 와서 우애로 뭉친 우리 시민 병사들은 우리의 양심, 국가를 지키는 무기에 대고 하늘을 우러러 맹세한다. 앞으로 절대 흩어지지 않겠노라고. 우리는 우리 고장의 모든 차별을 공식적으로 철폐하고, 우리의 힘과 재산을 조국에 바쳐 국회가 제정하는 모든 법을 지킬 것이다. 우리는 아주 신성한 의무를 수행하는 일에 서로 협조하며, 파리나 여타 도시의 형제들이 자유를 지키려다 위험에 빠지는 경우 곧바로 달려갈 것이다. 이 순간부터 생활필수품과 관련된 모든 사항은 모두 우리가 보호할 것이다. 그리하여 론 강이나 도로로 밀을 원활히 운반하도록 하는 동시에 우리가 필요한 물자도 잘 공급할 수 있도록 도울 것이다. 국회의 명령을 말이나 글로써 존중하려 들지 않는 자를 모두 고발할 것이다."

연맹의 바람은 도피네를 거쳐 프랑스 남부로 퍼져나갔다. 몽텔리마르에서는 6,000명이 모여 맹세하고, 님의 국민방위군 10만 명을 대표하는 사람들은 비바레 지방의 부트에 모여 맹세했다. 그 바람은 북쪽에서도 불었다. 디종은 부르고뉴 지방의 도시와 마을도 이 협약에 참여하라고 촉구하는 한편 비바레와 도피네의 연맹이 보낸 통신문에 대답했다. 그 답신에서 우리는 왕에 대한 존경과 사랑의 표현을 읽으면서, 1790년 전반기까지만 해도 왕과 혁명이 화해할 가능성이 있음을 알 수 있다.

우리는 프랑스의 쇄신을 끊임없이 방해하는 적들에게 귀 연맹이 용기와 덕으로 맞서는 모습을 보았습니다. 적들은 귀 연맹의 위대한 성품을 제대로 이해하지 못했습니다. 귀 연맹은 삶의 터전을 자유의 새 요람으로 만들었고, 우리에게도 자유를 누리게 만들어주셨습니다. 그러나 그곳을 반란의 무대로 삼을 적들은 과연 올바로 생각할 수 있을까요? 이제 형제가 된 인민들 속에서 그들은 과연 내전의 불길을 피울 수 있을까요? 귀 연맹이 그들의 노력을 물거품으로 만들었을 때, 여러분 사이에 분열의 씨를 뿌리러 왔던 범죄자들은 자유와는 다른 공기를 마시러 산맥을 넘어

가지 않았습니까? 그들은 왕의 권위가 땅에 떨어졌다고 말하고, 또 왕을 사랑하는 척하면서 자신들의 범죄행위를 색칠합니다. 과연 그들은 우리가 자기네 속셈을 모른다고 믿는 것입니까? 우리는 그들이 뭔가 얻으려고 전하의 주위를 맴돈다는 사실을 잘 압니다. 전하는 자신이 인민의 우상임을 아십니다. 전하는 인민의 가장 자애로운 어버이이기 때문입니다. 전하의 옥좌를 슬기로운 헌법과 모든 프랑스인의 변함없는 사랑으로 굳건히 지킨다면, 전하는 그 어느 때보다 더 고귀하게 되리라 믿습니다.

케르시와 브르타뉴 지방도 부르고뉴나 프랑슈 콩테 같은 지방처럼 연맹을 준비했다. 그들은 영주들이 그때까지 포기하려 들지 않는 봉건적 잔재를 완전히 없애려는 목적으로 연맹을 맺기로 했다. 1790년 1월 중순부터 브르타뉴 지방의 농촌에서 사람들이 봉기했다. 생명의 위협을 느낀 귀족들은 시골의 성관을 버리고 안전한 도시로 피신했다. 그 지방의 도시정부는 농민을 진정시키려고 조사위원을 보냈으며 농민은 잠시 잠잠해졌다. 그러나 농민은 다시 영주의 저택과 성관을 공격했다. 귀족은 단단히 겁을 먹고 국민, 법, 왕에게 충성하겠다고 맹세했다. 지방정부는 농촌 곳곳에 분견대를 파견했다. 분견대 가운데 명령에 복종하는 축과 복종하지 않는 축이 있었고 서로 싸우기도 했다. 이처럼 농민이 들고일어나 영주와 한바탕 싸울 때, 1월 15일에 브르타뉴의 모든 도시가 젊은이 300명을 모르비앙Morbihan의 행정중심지 퐁티비로 보내 연맹의 맹세를 했다. 브르타뉴 지방의 동남부에 붙어 있는 앙주의 젊은이들도 그곳에 대표를 보냈다. 거기에 모인 젊은이들은 모두 15만 명을 대표해 헌법과 국회와 왕을 지키겠다고 맹세하고, 절대로 헤어지지 않겠다고 다짐했다. 대부분의 맹세처럼 형식을 갖추었지만, 마지막을 이렇게 끝마치면서 19일에 헤어졌다.

"전쟁이 일어났다는 소리를 듣자마자 우리는 무기를 들고 외치리라. 자유롭게 살기 위해 목숨을 걸겠다!"

국회는 그들의 연맹 소식을 2월 6일에 들었다. 그들은 또 2월 초에도 한 번 더 모였다. 2월 23일자 『모니퇴르Moniteur』신문에서 그 소식을 전했다.

바스 노르망디, 멘, 앙주, 푸아투, 브르타뉴의 88개 도시가 퐁티비에 대표를 보내 모였다. 그들은 헌법을 확립하고, 국회에 보내는 글을 작성하고, 옛 주의 경계에 걸쳐 있는 모든 곳에 위원을 파견해 옛날의 경계를 폐지한 행복한 추억을 기념하는 잔치를 하고 기념물을 세우기로 계획했다. 그들의 의도는 옛 주의 구별을 파괴하고, 모든 프랑스인이 권리상 평등한 형제로 만들어준 혁명의 업적을 제국 방방곡곡의 모든 사람의 기억에 각인시키는 데 있다.

브르타뉴와 앙주는 특별대표단을 꾸려 3월 20일에 국회를 방문했고, 저녁회의에 참석해 의장 프레토 드 생쥐스트에게 연맹협정서pacte fédératif를 전달했다. 브르타뉴와 앙주의 대표들은 자신들의 연맹이 성공한 것을 보고 한 걸음 더 나아갔다. 3월 29일, 그들은 헌우회(자코뱅 클럽)에 대표를 참석시켰다. 대표단의 가장 연장자인 들로네는 다음과 같이 연설했다.

"연맹제는 혁명과업을 확고히 다지고, 왕국의 구석구석을 잘 감시해 혁명의 불만세력과 반란자들의 음모를 분쇄하는 유일한 방법입니다."

나중에 보게 되듯이 파리는 이들의 활동에서 자극을 받아 전국연맹제를 구상하기 시작했다.

프랑슈 콩테의 14개 도시 가운데 브장송과 경쟁관계에 있던 돌은 1790년 2월 21일부터 며칠 동안 연맹제를 열자고 제안했다. 그리하여 알자스와 샹파뉴 지방의 몇몇 도시 민병대는 대표를 파견했다. 거의 15만 명이 돌에 모였다. 그들은 성당에서 미사를 올린 뒤 아르크 중등학교로 옮겨가 돌 국민방위군 사령관 말레를 의장으로 뽑았다. 그리고 몇몇 위원을 뽑아 왕, 국회, 라파예트에게 보내는 편지글을 작성하게 했다. 2월 23일 아침, 모든 대표가 루이 16세 광장에 모였다. 그들은 "아메리카와 프랑스의 자유를 회복해준 왕" 루이 16세의 동상 아래서 칼을 빼들고 연맹의 서약을 지키겠다고 맹세했다.

우리는 프랑슈 콩테와 알자스와 샹파뉴의 국민방위군 15만 명을 대표해 우리의 무기를 들고 영원한 존재가 굽어보는 가운데 우리의 존엄한 군주이시며 프랑스의 자유를 회복해주신 루이 16세의 동상 앞에서 국민, 법, 왕에게 충성하고, 헌법을 존중하며, 모든 사람이 헌법을 존중하게 만들겠다고 맹세한다. 또한 국회가 제정하고 왕이 승인한 모든 법을 제대로 집행하도록 노력할 것을 맹세한다. 모든 합법적인 세금을 확실히 걷을 수 있도록 노력하고 언제나 단결하겠으며, 우리의 도시, 부르, 공동체의 국민방위군이 부당하게 공격받거나 불안한 상황에 처할 때 서로 도와주겠으며, 끝으로 개인의 재산을 안전하게 지켜줄 것임을 엄숙히 맹세한다.

이처럼 1789년이 저물 때부터 연맹의 바람이 불어 국회와 루이 16세를 중심으로 헌법을 만들고 반혁명파를 타도하려는 세력은 애국심을 증명하면서 단결했다. 특히 국경 근처에서는 외적이 침입할 때 연맹군이 힘을 합쳐 물리치겠다고 다짐했다. 더욱이 연맹에 가담한 도시는 서로 밀가루와 생활필수품을 자유롭게 유통시키는 한편, 외국으로 나가지 못하게 막기로 약속했다. 과연 연맹의 바람이 분 뒤에는 밀값이 분명히 안정되었다. 그리고 5월 31일에 드라기냥과 리옹의 두 군데에서 연맹제를 치렀다. 프랑스 남동쪽 지중해와 가까운 드라기냥의 국민방위군 8,000명은 관중 2만 명이 지켜보는 앞에서 단결의 맹세를 하며 형제애를 과시했다.

리옹의 연맹제는 그동안의 연맹제보다 더 장엄했다. 그곳 국민방위군은 높이 50피에(약 15미터)의 바위산을 조성하고 관목을 심어 장식한 뒤 꼭대기에는 자유의 상을 세웠다. 그것을 '화합의 전당Temple de la Concorde'이라 불렀다. 자유의 상은 한 손에 붉은 프리지아 모자를 씌운 창을 들고, 또 한 손에는 시민의 기둥을 들었다. 그 아래 제단을 놓고, 그 주위에 5만 명이 모여 형제애를 과시했다. 온갖 깃발을 가져다 바위산에 새긴 층계 위에 가지런히 꽂았다. 장엄한 미사를 올리고 찬송가를 부른 뒤 시민의 맹세를 했다. 그러고 나서 불꽃놀이를 하고 춤추고 진탕 먹고 마신 뒤 잔치를 끝마쳤다. 이 연맹제에는 코르시카 대표단도 참가했지만 유감스럽게도 그들은 하루 뒤에야 도착했다. 샹파뇌는 『리옹 신문』에 쓴 글에서 코르시카 대표단을 전투가 끝난 뒤 마라톤 평원에 도착한 스파르타 사람들에게 비유했다. 이들의 사례는 파리 코뮌에서 전국 규모의 잔치를 계획할 때 고려해야 할 조건이 되었다. 전국 방방곡곡에서 출발한 대표단이 7월 14일 전국연맹제에 모두 참가하려면 각각 출발시기가 달라야 했던 것이다.

이처럼 연맹제로써 여러 도시가 형제애를 다지고 있었지만 전국적으로 크고 작은 소요사태가 완전히 가라앉지는 않았다. 비록 그것이 잠깐의 병치레처럼 지나가는 것이었다 할지라도 국회는 신경을 쓰지 않을 수 없었다. 행정권이 아직 왕의 손에 있었다 하더라도 사실상 중요한 결정은 국회가 내려야 했기 때문이다. 연맹의 바람이 불어 일부 지방에서 곡물가가 안정되었다고 해도 여전히 고통을 받는 곳과 어려운 사람은 있게 마련이었다. 5월이 되어서도 늘 불안한 지역은 있었다. 마르세유와 몽펠리에에서 봉기한 민중은 요새를 빼앗았다. 코르시카, 몽토방, 님 사람들도 봉기했다. 님의 경우, 시정부가 삼색 표식 대신 왕의 색깔인 흰색 표식을 공식 채택하겠다고 발표하자 주민들이 들고일어났던 것이다. 프랑스 중서부의 투르, 남부의 페르피냥과 몽브리종 같은 곳에서도 곡식을 구하지 못한 사람들이 들고일어났다. 농민들은 인근 도시로 쳐들어갔지만 곧 국민방위군에게 진압당했다. 프랑스 서남쪽의 툴루즈, 파리의 서북쪽 캉에서도 정치적인 성격의 소요사태가 일어났다. 캉도 님의 경우처럼 반혁명의 표시를 보여주었다. 그런데 그곳 사람들은 왕의 색깔이 아니라 오스트리아 황실의 색깔이자 왕비 마리 앙투아네트의 색깔인 검은 표식을 달고 다녔다. 그곳에서는 주민들보다 정규군 장교들이 더 애국적인 혁명 추종세력이었기 때문에 검은 표식을 달고 다니는 주민들과 충돌했다. 왕은 공식적으로 모든 사람이 단결하고 삼색 표식을 달고 다니라고 선언했다.

이러한 상황에서 노르망디, 보스, 브레스트의 정규군 소속 부사관 이하 병사들이 연맹의 맹세를 했다.

새 나라를 건설하는 일을 방해하려는 책동이 사방에서 위험수준을 넘어서고 있는 이때, 훌륭한 시민은 모두 조국에 더욱 충성해서 프랑스를 진정 아끼고 보호해줄 사람이 얼마나 많은지 보여주어야 하고, 우리나라 밖에서 우리를 노리는 적뿐 아니라 국내의 적에게도 자유로운 사람이 할 수 있는 일이 무엇인지 알려주어야 한다.

노르망디, 보스, 브레스트의 부사관, 병장, 척탄병, 소총수인 우리는 하느님 앞에서 국가, 법, 왕에게 충성하겠다고 엄숙히 맹세한다.

우리는 왕국의 새 헌법과 우리의 소중한 대표들을 목숨 걸고 지키겠다고 맹세한다. 우리의 대표들은 시민 왕 루이 16세와 합심하여 프랑스의 행복만을 위해서 일하고 있기 때문이다.

우리는 모든 용감한 애국자를 보호하고 지켜주겠다고 맹세한다. 그들이 군인이든 시민 투사든 모두 보호하고 지켜주겠다.

우리는 공공의 행복을 해치려는 적들의 모든 음모와 책동을 힘껏 감시하고 분쇄하겠다고 맹세한다.

우리는 한순간이나마 자유롭게 살지 못하면 차라리 죽음을 택하겠다고 맹세한다. 우리가 소중히 여기는 자유는 법이 규정하는 자유이며, 법에 복종함으로써 얻을 수 있는 자유다.

끝으로 우리는 애국심을 표시했다는 이유로 한 사람이라도 피해를 입지 않도록 마지막 피 한 방울까지 바치면서 싸우겠다. 그러나 우리는 우리 가운데 누구라도 애국심의 증거를 떳떳하게 보여주기를 두려워하는 사람을 시민 병사로 대우하지 않을 것이다.

그들은 이렇게 연맹의 맹세를 한 뒤 파리 시정부에 결과를 보내면서 스위스 수비연대에게도 전달해달라고 요청했다. 5월 18일, 파리 시정부는 그 요청대로 글을 전달했다.

왕의 군대가 연맹제에 참여하고 혁명과 자유를 찬양하는 것은 왕에게 근심거리였음이 분명해도 왕은 어쩔 수 없이 그러한 잔치를 인정하지 않을 수 없었다. 왕은 전쟁대신 라 투르 뒤 팽에게 국회의 군사위원회와 긴밀히 연락

하라고 말한 뒤 국회에 나가 자기의 뜻을 전하라고 명령했다. 전쟁대신은 6월 3일 국회에 출석해서 "군대 조직, 그리고 정규군과 국민방위군의 연맹협정 l'organisation de l'armée et le pacte fédératif des troupes avec les gardes nationales"에 대해 연설했다. 그는 먼저 군대의 기강이 해이해졌음을 한참 지적했다.

나는 군대의 기강이 느슨해지거나 상하관계가 엉망이 된 부대가 하나둘이 아니라고 생각합니다. 전에는 들어보지도 못한 주의주장을 노골적으로 내뱉고 온갖 법을 무시합니다. 지휘관은 권위를 잃었습니다. 군자금을 횡령하거나 깃발을 훔쳐가고 심지어 왕의 명령을 공공연히 무시합니다. 부하들이 장교들을 깔보고 협박하고 쫓아내고 심지어 감금하기도 합니다.

전하께옵서는 군대의 기강이 엉망인 현실을 바로잡으려고 계속 명령을 내리셨습니다만, 오늘날처럼 위기상황에서 국회의원들이 협조하지 않는다면 나라를 위협하는 악덕을 제대로 뿌리 뽑지 못할 것입니다. 여러분, 더욱 강력해진 여론의 힘을 입법권의 힘으로써 통일시켜주십시오.

여러분, 전하께서는 이미 수많은 군부대에 명령하셨습니다. 만일 민병대가 연맹에 가담해달라고 초청하면 곧바로 응하라고 하셨습니다.

전하는 헌법에 충성하고 법과 당신을 존경하는 정신이 모든 연맹을 지배한다는 사실에 만족하셨습니다. 전하는 개인적인 연합체계가 아니라 모든 프랑스인이 자유와 번영에 자발적으로 참여하고 공공질서를 유지한다는 사실을 잘 아시기 때문에 시민과 군대가 자주 접촉하고 더욱 단결하기 위해 이 시민 잔치에 모든 군부대가 참여하는 것이 바람직하다고 생각하셨습니다.

국회의원들은 우레와 같은 박수로 화답했다. 의장도 정중하게 답사를 했다. 전쟁대신이 나간 뒤 의원들은 너도나도 발의했다. 그들은 전쟁대신의 연설을 인쇄해 전국에 알리자고 제안했다. 바스티유 정복 제1주년을 한 달 남짓 남긴 시점에 자연스럽게 전국적인 잔치 분위기가 이렇게 달아오르고 있었다.

2
파리의 연맹제 준비

파리 시는 전국연맹제를 언제부터 준비했는가? 그들은 1789년 말부터 지방에서 불기 시작한 연맹의 바람에 대해 관심도 없다가 겨우 5월 말 리옹의 연맹제를 계기로 슬슬 잠에서 깨어났던 것인가? 절대 그럴 리가 없다. 늦어도 3월 하순부터 준비하기 시작했다. 그 과정을 살펴보자면 브르타뉴와 앙주가 1월 15일에 연맹의 맹세를 한 뒤 파리로 대표단을 보내 국회에 '연맹협정서'를 전달한 시점으로 거슬러 올라갈 수 있다.

과거 브르타뉴 주와 앙주 주의 연맹협정서

우리는 브르타뉴와 앙주의 시민이며 프랑스인으로서 우리의 대표들을 퐁티비로 보내 애국심이 넘치는 회의를 했다. 우리는 우리 고장을 황폐하게 만드는 모든 걱정거리를 잠재우고, 이제부터 존엄한 국회의원들과 시민 왕이 우리에게 쟁취해준 자유를 확고히 지키려고 모였다.

우리는 신성한 우애로써 그 누구도 뗄 수 없는 관계를 맺었고, 언제 어디서나 서로 도우면서 우리나라의 헌법, 국회가 제정한 법, 왕의 정통성을 끝까지 수호하겠다고 결의했고 또 결의할 것이다.

우리는 이제 브르타뉴인도 아니고 앙주인도 아니다. 우리는 같은 나라의 시민이며 프랑스인으로서 이제까지 우리 고장과 개인이 누리던 모든 특권이 위헌적인 것이므로 포기할 것임을 엄숙히 선언한다.

우리는 자유민이 되었음을 행복하고 자랑스럽게 생각하면서 앞으로는 인간과 시민으로서 누리는 권리를 침해하는 일을 묵묵히 보아 넘기지 않을 것임을 선언한다. 또 우리는 장기간의 압제와 강력한 군대에 대한 믿음을 우리에게 불어 넣어주는 사람들을 국가의 적으로 간주하면서 온힘을 다해 저항할 것임을 선언한다.

우리의 연맹은 자유를 지키는 성채인 동시에 왕좌를 가장 확실히 보좌하는 버팀목이 될 것임을 확신하기 때문에 우리는 모든 프랑스인 형제가 우리의 연맹에 가담해달라고 요청하고 간청한다.

우리의 맹세

우리는 거짓 맹세를 벌하는 하느님의 제단 앞에서 이 세상 사람들이 지켜보는 가운데 국민과 법과 왕에게 충성하고 프랑스 헌법을 보전할 것을 약속하고 맹세한다. 이 신성한 협약을 깨뜨리는 자는 멸망할 것이며, 경건하게 준수하는 자는 영원히 번성하리라!

국회에서 이 협정서를 읽기 전에 '연맹협정서'라는 말이 적절한지 문제삼는 의원이 있었다. 그러나 협정문을 다 읽고 난 뒤 그들은 의심을 거두었다. 국회는 협정문을 의사록에 기록하고 인쇄해서 의원 한 사람에게 네 부씩

주어 자기 고장으로 보내도록 결의했다. 이 회의 결과를 보고 파리 코뮌의 대표들은 3월 22일부터 전국연맹제를 구상하기 시작했다. 코뮌 의회는 파리의 60개 선거구(디스트릭트)*에 브르타뉴와 앙주의 연맹협정서를 보내주면서 모두 파리 코뮌과 연맹관계를 맺어 브르타뉴와 앙주의 연맹을 더욱 거국적인 관계로 다지자고 제안했다. 4월 1일부터 26일 사이, 10여 개 이상의 선거구가 파리 코뮌의 제안에 호응했다. 4월 3일, 생퇴스타슈 선거구는 다른 선거구에 대표 한 명씩 임명하여 노트르담 선거구나 시청으로 보내달라고 요청하는 초대장을 보냈다. 대표들은 파리 시장을 도와 브르타뉴와 앙주가 제안한 연맹에 파리 코뮌의 확실한 연대감을 표시하도록 준비하는 임무를 수행할 것이었다.

여기서 드러난 사실은 연맹제를 준비하는 일을 파리 코뮌 의회나 파리 시의 행정위원회가 아니라 연맹제를 준비하는 특별위원들을 선임해서 맡긴다는 것이었다. 이러한 사실은 4월 16일 생토노레 자코뱅 선거구의 결정에서 다시 한번 확실히 드러났다. 이 선거구는 전국의 모든 지방정부와 국민방위군에 프랑스의 자유를 확고히 지켜줄 보루를 만드는 데 참여하자는 글을 보내자고 제안했다. 그 연맹에 참여할 모든 지방정부와 국민방위군 가운데 파리에서 하루 안에 갈 수 있는 도의 디스트릭트는 파리에 한날한시에 모여 연맹협정에 서명하도록 하자는 것이다. 연맹협정에 참여하고 싶지만 파리에서

---

* 지방정부조직법으로 생긴 도(데파르트망)의 디스트릭트와 파리의 선거구(디스트릭트)를 혼동하지 말아야 한다. 국회는 5월 21일에 파리의 행정구역을 60개 선거구(디스트릭트)에서 48개 구(섹시옹)로 개편하는 법을 제정했다. 그러므로 전국연맹제를 준비하기 시작한 코뮌의 주역들은 선거구와 그 대표들이었다. 이 문제는 뒤에서 다시 다루겠다.

멀리 떨어져 직접 참여하지 못하는 디스트릭트에도 파리 코뮌은 진심으로 위로하는 글을 보내자고 제안했다. 4월 22일, 파리 코뮌은 파리 시장의 이름으로 이 글을 인쇄해서 모든 선거구로 보내기로 결의했다. 4월 18일, 본 누벨 선거구가 의사를 분명히 했다. 그들은 파리 60개 선거구에서 대표 한 명씩 뽑아 파리 코뮌이 브르타뉴와 앙주의 연맹협정에 가입하겠다는 의견과 왕국의 다른 지방에서 모든 프랑스인을 형제로 만드는 연맹을 결성하는 것을 보고 열렬한 의지와 욕망으로 연맹에 참여하고 싶다는 의견을 담은 공식문서를 작성하도록 하자고 제안했다.

이처럼 파리의 선거구들이 하나둘 연맹에 참여하겠다는 의지를 밝힌 뒤 마침내 4월 29일과 5월 1일에 '파리 선거구 대표들의 연맹협정을 위한 모임'(이하 연맹협정 모임)이 탄생했다. 그들은 시장이 모임을 이끌어주고 회의실을 시청에 두고자 노력했다. 시장은 시정부의 동의를 얻지 못한 상태에서 자기 마음대로 시청의 회의실을 배정할 수 없다면서 사과한 뒤, 시장관사를 대표들에게 제공하겠다고 말했다. 5월 6일, 시장은 시행정위원회Conseil de Ville에서 자신이 파리의 선거구들이 파견한 대표들을 맞이하는 방법을 물었다. 행정위원회는 시장에게 그 문제를 국회나 거기 속한 헌법위원회에 가지고 가라고 결의했다. 행정위원회는 아직까지 "파리 국민방위군과 브르타뉴와 앙주의 국민방위군이 연맹협정을 체결하기 위해 파리 선거구가 임명한 의원들"에 대해서는 아무런 의견도 내놓지 않았다. 연맹협정 모임은 시장과 행정위원회의 허락을 기다리지 않고 시청에서 회의실을 하나 선택해 점유한 뒤 코뮌 의회 의장인 샤롱을 대표로 뽑고 부대표로 파스토레와 라피스를 뽑았다. 그러고 나서 시장에게 그 모임을 주도해달라고 간청했다.

한편 연맹협정에 가입하는 문제에 대해 선거구들이 의견을 주고받는 가운데 전국 모든 도의 디스트릭트나 캉통의 국민방위군과 정규군의 대표들을 파리에서 거행할 전국연맹제에 모이게 하자는 계획이 조금씩 구체적으로 나타났다. 5월 2일에 생로랑 선거구는 7월 13일을 전국연맹제 날로 제안했다. 5월 4일, 생퇴스타슈 선거구도 역시 파리를 전국에 흩어진 수많은 연맹을 하나로 묶는 중심지로 만들자고 제안하고, 다른 선거구의 의견을 물었다. 생퇴스타슈 구 기초의회 의장 르노Regnault는 앙주와 브르타뉴가 조국의 제단 앞에서 단결의 맹세를 했다는 사실, 그들을 본받아 파리도 연맹을 추진하기에 이르렀음을 지적하고 나서, 파리가 전국적으로 해야 할 역할에 대해 소신을 밝혔다.

파리 같은 도시가 좀더 적극적인 연맹을 추진하기에 적합합니다. 파리는 자유의 원칙을 수립했습니다. 파리는 단결의 행위를 통해 다시 한번 자유를 유지하는 힘의 중심지가 되어야 합니다.

우리에게는 아직 숭고한 과업이 하나 남아 있습니다. 그것은 이 세계에 장엄한 광경을 제공하는 일입니다.

파리 근교에 넓은 장소를 고르십시오. 거기에 자유의 제단을 세우고, 우리의 병사 시민들이 그 앞에서 자유를 위해 목숨을 바치겠다고 맹세하게 합시다. 우리와 이웃한 모든 주의 국민방위군, 그리고 좀더 먼 곳의 국민방위군 대표들이 그 앞에서 맹세하게 합시다. 이처럼 같은 날, 같은 장소, 같은 시간에 조국은 한마음의 맹세를 들을 것입니다. 그 맹세는 우리의 동료 시민들이 전 세계 모든 나라에서 들을 수 있게 하는 맹세이며, 전 세계에 퍼졌다가 파리로 되돌아와 조국의 전당에 고이 자리를 잡을 맹세입니다.

5월 10일, 생트 오포르튄 선거구는 중요한 결정을 했다.

"파리 시장과 국민방위군 사령관은 전국의 모든 국민방위군의 대표를 7월 17일 샹드마르스로 초청해 왕과 국회 앞에서 왕국의 모든 민병대가 하나로 뭉치는 맹세를 하도록 한다."

이처럼 여러 선거구가 연맹제에 대해 공식의견을 마련하는 동안, 개인들도 안을 만들어 자기가 사는 선거구에 제출하기도 했다. 5월 10일, 앙팡 루즈 선거구의 화가 기욤 티에메는 "연맹제를 7월 14일로 정하는 계획"을 공증인 고뱅에게 제출하고, 고뱅은 6월 2일 이 안을 파리 시장에게, 또 8일에는 국회에 제출했다. 그는 루이 15세 광장부터 뇌이이 거리를 따라 0.5리외(2킬로미터)까지 연맹제 장소로 잡고, 거기에 제단을 놓은 뒤 제단 좌우에 층계석을 마련하자고 했다. 돌로 제작한 바닥 위에 골동품 탁자를 놓아 제단으로 사용하는데, 탁자 위에는 양쪽에 향로를 하나씩 놓도록 하자고 했다. 향로에는 다섯 가지 상징으로 자유, 종교, 이성으로 진압한 내전, 상업과 예술을 지지하는 희망, 그리고 국회라고 쓴 태양을 새기자고 했다.

연맹협정 모임은 5월 6일 시청에 자리 잡은 뒤 전국연맹제를 준비했지만 구체적인 활동을 알려주는 기록을 많이 남기지는 않았다. 5월 20일과 6월 1일자 "파리 시정부와 선거구의 일지Journal de la Municipalité et des districts de Paris"의 기록은 이렇게 전한다.

5월 8일, 시장과 국민방위군 사령관이 연맹협정 모임의 의원들과 다시 만났다. 특히 사령관은 헌법을 마무리한 뒤로 연맹의 맹세를 바치는 의식을 미루자고 제안했다. 이 모임에 참가한 모든 사람은 사령관의 미묘한 감정을 느꼈다. 그들은 이 잔치가 자유와 그것을 열렬히 지켜준 인물의 승리를 축하하는 순간이어야 하기 때문에 라파예트가 그날 자신에게 쏠릴 영광과 명예를 미리 따돌리려고 생각한다고 보았다. 그들은 라파예트의 겸손을 조금도 손상시키지 않기 위해 그의 의견을 받아들였다.

그러나 5월 15일의 회의에서 거기에 모인 선거구 대표들은 전국연맹제를 열어야 하며 가장 잊지 못할 날인 7월 14일을 엄숙한 협정의 날로 선택해야 한다고 결의했다.

5월 17일, 파리는 왕과 국회가 머무는 곳이므로 전국연맹제 협정식을 파리의 샹드마르스에서 거행해야 한다고 결의했다. 그리고 "파리 시민들이 모든 프랑스인에게 드리는 글"을 작성하고 시장, 국민방위군 사령관, 연맹협정 모임의 구성원들의 서명을 받아 인쇄한 뒤 왕국의 모든 지방정부, 민간단체와 군부대에 보내 동등한 수의 대표단을 파견하도록 요청하기로 했다. 왕국의 모든 도와 지방정부의 시민, 정규군, 국민방위군 대표들은 7월 14일 같은 시간, 파리의 같은 장소에 모여야 했다.

연맹협정 모임은 파리 시장이 5월 27일 60개 선거구에 총회를 소집하고, 거기서 "파리 시민들이 모든 프랑스인에게 드리는 글"을 읽어주도록 하자고 결의했다. 그들은 이 문서를 국회에 제출해 승인을 받을 계획이었다.

우리는 전국연맹제를 7월 14일로 확정짓는 과정을 보며 막연히 예상했던 과정과 달라서 놀라게 된다. 그동안 생로랑 선거구는 7월 13일, 생트 오포르튄 선거구는 7월 17일을 제안했고, 라파예트는 헌법을 제정한 뒤로 미루자고 했다. 5월 8일까지만 해도 '바스티유 정복의 날'보다는 그 전날인 부르주아 민병대가 탄생한 날 또는 루이 16세가 파리를 방문한 날을 중시했으며, 5월 15일에야 비로소 7월 14일을 전국연맹제 날로 확정했다는 사실은 뜻밖이다.

사실 전국연맹제를 예상하는 제안은 1789년 7월 18일에 벌써 나왔다. 빌레트 후작은 그날 전례 없는 혁명을 기릴 전국적인 잔치를 조직해야 한다고 주장하는 글을 썼다. 개인적으로 그렇게 생각하거나 동조한 사람도 많았겠지만, 그해 11월 14일에 나온 "보르도 세네쇼세 코뮌들의 선거인 200명이 국회에 드리는 글Adresse des deux cents électeurs des communes de la sénéchaussée de Bordeaux à l'Assemblée nationale"은 공식적으로 더욱 중요한 의미를 가진다. 보르도의 선거인들은 거기서 7월 14일의 의미를 그 누구보다도 먼저 부각시켰던 것이다. 국회는 이듬해 1월 5일에 이 글을 공식적으로 읽고 심의했다. 비록 이 글에서 제안한 내용은 즉시 부결되었지만, 보르도의 선거인들은 국회의원의 신변에 조금이라도 위해를 가하려는 사람을 처벌할 것과 함께 시민 잔치를 제도화해서 프랑스인이 자유를 찾은 날을 영원히 기념하자고 제안했다.

"이제 프랑스의 자유의 날을 영원히 기리는 시민 잔치를 열어야 할 때입니다. 그 잔치로써 우리는 매년 결코 잊어서는 안 될 추억을 영원히 간직할 것입니다. 그 잔치로써 우리의 영혼은 이 자유에 대한 감정과 사랑을 무럭무럭 키울 것입니다.

우리 프랑스의 구원 또는 자유를 축하하는 잔치를 엄숙하게 치릅시다. 그리하여 앞으로 7월 15일을 우리의 역사에서 신성한 날로 기억하게 합시다."

이처럼 보르도 선거인단은 7월 14일에 구체제의 마지막 날이라는 의미를 주는 대신 7월 15일을 새 시대의 첫날로 생각했다. 그러므로 바스티유 정복을 기념하는 전국연맹제 개최일을 7월 14일로 확정한 것은 결국 파리의 60개 선거구 대표들이 1790년 5월 15일에 이룬 성과였음을 확인할 수 있다.

1790년 6월 3일, 부활절로부터 여덟 번째 일요일(성삼위일체)을 지난 목요일, 파리에서는 성체첨례Fête-Dieu(또는 그리스도의 성체성혈 대축일Solennité du corps et du sang du Christ) 잔치가 열렸다. 지난해 베르사유를 떠난 왕이 파리에서 처음 맞는 축일이었기 때문에 그 어느 해보다 더 성대하게 치렀다. 오전 10시경, 왕은 왕비와 프로방스 대군과 함께 마차를 타고 튈르리 궁의 본당인 생제르맹 로세루아 교회로 갔다. 그가 교회 문 앞에서 내리자마자 관행대로 영접행사가 열렸다. 국회의원들도 거기에 참석했다.

잠시 뒤 종교행렬이 교회에서 거리로 나섰다. 기마부대가 깃발을 들고 맨 앞에 서고 그 뒤에는 유모의 급료를 내지 못해 감옥살이를 하다 특사로 풀려난 열일곱 명이 뒤를 따랐다. 길가에 늘어선 사람들은 그들을 불쌍히 여겨 돈을 던져주었다. 왕비의 종복들, 오를레앙 공작의 종복들, 왕실 종복들, 교구의 여러 신도회가 두 줄로 그 뒤를 따라 행진했다. 국회의 수위, 정리廷吏들과 의원들도 질서를 유지하면서 뒤따랐다. 그들은 모두 초를 한 자루씩 들었다. 파리 시장 바이이와 국민방위군 사령관 라파예트도 나란히 따르고 주교들도 줄지어 행진했다. 국회의원들의 행렬은 길었고 그 뒤에 성체를 모신 닫집 주위의 종교인들과 뒤섞이기도 했다. 사람들은 그 모습을 보면서 종교와 법이 나란히 걸어간다고 생각했다. 그 모습은 더욱 깊은 존경심을 불러일으킬 만했다.

국민방위군의 악대가 음악을 연주하고 북을 치면서 성체를 모신 닫집을 인도했다. 군악과 교회의 성가가 뒤섞여 가장 장엄하고 신성한 화음을 만들었다. 프로방스 대군이 성체를 모신 닫집 바로 뒤에 서고 왕과 왕비가 그 뒤에 섰다. 늙은 병사들의 전투부대가 그들 곁을 따르면서 근위대 역할을 맡았다. 종교행렬이 지나가는 거리와 강둑길에는 병사 4,000여 명이 울타리를 만들고 지켰다. 게다가 600명이나 700명 정도의 국민방위군이 행렬을 보호하면서 나아갔다. 그날의 행렬은 더욱 장엄하고 엄숙하게 보였다.

길가에 늘어선 시민들은 성체 앞에서 무릎을 꿇고 하느님의 모습을 눈앞에 그리려고 노력했다. 사제들과 병사들이 몸짓으로 사람들에게 조용히 하라고 했으나 사람들은 왕을 보고 "왕 만세!"라고 외치면서 박수치고 환호했다. 이 행렬이 강둑길을 지나는 동안 예포소리가 종교행사를 더욱 장엄하게 만들었다.

루브르 궁의 앞마당에는 훌륭한 휴게소를 지어놓았다. 종교행렬은 거기서 한 번 쉬고, 튈르리 궁의 예배당에서도 한 번 쉬었다. 왕은 2시가 되기 전쯤 궁으로 돌아갔다. 시민들은 튈르리 궁으로 들어가는 왕을 기쁜 마음으로 보내주었다.

이처럼 정교분리의 문화혁명이 일어나고 있던 1790년의 중반기에도 종교적으로 큰 행사는 국민화합의 상징이 되었다. 그러므로 혁명이 급격한 변화를 가져오는 것이긴 해도 전통적인 일상생활 속에서 진행되었음을 잊지 말아야 한다.

파리 코뮌 대표들은 6월 5일 저녁, 국회에 대표단을 보내 연맹제에 대한 결의사항을 보고하기로 했다. 먼저 국회의원이며 파리 시장인 바이이가 파리에서 연맹제를 열려는 목적에 대해 연설했다. 그는 새로운 질서가 나타나 행정의 모든 분야뿐 아니라 왕국의 모든 부분을 새롭게 바꾸는 이때 벌써 왕국의 모든 도시가 서로 국민방위군의 연맹관계를 맺어 우애를 확실히 다지고 있다는 사실을 지적한 뒤, 수도 파리도 전국에서 우정의 증표와 상호 구원의 약속을 받은 데 대해 보답해야 하므로 파리 코뮌이 그들에게 연맹의 제안을 하기로 했다고 말했다.

우리는 모든 도와 디스트릭트의 형제들이 우리 도시의 문안으로 대표단을 보내 이미 모든 프랑스인이 했던 시민의 맹세를 우리와 함께하자고 제안합니다. 우리는 이처럼 전국연맹제를 다가올 7월 14일에 거행하자고 제안하며 앞으로 7월 14일을 자유의 기원l'époque de la liberté으로 생각하자고 제안합니다. 이날 우리는 자유를 지키고 보전하겠다고 맹세할 것입니다.

바이이는 프랑스가 국회 덕에 자유를 얻었으며 국회가 제정한 법 위에 굳건히 섰다고 칭찬하고 나서, 국회의원들이 전국연맹을 적극 찬성해주시기 바란다고 말했다. 그리고 국회의원들이 그 잔치에 참석해서 명예롭게 해주면 거기에 모인 사람들은 자발적으로 "법 만세!", "왕 만세!"라고 외칠 것이라면서 연설을 끝마쳤다. 그의 말이 끝나자 파리 코뮌 의장인 샤롱이 "파리 시민들이 모든 프랑스인에게 드리는 글"을 읽었다. 부르티봉, 퐁스 드 베르뒝, 파스토레가 기초위원으로 뽑혀 작성한 글이었다. 그 글의 요지는 다음과 같다.

바스티유를 정복한 날, 프랑스인은 형제로써 우애를 다지고 한마음으로 법을 중심으로 용감히 모이고 헌법을 제정하는 일을 힘껏 도왔다. 긴 세월 명에를 지고 살아온 모든 지방민은 각자 왕을 중심으로 프랑스인으로 통일되어 신성한 형제애로 뭉치자고 맹세했다. 그리고 우리는 그 누구도 끊을 수 없이 하나가 되겠으며, 국가의 헌법, 국회의 법, 우리 왕들의 정통적인 권위를 지키는 데 목숨을 바치겠다고 맹세했다. 이제 시간이 되었으니 각 지방에서 그동안 맺은 모든 연맹을 전국연맹으로 만드는 일을 하자.

프랑스인을 하나로 결합하는 날은 모든 인민이 형제가 되어 제국을 다시 태어나게 하며, 시민인 왕과 조국의 제단 앞에 모여 함께 맹세하는 모습은 다른 나라 사람들에게 참으로 새롭고 인상 깊은 모습이 될 것이다.

우리가 자유를 쟁취한 날은 7월 14일이다. 그래서 자유를 잘 보전하겠다고 맹세하는 날도 7월 14일이 될 것이다. 바로 그날, 자유를 쟁취한 시간에 우리는 한자리에 모여 프랑스 제국의 모든 구석에 울려 퍼질 만큼 큰 소리로 "국민, 법, 왕 만세!"라고 외칠 것이다.

'파리 시민들의 글'은 다음과 같은 말로 끝을 맺는다.

이 함성은 조국의 친구들을 한군데 모으는 함성인 동시에 조국의 적들을 두렵게 만드는 함성이 될 것입니다.

프랑스인이여, 이제 조국과 자유와 헌법에 적은 없을 것입니다. 아직도 쇠사슬에 묶여 있으면서도 그 사슬을 끊지 못하는 사람들은 이제 우리와 같은 수준에 도달할 것입니다. 그들은 우리와 함께 가족이 되는 협약에 이름을 올리는 명예를 기대하게 될 것입니다. 그 협약은 우리의 영광인 동시에 이 제국의 행복을 영원히 보장해줄 기념비가 될 것입니다.

소중한 형제와 용감한 친구들이여, 우리는 여러분과 함께 신성한 애국시민으로 뭉쳤습니다.

파리의 모든 구에서 모인 시민들 드림.

국회의장은 파리 코뮌 대표단에게 대답했다.

여러분이 국회에 내주신 청원으로 우리는 얼마나 기쁜지 모릅니다. 제국의 모든 부분이 하나로 뭉치고 자유를 지키려고 무장했지만 결코 싸우려고 무기를 들지 않겠다고 선언한 시민군이 하나로 뭉치는 연맹제는 애국심이 만들어낼 수 있는 멋진 생각입니다.

지금까지 이 나라의 대의명분을 위해 크게 이바지한 수도의 문안에서 자유의 병사들인 모든 시민과 군인이 우애를 다지는 행사를 엄숙히 거행하는 것은 당연한 일이라 하겠습니다.

그들의 깃발과 무기의 보호 아래 우리가 만든 헌법을 놓을 것입니다.

자유로운 나라의 왕이라는 칭호를 받을 만한 자격을 갖춘 왕 앞에서 그들은 다시 한번 이 헌법을 잘 보전하겠다고 맹세할 것입니다. 헌법은 인류가 자유와 이성의 빛을 꺼뜨리지 않는 한 영원할 것입니다.

라로슈푸코 리앙쿠르 공작은 연맹제의 안을 헌법위원회에서 검토하도록 하자고 제안한 뒤 덧붙였다.

"파리 시는 청원을 통해 국회가 바스티유의 정복자들에게 시선을 돌리도록 했습니다. 작년부터 파리 시장과 관리들은 그들을 정확히 파악하여 연금위원회로 보냈습니다. 나는 연금위원회가 이 문제를 지속적으로 국회에 보고해주기 바라며 아울러 우리가 이 용감한 시민들에게 해줄 일이 무엇인지 알려주시기 바랍니다."

의장은 파리 코뮌의 요청을 상기시킨 뒤 의견을 물었다. 그렇게 해서 국회는 연맹제를 승인하고, 각 지방에서 파리로 보낼 대표단의 수와 선출방법을 헌법위원회가 검토하라고 결의했다. 이틀 뒤인 6월 7일, 오툉의 주교 탈레랑은 헌법위원회가 마련한 7월 14일 전국연맹제 계획을 읽었다. 그것을 들은 의원들은 수정안을 내놓았다.

라파예트는 전국연맹제의 성격에 대해 지난해부터 경험한 일을 추억하는 것보다는 업적을 쌓아나가는 것으로 결정될 문제라고 지적했다. 그는 인권선언, 새로운 사회조직, 주권을 골고루 나눠준 것이 근본적으로 헌법의 구성원리이며, 모든 프랑스인이 무장하고 하나로 뭉치는 것은 모두 헌법을 지키려는 목적이 있기 때문이라고 강조했다. 그는 신성한 연맹을 구상하는 목적이 한시라도 빨리 더욱 완전한 헌법을 만들어서 조국의 제단에 바치는 것이라고 말했다. 그는 국민방위군 조직이 자유를 영원히 보장해줄 것이므로 그 헌법의 일부가 되게 해야 하겠지만, 경계해야 할 점이 있음을 다음과 같이 지적하면서 법안을 발의했다.

> 시민군의 깃발 아래 평온한 국가라는 위대한 사상이 언젠가 공공질서와 심지어 헌법을 위험하게 만들 개인들의 술책과 뒤섞이게 해서는 안 될 것입니다. 국회와 왕이 연맹에 참가한 국민방위군에게 아주 위대한 성격을 각인시키고, 모든 연맹군이 대표단을 통해 하나로 뭉치는 순간이야말로 이론의 여지없는 원칙을 수립하기에 적합한 때라고 믿으면서 다음과 같은 안을 발의합니다.
> 국회는 헌법의 원칙으로 다음과 같이 결의한다. 그 누구도 도(데파르트망)의 범위를 넘어서 국민방위군의 지휘권을 행사할 수 없다.

라파예트는 이렇게 말하면서 자신이 전국에서 모인 국민방위군과 정규군의 제병지휘관 물망에 오르는 것을 미리 차단하려 했던 것이다. 욕심이 없음을 보여주는 것이 더 큰 것을 얻는 방법임을 잘 아는 사람이었기 때문일까? 라파예트가 그렇게 말할수록 사람들은 라파예트가 전국의 국민방위군을 통솔할 자격을 가졌다고 생각했다. 그날 국회는 파리에서 거행할 전국연맹제에 대표단을 구성하는 문제를 계속 논의했지만 결론을 내지 못하고 회의를 마쳤다.

6월 8일, 국회의 새 의장으로 시에예스 신부가 뽑혔다. 신부는 자기 목소리가 작고 몸이 건강하지 못하기 때문에 장기간의 회의를 진행하기는 무리라고 하면서 사의를 표했다. 42세의 신부가 건강문제를 앞세워 의장 자리를 사양했던 것이다. 지난 1년 동안 국회는 거의 쉬지 않고 헌법을 만드는 일에 매달렸기 때문에 사실상 모든 의원이 지치고 힘들었다. 시에예스가 사양했지만 의원들이 그를 주저앉히고 회의를 시작했다. 그날은 탈레랑이 헌법위원회를 대표해서 전날 발의한 3개 안을 심의했다. 제일 먼저 통과한 제1조에서는 각 디스트릭트의 국민방위군 200명당 한 명씩 뽑아서 연맹제에 참가시키도록 했다. 파리에서 100리외(400킬로미터) 밖에 있는 디스트릭트에서는 400명당 한 명씩 보낼 수 있었다. 별 토론을 거치지 않고 통과된 제2조에서는 그들의 여행과 파리 체류 경비는 모두 해당 디스트릭트가 부담하도록 했다. 곧이어 라파예트가 제안한 대로 각 도의 국민방위군 사령관은 그 도 안에서만 지휘권을 가진다는 안도 그대로 통과시켰다. 6월 9일, 시에예스는 의장직을 내려놓으려고 작정했는지 회의장에 나가지 않았기 때문에 옛 의장 보네 후작이 의장석에 앉아 회의를 시작했다. 그날도 "국민방위군과 군대의 전국연맹제에 관한 법안"을 심의했다. 노아유 자작이 군사위원회에서 마련한 안을 읽었다.

"육군이건 해군이건, 프랑스인 부대건 외국인 부대건, 모두 다음에서 정한 방식을 좇아 애국적 연맹제에 대표단을 보낼 수 있다."

보병, 포병, 왕의 연대와 스위스인 수비대, 추격병 부대, 포병대, 지뢰부설 부대, 공병대, 기마헌병대는 연맹제에 대표단을 보낼 수 있다는 내용이었

굳은 날씨에도 파리 주민들은 조국의 제단을 열심히 쌓고 있다. "손수레의 날la journée des brouettes"이다.

1790년 6월 16일, 브장송의 연맹제.

릴의 연맹제, 네 개의 오벨리스크와 고대 양식의 신전이 돋보인다(BNF 소장).

1790년 7월 14일 전국연맹제에서 라파예트가 조국의 제단에 올라 국민과 왕 앞에서 맹세하는 모습.

전국연맹제는 7월 14일에 끝났지만 파리에서는 잔치를 계속했다.
퐁뇌프 다리의 하류 쪽 센 강에서 선상 창시합이 벌어졌다.
강변의 악대는 양쪽을 응원하느라 바삐 음악을 연주하고 구경꾼도 흥에 겨워 춤춘다.

한편 바스티유를 허문 자리에서 야간무도회가 열렸다.
그들은 1년 전 전제정의 상징을 무너뜨린 날을 자유의 첫날로 기념하면서 맘껏 즐겼다.

프랑스의 83개 도를 표시한 새 지도(샹레르P. G. Chanlaire 제작, BNF 소장).

다. 랑쥐네는 군사위원회의 안이 자칫 위험하게 해석할 요소를 포함한다고 지적했다. 노아유 자작은 곧바로 랑쥐네의 지적을 수용했다. 마침내 결정한 내용은 육군과 해군도 대표를 보내야 한다는 것, 왕은 육군과 해군에 명령해 연대마다 가장 연장자인 선임 장교와 부사관, 그리고 병사를 뽑아 연맹제에 참가하도록 한다는 것이었다. 이제 그날의 총지휘를 누가 맡느냐 하는 문제가 남았다. 결국 자연스러운 결론으로서 왕국에서 파리가 차지하는 비중을 고려해 그곳의 국민방위군 사령관이며 국회의원인 라파예트에게 그 임무를 맡기기로 했다. 국회는 7월 13일까지 전국연맹제 때 참가자들의 맹세방법과 구체적인 내용, '테 데움 감사기도' 문제, 경비문제, 어느 것 하나 소홀히 취급하지 않고 치밀하게 전국연맹제를 준비했다.

파리 코뮌의 60개 선거구 연맹협정 모임의 대표들은 전국연맹제의 성격을 분명히 인식했다. 그들은 파리 코뮌의 이름으로 전국연맹제를 소집했으며, 국회의 법으로 그 연맹제를 승인받았다. 그러므로 그 연맹제는 가장 성대한 잔치가 될 것이었다. 그 성격은 민간인과 군인을 이중으로 연결하는 데 있었다. 그들은 모든 지방정부와 왕국의 모든 국민방위군에게 초대장을 보냈고, 이렇게 해서 지방정부가 파견하는 대표들은 파리 코뮌과 하나가 되는 동시에 지방의 국민방위군 대표들은 파리의 국민방위군과 하나가 될 것이었다. 거기에 정규군(육군과 해군)도 참가하기 때문에, 전국연맹제는 진정한 국민화합의 기회였다. 그러나 국회는 파리 코뮌의 개념을 조금 수정했다. 지방정부 관리들과 민간의 연맹을 분리해야 한다고 생각했기 때문이다. 헌법위원회의 보고자는 이렇게 말했다.

"전국연맹제에 모이는 주체는 심의하는 프랑스가 아니라 무장한 프랑스입니다."

물론 파리 코뮌의 연맹협정 모임이 헌법위원회의 말에 다시 반대했다.

"모든 시민은 병사임이 분명합니다. 그러나 모든 프랑스인을 병사인 동시에 시민으로서 우애의 협정에 초대해야 합니다."

그러나 국회는 그때까지 지방에서 했던 연맹제처럼 파리에서 거행할 전국연맹제도 전적으로 국민방위군들의 연맹이어야 한다는 결정을 바꾸지 않았다.

6월 11일, 파리 시장 바이이는 연맹협정 모임을 이끌고 왕을 알현하면서 공식적으로 왕을 연맹제에 초청했다.

"전하, 파리 코뮌의 모든 구 대표는 전국의 국민방위군과 정규군이 국회와 전하께서 참석하신 자리에서 거국적으로 하나로 뭉치는 연맹제를 제안했습니다. 국회는 이에 관한 법을 통과시키고 전하는 법을 승인하셨습니다."

바이이는 7월 14일에 모일 프랑스인은 모두 공공의 자유를 복원해준 왕을 중심으로 뭉치고, 인민의 아버지를 축복할 것이라고 덧붙여 말했다. 이 말을 들은 왕은 이렇게 대답했다.

"나는 여러분이 국회에 제안한 연맹의 맹세에 대한 법을 기꺼이 승인했소. 그리고 나는 국민방위군과 정규군이 수도에 대표단을 보내 하나가 되는 광경을 기쁘게 바라볼 것이오."

이렇게 해서 왕도 연맹제에 공식 참석한다고 확약했다. 지금부터 우리는 파리의 행정구역 재편문제와 함께 연맹제 준비과정을 살펴야 한다. 전국연맹제를 준비하고 주최하는 주체가 바뀌는 과정을 소홀히 넘길 수 없기 때문이다.

3
파리의 새 조직과
전국연맹제

1790년 5월 21일, 국회가 제정한 파리 시 정부조직법 제1장 제6조는 이렇게 규정했다.

"파리는 48개 구(섹시옹)로 나눈다. 구마다 능동시민의 수를 비슷하게 맞춘다."

이제 파리는 1789년 4월에 전국신분회 대표를 뽑으려고 나눈 60개 선거구(디스트릭트)의 틀을 버리고, 혁명으로 태어난 능동시민의 수를 고려해 48개 구(섹시옹)의 새 틀을 갖추어야 한다. 국회에서 이 법안을 상정한 데뫼니에는 왕국을 재편하기 위해 노력하는 헌법위원회에 보조위원으로 다섯 명을 증원해 파리의 48개 구를 나누는 문제를 맡기자고 제안했다. 국회는 곧바로 뒤퐁 드 느무르, 뷔로 드 퓌지, 오브리 뒤 보세, 고생, 팽트빌 드 세르농 남작을 임명했다. 샤를 드 라메트는 곧 이 문제를 파리의 선거구 회의에 맡겨서 검토하게 하자고 요구했다. 샤를은 파리의 이해관계를 충실히 고려하여 제안했지만, 그렇게 할 경우 일이 언제 끝날지 알 수 없다고 지적하는 사람이 있었다. 데뫼니에는 60개 선거구 위원들의 의견을 분명히 들어야 한다는 사실을 인정한 뒤 자신이 발의한 안을 조금 수정했다. 국회가 파리의 품에 있는 한 파리의 조직을 재편하는 일에서 파리 코뮌을 완전히 무시하고 결정하기는 어려웠던 것이다.

"국회는 헌법위원회를 돕는 보조위원들이 파리 시정부 위원들과 현재 60개 선거구 위원들의 의견을 충분히 들은 뒤 파리를 48개 구로 나누는 일을 추진하도록 하며, 어려운 문제가 생길 때 국회에 보고할 임무를 준다."

이 결정에 따라 파리의 60개 선거구가 위원을 선출해야 했다. 그러나 60개 선거구*는 지난 1년 동안 그랬듯이 시장의 공식소집을 기다리지 않고 직접 그 문제를 해결하려고 노력하면서 서로 협의할 대표들을 임명하기 시작했다. 6월 1일, 파리 구 분할 위원들은 노트르담 선거구의 대주교청에 모여 늦어도 6월 4일까지 모든 선거구를 소집하라고 시장에게 요청했다. 일곱 명이 요청서에 서명했는데, 프레몽트레(생탄 교회) 선거구의 보베 드 프레오, 앙리 카트르(생텔루아 교회) 선거구의 루시노가 각각 부의장과 총무가 되었다. 그날 바이이는 그들의 요청을 받아들여 회의를 소집했다. 시일이 몹시 촉박했다. 아직 대표를 뽑지 않은 선거구가 많았기 때문이다. 시장은 6월 4일에 모든 선거구 기초의회 의장에게 회람을 돌려 위원들이 5일 노트르담 선거구 회의실에 모이도록 서둘러달라고 했다. 이렇게 해서 시 행정위원회가 임명한 위원 네 명과 60개 선거구 위원들은 노트르담 선거구에서 6월 6일부터 14일까지 모여서 토의했다. 첫날은 위원들의 자격을 심사하고, 둘째 날은 실무요원을 뽑았다. 보베 드 프레오가 위원장, 루시노가 부위원장, 아브리알이 총무, 로크레 드 루아시가 부총무로 뽑혔다. 이들은 "파리 48개 구 분할을 위해 대주교청에 모인 파리 코뮌 대표 모임Assemblée des députés de la Commune de Paris réunis à l'Archevêché pour la division de Paris en 48 sections"을 공식이름으로 삼았다.

위원들은 두 가지 안을 검토했다. 하나는 건축가로서 파리 식물원을 설

---

* 각 선거구의 이름은 거기에 속한 주요 교회나 수도원의 이름을 따랐다.

계한 에듬 베르니케Edme Verniquet가 만든 안이며, 다른 하나는 왕립지리학자장 클로드 드조슈가 만든 안이었다. 세무국의 티롱이 참고인 자격으로 파리의 세무자료를 설명했다. 파리 주민이 내는 카피타시옹세를 가지고 조사한 결과 능동시민의 수는 9만 7,631명이었다. 티롱의 의견을 참고하고, 두 가지 안을 검토해서 6월 14일에 다음과 같은 결과를 얻었다. 46개 선거구가 드조슈 안에 완전히 또는 조건부로 찬성하고, 8개 선거구는 완전히 또는 조건부로 베르니케 안에 찬성했다. 6개 선거구는 두 안 모두 마음에 들지 않는다고 말했다. 시정부 위원들은 다수가 지지한 드조슈 안을 채택한다고 선언했다. 여기서 한 가지 잊지 말아야 할 점은 파리 시장도 임시직이었고, 따라서 시정부 조직도 임시조직이었다는 사실이다. 5월 21일의 법으로 60개 선거구를 해체하고 48개 구로 재편한 뒤에 파리 코뮌이 다시 태어나고, 파리 시장도 그때 정식으로 뽑게 되어 있었다. 그때까지 임시시장이 임명한 위원들이 선거구가 선정한 안을 공식 안으로 선언했던 것이다. 이제 이 안을 가지고 국회의 헌법위원회가 파리를 새로 조직하는 일을 마무리해야 했다.

헌법위원회는 6월 21일까지 일을 마무리하기로 했다. 보조요원 다섯 명은 6월 6일부터 14일까지 파리 선거구 위원들이 시 위원들과 함께 토의한 회의록과 선거구가 저마다 작성하여 제출한 의견서, 모두 70여 가지 문서를 바탕으로 일을 시작했다. 마침내 일을 끝마치면서 고생Gossin은 파리를 높이 추켜세웠다.

"파리는 우리와 후손으로부터 모두 칭송받을 만합니다. 왜냐하면 파리는 혁명을 일으켰고, 혁명에 복종했기 때문입니다."

고생의 말대로 60개 선거구를 48개 구로 재편하는 데 기득권을 잃거나 포기해야 하는 구가 생기게 마련이었지만, 파리 코뮌이 잘 협조해서 새로운 파리가 탄생했던 것이다. 5월 21일의 법이 나온 지 한 달이 지난 6월 22일에 탄생한 48개 구는 저마다 평균 200여 명의 능동시민을 가지게 되었다. 그중에서 50명이 요구하면 구 기초의회를 소집할 수 있었다. 기초의회는 주로 청원문과 상주문을 작성하는 일을 했다. 입법가들은 원래 파리의 구가 선거구 역할만 충실히 해줄 것을 기대했다. 그러나 기초의회는 좀더 적극적인 행위를 할 수 있었다. 48개 구의 총회는 8개 구가 요구하면 소집할 수 있었다. 참고로 구(섹시옹)의 미래를 보자면 총재정부 시절 디비지옹division으로, 1812년에는 카르티에quartier로 이름만 바뀌었고, 마침내 1860년 파리의 도시계획을 새로 할 때 사라지게 된다.

파리를 48개 구로 나눈다고 해서 모든 일이 끝나지는 않았다. 구 의회 같은 행정기구를 만드는 데 또 시간이 필요했으며, 시정부의 선거와 거기서 소외된 사람들에 대한 문제를 해결하지 않는 한 혁명에 기대를 걸고 협조했던 수많은 사람으로 하여금 혁명에 등을 돌리게 만들 것이 뻔했기 때문이다. 지금 단계에서 미리 말하자면, 시정부조직법을 적용해 파리에 완전히 새 정부가 들어서는 것은 10월 8일이다. 48개 구의 기초의회는 7월 25일에 모여 시정부의 선거에 대해 논의하기 시작했을 뿐이다. 그리하여 8월에는 그동안 임시시장으로 일하던 바이이가 정식시장이 되었고, 코뮌의 검찰총장 한 명과 보좌관 두 명을 뽑았을 뿐이다. 코뮌의 총회를 구성할 명사들을 뽑아야 거기서 시정부 요원들을 선출할 텐데, 명사를 뽑는 선거도 8월 11일에 시작해서 9월 4일에야 끝나고, 그렇게 해서 다음 단계인 시정부를 구성하는 일이 10월 8일에 비로소 끝났으니, 파리 코뮌의 행정은 그때까지 항상 '임시체제'였던 것이다.

이미 보았듯이 시에예스 신부가 국회의장이 된 6월 8일과 그 이튿날 파리의 전국연맹제에 국민방위군이 참여하는 방법을 결정했다. "연맹협정을 위한 대표자 모임"은 파리 임시정부의 행정위원회의 지휘를 받으려 들지 않았다. 10일부터 그들은 시 행정위원회에 대표 열 명을 들여보내고, 연맹의 주도권을 쥔 코뮌 의장 샤롱이 사회를 맡으면서 행정위원회에 협조를 부탁했다.

"우리는 전국연맹제의 기초를 놓았습니다. 국회에서 입법가들은 우리의 계획을 승인했습니다. 그러니까 여러분, 그 계획을 실현하는 일이 여러분과 우리 손에 달렸습니다. 여러분이 도와주셔야 이 대대적인 과업을 수행할 수 있습니다. 그러나 우리는 이 과업의 겉에 달콤한 꿀을 입히는 작업을 하면서 이제 파리 코뮌과 시정부가 함께 관여해야 할 때가 되었다고 생각해 여러분을 모시게 되었습니다. 우리는 이 위대한 과업의 자세한 내용을 여러분에게 모두 알려드리면서 앞으로 남은 일에 여러분이 동참해서 수고해주시기 바랍니다."

행정위원회는 '연맹협정 모임'의 대담한 발언을 듣고 몹시 당황해서 그들에게 자리를 피해달라고 한 뒤 자유롭게 토론했다. 잠시 후 그들을 다시 회의장에 들인 뒤 시장이 결정사항을 알려주었다. 행정위원회는 먼저 '연맹협정 모임'이 과연 60개 구에서 정당한 권한을 받았는지, 그리고 시정부에 대해 그러한 요구를 할 수 있는 권한이 있는지, 나아가 샤롱의 발언이 별 문제가 없는지도 심사하기로 했다고 시장은 설명했다. 결국 '연맹협정 모임'은 공식적으로 권한을 인정받았다. 그리고 행정위원회는 '연맹협정 모임'과 각각 60명씩 참가하는 혼합회의체를 구성하기로 결정하고, 위원 여덟 명을 '연맹협정 모임'으로 보내 결정을 통보했다. '연맹협정 모임'은 이 문제를 놓고 끊임없이 토론했다.

6월 12일, 파리 시장은 코뮌 의회 의장과 함께 모든 지방정부에 초대장을 보내, 파리 코뮌이 계획하고 국회가 법으로 제정한 전국연맹제에 참여할 준비를 갖춰달라고 부탁했다. 전국연맹제를 준비하는 과정에서 누가 더 주도권을 갖느냐, 어떻게 협조할 것이냐를 따지는 일도 중요하지만, 7월 14일에 맞춰 행사를 준비하려면 참가자에게 초대장을 보내는 일을 소홀히 할 수 없었다. 한편 연맹협정 모임은 시 행정위원회에 대표를 보내 자기네 결정을 알렸다. 양측이 여섯 명씩 위원을 뽑아 모두 열두 명으로 일종의 혼합위원회를 만들자는 내용이었다. 그러나 연맹협정 모임은 아직까지 60개 구에서 동등한 권한을 가진 단체이므로 혼합위원회가 전국연맹제에 대해 내린 중대한 결정을 들어야 할 때는 모두 그 자리에 참석해야 한다고 결의했다. 그리고 연맹협정 모임과 행정위원회가 60명씩 참석하는 회의체가 아니라 행정위원 60명과 연맹협정 모임 120명이 동등한 자격으로 논의하고 투표하자고 결의했다. 파리 고등법원 심리부 판사이며 비명碑銘 문학아카데미 회원인 파스토레 후작은 행정위원회에 나가 연맹협정 모임의 결의사항을 통보했다. 두 기구의 결정이 차이가 났지만 전국연맹제를 앞두고 합의점을 찾아야 했다. 행정위원회는 그 점을 잘 알았다. 행정위원회는 혼합회의체 구성안을 철회한 뒤 열두 명 위원으로 혼합위원회를 구성하는 안을 받아들이는 대신, 혼합위원회의 결정사항을 설명할 때는 행정위원회와 연맹협정 모임에서 보낸 대표들이 각각 자기 소속 기구에 보고하자는 안을 냈다. 이렇게 합의해나가는 과정에서 연맹협정 모임에 점점 더 무게가 실렸다. 시 행정위원회는 위원 여섯 명에게 전권을 주어 연맹협정 모임에 참여시켰기 때문에 여섯 명이 120명 속에서 제대로 힘을 발휘하기란 어려웠고, 그렇게 해서 결국 6월 21일에 전국연맹제의 주도권이 연맹협정 모임의 손에 들어갔던 것이다.

6월 중순, 파리 시와 선거구 사이에 또 다른 혼란이 있었다. 1751년에 태어나 혁명 전에는 치안총감의 돈을 받는 첩자 노릇을 하다가 혁명기 파리 치안담당관(검찰관)이 된 피에르 마뉘엘은 6월 14일, 모든 신문에 다음과 같은 글을 보냈다.

파리 시정부 치안청에서 신문발행인에게 드리는 글

여러분, 옛날 그리스와 로마의 영광을 지워버릴 정도로 위대한 날이 다가옵니다. 1년도 안 되는 기간에 군주와 왕족, 사제, 판사들의 잘못을 바로잡고 법과 풍속을 바꾸는 신화를 일궈낸 나라가 역사상 어디 있겠습니까? 그렇습니다. 풍속까지 변화시켰습니다. 크롬웰을 애도한 민족과 벤저민 프랭클린*을 애도한 민족은 천지 차이이기 때문입니다.

자유를 찾은 1주년 기념일, 파리에서 프랑스 전체가 새로운 선택을 했다고 믿으면서 하늘까지 닿는 함성을 지르는 광경은 이 세상에서 가장 멋진 모습일 것입니다.

"프랑스인의 첫 왕 루이 만세!"

인류의 행복에 함께 서명하고 맹세하는 이 잔치에 모든 왕이 동참할 자격을 얻을 수 없는 까닭은 무엇일까요?

여러분, 국민의 병사건 왕의 병사건 모든 지방에서 달려온 병사들이 조

---

* 6월 11일(금), 국회에서 미라보 백작은 프랭클린이 1790년 4월 17일 필라델피아에서 사망한 소식을 전한 뒤 "나는 국회가 벤저민 프랭클린을 애도하기 위해 3일 동안 상복을 입자고 요구합니다"라고 발의했다. 그리하여 국회는 14일(월)부터 사흘 동안 애도의 표식을 달고 다니고 의장은 미 의회에 공식조문의 편지를 쓰기로 했다.

국의 깃발 아래서 서로 얼싸안고, 왕국의 모든 우호적인 도시로부터 헌법의 수호자들에게 보내는 존경의 표시를 받을 것임을 의심치 않습니다. 그러나 프랑스에서 가장 명예로운 사람들은 그 누구보다도 바스티유의 정복자들입니다. 우리는 마음의 문을 활짝 열듯이 우리 집의 문도 활짝 열어 가족 같은 병사들을 맞이할 것입니다.

나는 지방에서 오는 우리의 형제들에게 숙소를 제공할 파리 시민들의 이름을 기꺼이 기록해놓을 것이니 그들의 이름을 알려주시겠습니까?

치안담당관 마뉘엘.

그것을 본 연맹협정 모임은 발칵 뒤집혔다. 시 행정위원회의 대표들이 자신들과 상의하지도 않은 내용을 신문에 먼저 발표한 것은 무슨 뜻인가? 코뮌 의회 의장 샤롱은 60개 구 대표를 회의장에 모았다. 그들은 마뉘엘을 코뮌 회의에 불러 그가 쓴 공개편지를 철회하든지 아니면 그렇게 마음대로 글을 쓴 이유를 설명하게 하자고 결의했다. 마뉘엘은 코뮌 회의에 편지를 보내서 변명했다. 그는 파리 코뮌의 결정 때문에 몹시 괴롭다고 말했다. 그는 파리 시민이라면 누구라도 해야 할 일을 했을 뿐, 그처럼 비난받을 만한 행동을 하지는 않았다고 주장했다.

여러분이 가장 훌륭한 인민의 숭고한 잔치를 준비하기 때문에 나는 나대로 애국시민의 명단을 여러분에게 제공하는 것이 옳다고 생각했습니다. 그리고 여러분의 감독을 받아 그 명단을 인쇄하려 했습니다. 숙소를 제공하는 시민들에게 자유의 도장을 찍어주는 것보다 좋은 일이 어디 있겠습니까? 그 일을 여러분보다 더 잘할 사람이 누가 있겠습니까?

내가 무심코 내 속내를 내비쳤습니다. 나는 투석기를 포기하는 대신 여러분에게 소총 한 자루만 요구하겠습니다.

마뉘엘은 연맹협정 모임을 추어주면서도 시정부의 권한이 손가락 사이로 빠져나가는 것을 못마땅하게 생각했으며, 시정부가 새로 들어서려면 아직 멀었는데 전국연맹제 날은 점점 가까워오는 것을 안타까워했음이 분명하다. 그럼에도 마뉘엘은 편지 끝부분을 농담으로 얼버무리면서 한 걸음 뒤로 물러섰다.

파리 코뮌의 연맹협정 모임은 마뉘엘이 느닷없는 말로 초점을 흐리려 하자 곧바로 모든 신문에 준엄한 내용의 선언문을 실었다.

전국연맹제에 대하여

1790년 6월 16일 수요일, 파리 코뮌의 60개 선거구 대표들은 전국연맹제와 관련한 모든 업무를 수행하기 위해 시청에 모여 의장의 보고를 들었다. 의장은 여러 신문의 기사가 이 중대한 과업을 수행하기 위해 코뮌의 전권을 위임받는 진정한 협력자들에 대한 여론을 호도한다는 사실을 깨달았다. 또 이 연맹제를 준비하는 모임이 여러 개 생겼다는 사실과, 사실상 이 사업과 아무런 관계도 없는 개인까지 나서서 마치 특별한 임무를 띤 듯이 행동하는 것을 보았다. 그래서 이 같은 불확실한 상황이 더는 존속하지 않도록 열심히 노력하며, 코뮌의 권리와 모든 구의 주민들에게 해를 입히려는 시도를 막아야 한다고 생각했다.

따라서 전국연맹제를 실천하는 전권은 전적으로 파리의 모든 구를 대표하는 위원 120명에게 있으며, 연맹협정과 관련된 모든 것에 대한 의견은 이들의 결정을 좇아야 한다.

의장 샤롱.

총무 라피스, 모로, 바르니에, 마티스.

이처럼 16일에 연맹협정 모임은 신문에 당당한 선언문을 실어 전국연맹제에 관한 주도권이 자기 손에 있음을 분명히 못 박았다. 마뉘엘은 이 일에 책임지고 사임했다. 그렇다면 마뉘엘이 신문에서 말한 숙소문제는 어떻게 해결할 것인가? 전국에서 연맹제에 참가하려고 모여드는 '연맹군'을 수용할 숙박시설을 어디서 찾을 수 있을까? 연맹제 날은 7월 중순이기 때문에 밖에서 잘 수도 있겠지만, 아무튼 방침을 세워야 했다. 연맹협정 모임은 주민들에게 직접 숙소문제를 호소하기로 하고 지방에서 오는 형제들에게 기꺼이 숙식을 제공할 시민들을 뽑기로 결정했다.

대표단의 숙소를 위한 60개 선거구의 포고령

지난 6월 9일 코뮌 대표들의 결정에 따라 모든 선거구는 국민협약에 참가하는 대표들에게 파리 부르주아의 집에서 숙소를 제공하자는 제안에 대해 논의했다. 그리하여 각 선거구의 거주자는 자신이 수용할 수 있는 대표의 수를 알려달라고 요청한다. 더불어 파리의 형제들의 집에 묵고 싶은 대표는 시청에서 숙소를 배정받을 수 있도록 한다.

헌법위원회는 7월 3일, 전국연맹제에 필요한 예산문제를 안건으로 올렸다. 브르타뉴 출신 의원 르 샤플리에가 말했다.

"이제 전국연맹제까지 열흘밖에 남지 않았습니다. 이 잔치를 준비하는 데 필요한 모든 사항을 마음껏 준비할 수 있는 기구가 있어야 합니다. 그러나 그 기구는 경제상태를 충분히 고려할 수 있어야 합니다."

엑스 세네쇼세 출신 부슈가 그 뒤를 이었다.

"잔치에 드는 모든 경비를 누가 책임졌습니까? 그 경비를 위원회에 책임 지게 만든 사람은 누구입니까? 이것은 우리와 상관없는 일입니다."

르 샤플리에가 대답했다.

"이 잔치에 드는 비용은 파리의 위원들이 계산해서 재정위원회에 보고해 야 합니다."

뢰프벨이 말했다.

"국회가 파리에서 회의를 하고 또 왕이 파리에 거주하기 때문에 전국연 맹제가 파리에서 열리는 것입니다. 우리는 그것을 국가적인 잔치로 치르기 를 원합니다. 그러나 메스, 스트라스부르, 릴, 오를레앙, 투르의 연맹제도 역 시 국민의 잔치였으며, 그들은 모두 스스로 잔치를 치렀습니다. 만일 파리가 경비를 너무 많이 책정한다면, 그것은 파리의 사정이지 우리가 개입할 문제 는 아닙니다."

파리는 다른 도시와 동등한 권리를 가진 도시일 뿐 특별한 도시가 아니라 고 생각하는 의원들이 있었고, 그것이 당시 지방민의 정서를 표현한 것임을 엿볼 수 있다. 시간이 흐른 뒤 이러한 정서는 반감으로 나타나고 더 나아가 내전으로 발전하게 된다. 그러나 이 시점에 벌써 모든 과정이 우리가 아는 결 과로만 나타나야 한다는 뜻으로 말하고 싶지는 않다.

카뮈가 지방 출신 의원들을 의식하면서 말했다.

"파리가 이렇게 청원했다고 하는데, 나는 동료 시민들의 이름으로 그 사 실을 인정하지 않습니다. 파리는 국민방위군 형제들을 기꺼이 따뜻하게 맞이할 것입니다. 파리는 형제들에게 잔치 비용을 내라고 한 적이 없습니다. 만일 누군가가 파리의 구 기초의회에서 이러한 제안을 했다면 모든 구가 일제히 그 제안을 거부했을 것입니다."

데뫼니에가 말했다.

"파리 코뮌이나 (파리 남쪽의) 보지라르 코뮌이나 모두 헌법 위에 있지 않기는 마찬가지입니다. 만일 국회가 승인하지 않으면 파리는 연맹제에 참가하러 오는 대표들의 자격을 심사할 권한도 없습니다. 파리가 요구하는 것은 바로 그 권한입니다. 현재 파리 코뮌은 아무것도 아닙니다. 파리는 48개 구로 분할되었지만, 그 구는 서로 감독할 권한을 갖지 못했습니다. 헌법은 파리 코뮌의 상급기관인 파리 도의 승인을 받지 않으면 한 푼도 집행하지 못하게 정했습니다. 그런데 아직 파리 도가 존재하지 않기 때문에 경비지출을 감독할 기관도 없습니다. 따라서 국회가 감독권을 가져야 합니다. 나는 이러한 사안 이외의 모든 안건을 물리쳐주시고, 만일 오늘 따로 더 할 얘기가 없다면 이 문제에 대한 토의를 여기서 멈추고, 파리 출신 의원들이 함께 회의를 할 수 있는 시간을 마련해주어야 한다고 생각합니다."

뒤포르가 말했다.

"파리 시는 여러분을 잔치에 초대했습니다. 파리는 여러분에게 이 잔치를 얼마나 잘 조직하는지 보여드려야 합니다. 그러므로 파리는 여러분에게 그 계획을 보여드려야 하며, 그 이상은 필요 없습니다."

의장이 이 문제를 연기할 것인지 물었고, 의원들은 이튿날까지 연기하기로 결의했다. 7월 4일, 데뫼니에 의원이 법안에 대한 얘기를 꺼냈다.

어제 우리는 전국연맹제의 준비에 대한 법안을 오늘 처리하기로 했습니

다. 나는 그 잔치에 드는 경비를 국고에서 부담하게 하자는 것이 문제가
아니라는 점을 분명히 말합니다. 우리가 결정할 것은 단지 파리 코뮌이
나 시정부 위원들이 각 지방에서 보낸 대표의 자격을 심사할 권한을 행
사하도록 만들어주는 것입니다. 이제 법안을 읽겠습니다.

국회는 파리를 방문하는 모든 국민방위군과 정규부대의 대표의 자격을
심사할 위원회를 설치할 필요가 있다고 생각한다.
더욱이 파리 시정부가 아직 조직되지 않았고, 지금으로서는 그 조직을
미뤄야 할 수밖에 없는 현실이며, 파리의 선거구가 임명한 위원 120명과
파리의 모든 구가 이달 14일로 정한 전국연맹제와 관련해 지금까지 내린
모든 결정을 헌법 차원에서 인정해줄 도 정부도 존재하지 않는 현실에서
국회는 다음과 같이 결의한다.

1. 파리 시장, 시 행정위원회가 임명한 위원 6명, 그리고 선거구에서 임
   명한 120명이 뽑은 위원 6명은 연맹제의 경비와 관련한 세부사항에
   대해 명령을 내릴 수 있다.
2. (120명 가운데 6명을 제외한) 114명은 연맹제의 맹세에 참여하려는
   대표들을 임명하는 과정을 담은 보고서를 심사하고 등록할 것이다.
   또 그들은 연맹제를 거행할 장소를 준비하는 모든 일을 나눠서 맡을
   것이다.
3. 파리 시장과 국민방위군 사령관은 특히 공공안전과 질서를 유지하도
   록 힘써야 한다.

국회는 이 법안을 별 문제 없이 통과시켰다. 데뫼니에는 곧이어 연맹제의 맹세에 대한 법안을 안건으로 내놓았다.

"국회는 파리에서 7월 14일에 열리는 전국연맹제에 참가하는 국민방위군과 정규군의 대표들이 다음과 같이 맹세하도록 정한다.

우리는 국민과 법과 왕에게 영원히 충성할 것을 맹세합니다.

우리는 국회가 제정하고 왕이 승인한 헌법을 온힘을 다해 보전하겠다고 맹세합니다.

우리는 법을 준수하여 인명과 재산을 보호하고 왕국 내에 곡식과 생활필수품이 자유롭게 유통되도록 할 것이며, 모든 종류의 세금을 잘 걷을 수 있게 할 것임을 맹세합니다.

우리는 모든 프랑스인과 형제애로써 하나로 뭉칠 것임을 맹세합니다."

바르나브가 발언권을 요청했다.

"나는 전국연맹제 때문에 발생할 수 있는 일을 예방할 필요가 있다고 생각하면서 국회는 회의 중이 아니면 아무런 결정도 내릴 수 없다고 결의하자고 제안합니다."

의원들은 만장일치로 그의 안을 받아들여 다음과 같이 결의했다.

"국회는 이달 14일에 거행하는 연맹제 기간 중 그 어떤 청원이나 법안도 받아들이지 않겠으며, 일상적인 회의장을 벗어나서는 그 어떤 결정도 하지 않는다고 결의한다."

거국적인 행사가 있을 때 행사에 모인 사람들이 즉흥적으로 관심사항을 요구하고 그것을 들어주지 않으면 시위와 폭동까지 일으키는 역사적 사례를 심심치 않게 찾을 수 있는데, 바르나브의 안은 그러한 일을 예방하려는 의도를 담고 있었다.

국회는 7월 14일의 전국연맹제를 주관할 기관을 지정해주면서 경비문제는 건드리지 않았다. 그렇다면 누가 경비를 댈 것인가? 이 문제는 혁명기의 숙제로 남는다. 무슨 뜻인가? 먼저 7월 26일, 파리 시장 바이이가 재무대신 네케르에게 보낸 편지를 보자.

"재무총재님, 일전에 연맹협정 비용으로 80만 프랑을 주시겠다고 약속하셨음을 잊지 않으셨겠지요. 오늘 그 돈이 절대적으로 필요해서 이렇게 편지를 드립니다. (국고출납담당관인) 뒤프렌에게도 따로 편지를 쓰겠지만, 총재님께서 돈을 지급하라고 명령을 내려주시면 고맙겠습니다."

자료가 부족해서 파리 시장과 재무총재 사이에 어떤 얘기가 오갔는지 정확히 알기는 어렵지만, 바이이가 편지를 쓴 것으로 봐서 재무총재가 돈을 약속했음을 알 수 있다. 국회가 결정하지 않은 사항이지만 파리에서 준비한 전국연맹제의 비용을 국가가 책임지겠다고 한 것은 어찌된 일인가? 네케르는 그 돈을 어디서 어떻게 마련할 작정이었던가? 아무튼 전국연맹제는 파리 시에서 일꾼에게 급료를 제대로 지급하지 못하면서 준비한 것임을 알 수 있다. 파리는 국유화한 교회 재산 가운데 2억 리브르어치를 사들이기로 결정했다. 그 돈에 비하면 전국연맹제를 준비하는 데 드는 비용은 1퍼센트도 안 된다. 그럼에도 파리 시장은 당장 임금을 달라고 조르는 일꾼들을 달래줄 방법을 제대로 찾지 못했다.

돈 문제는 해를 넘겼다. 1791년 2월 8일, 파리 시정부는 국회에 대표단을 보내 의원들에게 호소했다. 밀로 신부는 파리 시가 해결하지 못하는 문제를 낱낱이 밝혔다. 그는 파리 시가 구체제 모든 재정활동의 중심지로서 과중한 세금을 부담했다는 점을 강조하면서 이른바 '재정을 탕진하는 정부의 샘물'이었다고 비유했다. 혁명이 모든 것을 바꾸어 모든 폐단을 없애고 특권을 무효화하고 원칙을 되살려 모든 사람과 권리를 평등하게 만들었는데, 파리는 이러한 업적을 이룬 국회의 노고를 잘 알고 있지만, 그동안 입은 손실과 희생에 비해 새로운 질서의 열매를 하나도 따지 못한 채 계속해서 부담만 안고 있다고 호소했다. 혁명이 일어난 뒤 파리에서 거둔 소비세는 왕국의 여타 도시가 모두 낸 세금보다 많으며, 국회가 만든 법의 원칙에 어긋나는 방식으로 공공요금도 불평등하게 부담했기 때문에 이제 파리 시민들의 능력이 고갈되었다고 우는 소리를 했다. 그러나 그는 파리가 국회에 호의를 구걸하지 않으며 단지 정의를 실현해달라는 것이라면서 파리와 다른 도시의 소비세를 같은 액수로 정해달라고 요구했다.

그는 부채청산위원회의 자료를 인용하여 국고에서 파리 시에 지불할 돈이 1,500만 리브르 이상이라고 지적했다.

파리 코뮌의 모든 자원이 바닥났습니다. 국회는 파리 코뮌에게 생활필수품을 준비하는 일을 급선무로 지정했지만, 그 때문에 고통을 당하고 있습니다. 이제 파리 코뮌은 스스로 재원을 마련해야 하기 때문입니다. 파리 코뮌은 오늘 요구하는 돈을 받아서 그 일부를 거기에 쓸 것입니다. 지금 파리는 수많은 빚쟁이의 하소연을 듣고 있습니다. 파리가 진 빚은 혁명의 비용으로 더욱 늘어났기 때문에 앞으로 거의 400만 리브르를 갚아야 합니다. 전국연맹제를 준비하기 위해 샹드마르스에서 쓴 돈 가운데 아직 120만 리브르를 갚아야 합니다. 그렇지 않아도 일거리가 없어서 불행해진 사업가와 노동자들은 돈을 받지 못해 더욱 불행해졌습니다. 게다가 급히 10만 에퀴(50만 리브르)가 필요합니다. 구호기금이 바닥나고, 모든 구마다 돈을 달라고 간청하고, 일거리가 없어서 굶주리는 사람이 많습니다. 지금 시정부 금고는 텅텅 비었기 때문에 이렇게 시급한 돈을 구할 길이 없습니다. 따라서 국회가 국고에서 파리에 갚아야 할 빚 1,500만 리브르 가운데 600만 리브르를 지급해달라고 간청합니다.

이렇듯 파리의 전국연맹제는 수많은 노동자의 임금을 제대로 지급하지 못한 채 성대히 끝났던 것이다. 국가재정도 네케르가 계속 채권을 발행해 충당했지만, 파리 도나 시는 모두 그만한 돈을 지불하기 어려운 상태였으며, 마땅히 국가재정에서 그 경비를 부담해야 할 것으로 여겼다. 1792년 2월 26일과 5월 27일, 샹드마르스에서 일한 목수들이 체불임금을 달라고 청원했고 나중에는 국민공회에도 이 문제를 가져갔음을 볼 때, 전국연맹제는 화합의 잔치이자 수많은 사람에게 빚을 진 잔치였던 것이다.

4
국회 선포 기념행사

6월 중순, 피에르 마뉘엘이 신문에 낸 기사와 연맹협정 모임의 반박문, 그리고 그 결과 마뉘엘이 사임하는 과정에서 우리가 하마터면 잊을 뻔한 중요한 행사가 있었다. 6월 17일은 국회를 선포한 1주년 기념일이었고, 지난 1년 동안 파리가 혁명의 중심지로 떠오르면서 구체제를 결정적으로 무너뜨리는 발판을 마련한 국회는 왕과 함께 파리의 품에서 코뮌의 영향을 받고 있었다. 마침 1790년 6월 17일, 국회의장은 열흘 전에 뽑힌 시에예스였다. 그가 속한 '89년 클럽Club de 89'이 행사를 치렀다. 89년 클럽은 자코뱅 클럽에서 나온 이른바 '분리파dissidents'였다. 자코뱅 클럽은 1790년 초부터 세력을 불려나갔지만, 한편 거기에 드나들던 사람들은 분열하기 시작했다. 라파예트, 바이이, 르 샤플리에, 시에예스, 라로슈푸코 리앙쿠르는 입헌군주제 헌법을 기초로 부르주아 체제를 원했기 때문에 페티 옹과 바르나브 같은 과격파의 발언에 걱정하기 시작했다. 게다가 아직 '프로 방스의 횃불' 미라보만큼 주목받지 못해서 '아라스의 촛불'로 불리던 로베스 피에르 같은 사람도 날이 갈수록 그들에게 만만치 않은 걱정거리였기 때문 에 그들의 마음은 점점 자코뱅 클럽에서 멀어졌다. 1790년 전반기만 하더라 도 자코뱅 클럽에서 주도권을 쥔 사람은 라메트 형제, 뒤포르, 바르나브였으 나 이들도 시간이 흐를수록 자코뱅 클럽에서 더욱 과격한 사람들 때문에 마 음이 멀어지기 시작했다.

바르나브는 자코뱅 클럽에 여러 분파가 있었다고 회고했다. 특히 대신들 의 사주를 받은 회원들 또는 국회에서건 자코뱅 클럽에서건 영향력을 행사 하지 못해 안타까워한 회원, 특히 국회의원이 따로 모이기 시작했다고 말했 다. 120명이나 되는 그들은 크리용의 집에서 따로 모였기 때문에 이른바 '크 리옹위원회'라 불렸다. 그러나 크리옹위원회는 오래가지 못했다.

당시 자코뱅 클럽 회원은 모두 1,200명에서 1,300명 사이였는데, 그중 국 회의원이 360명 이상이었다. 의원 가운데 3분의 1을 제외하고 나머지는 자 코뱅 클럽에 충실했다. 자코뱅 클럽을 지키는 의원들이 더욱 능동적으로 활 동하고 전보다 더 단결하면서 마음이 떠난 회원들을 붙잡으려고 노력했다. 마음이 떠난 사람들도 지난 1년 동안의 행적으로 보면 모두 애국자였다. 그 들 속에는 자코뱅 클럽의 주요 직책을 돌려가면서 차지하는 파벌의 행태에 불만인 사람들이 있었으며, 대부분의 성향은 대신들을 지지하는ministériels '여당파'였다. 크리옹위원회는 해체되었지만, 1790년 4월 라파예트가 주축이 되어 거기에 속했던 사람들과 함께 새로운 클럽인 '1789년의 애국자 협회'Société patriotique de 1789'(흔히 '89년 클럽'이라고도 한다)를 만들었다. 이렇게 89년 클럽은 지난해부터 뜻을 같이하던 30명이 주축이 되고, 자코뱅 클럽에서 마음이 떠난 사람들, 이른바 '분리파'를 모아 탄생했다. 바르나브는 1789년 위원회 또는 89년 클럽의 회원이 모두 300명 가까이였는데, 그중에 국회의원이 50명 정도였다고 말했다. 바이이, 라파예트, 시에예스, 르 샤플리에, 미라보 백작, 뢰데레, 탈레랑이 참여했다. 나머지는 부유한 은행가, 징세청부업자, 특히 궁중에서 일하거나 막대한 재산을 가진 귀족으로서 새로운 체제에 적응하는 사람들, 그리고 재능과 학식을 갖춘 사람들이었다.

4월 12일, 분리파인 89년 클럽은 팔레 루아얄의 훌륭한 아파트에 장소를 마련했다. 그들은 자기네 목적을 분명히 밝혔다.

"모든 회원은 사교술l'art social을 완성하는 데 전념한다."

부자들이 그들을 지지했기 때문에 호화로운 회의장을 마련하는 일은 쉬웠다. 팔레 루아얄은 여전히 수많은 사람이 주목하는 곳이었기 때문에 그들도 쉽게 이목을 끌었다. 부유한 재정가는 물론 콩도르세, 클라비에르, 마르몽텔, 샹포르 같은 아카데미 회원과 계몽사상가들이 89년 클럽에 이름을 올렸다. 5월 13일, 124명이 꽃으로 호화롭게 장식한 방에서 저녁을 먹고 음악을 듣고 발코니에 나가 좋은 포도주를 마시면서 밤의 팔레 루아얄 정원을 떠들썩하게 만들었다. 상을 차리는 데만 거의 600리브르를 썼다고 한다. 그들은 마지막에 모두 축배를 들었는데 그날의 구호는 "국민을 위하여, 법을 위하여, 왕을 위하여"였다. 협회장인 시에예스가 축배를 제안한 뒤 또다시 "가장 훌륭한 헌법을 위하여, 아메리카 미합중국 헌법을 위하여, 애국적인 프랑스 헌법을 위하여"라고 외치고 술을 마셨다.

자코뱅 클럽은 생토노레 거리의 어둑한 수도원에서 겨우 초 몇 자루로 어둠을 밝히면서 혁명을 더욱 힘차게 밀고 나갈 궁리를 하는데, 89년 클럽은 대체로 현실을 고착화시키는 방향으로 나아가려는 듯했다. 바르나브는 89년 클럽에 대해 사람들이 어떻게 생각하는지 보여주었다.

"1789년 위원회(1789년의 애국자 협회)에는 재능을 갖춘 인사들이 여럿 참여했으며, 그들은 대부분 어떠한 비난도 받을 이유가 없는 청렴한 사람들이었다. 그러나 궁중에서 한자리하거나 막대한 재산을 가진 사람들이 기득권을 포기하지 않으려는 의도를 가지고 거기에 가담한 뒤, 세간에서는 이 클럽을 이끄는 사람들이 재산과 야망에 눈먼 사람들의 조종을 받는다고 비난했다."

이 클럽에 속한 의원들은 점점 '검은 사람들noirs(우파)'과 같은 투표 성향을 보이기 시작했다. 그들의 도움을 받아 애국자가 보기에 반혁명적인 조치가 뜻밖에 통과되는 경우도 있었다. 어느 날 시에예스 신부는 89년 클럽에 속한 사람들에 대해 심하게 논평했다.

"자코뱅 클럽에서는 내가 몹시 싫어하는 사람 두셋을 제외하고 나머지 회원을 모두 좋아하는데, 여기서는 여남은 명만 좋아하고 모두 경멸합니다."

6월 17일 목요일, 의장 시에예스가 9시에 국회 개회를 선포했다. 곧 국회 부총무인 소바조 뒤 크루아지가 그날을 기념하는 시를 읽었다.

오늘 행복한 날, 조국의 어버이들이여,
프랑스 인민은 권리를 되찾았도다.
노예상태의 프랑스에서 서로 눈을 흘기던 세 신분,
이제 여러분의 소중한 목소리에 위대한 인민으로 태어나

오늘 법을 세우기 시작했도다.

부당한 권력에 시달리던 인민.

여러분 속에서 든든한 지지자를 보았고,

여러분을 열렬한 보호자로 생각하도다.

그들은 소리 높여 부른다,

여러분을 프랑스의 구원자라고.

그들을 해방시킨 여러분의 이름과 업적을,

그들은 감사하는 마음으로 영원히 기릴지니.

잠시 의원들이 숨을 돌린 뒤 의장 시에예스는 곧 예정된 의사일정인 십일조 문제를 다루려 했지만 십일조위원회 보고자가 나오지 않아 성직자 시민헌법안을 다루기로 했다.

시에예스는 그날도 힘든 하루를 보낸 뒤 저녁에는 89년 클럽에 나갔다. 89년 클럽은 1789년 6월 17일을 기념하는 잔치를 벌였다. 200명이나 참가한 잔치에서 시에예스 말고도 르 샤플리에, 미라보, 탈레랑, 코르시카의 영웅 파올리가 특히 눈길을 끌었다. 그들은 축배를 들면서 한 가지 약속을 했다. 그 누구도 일개인이나 제도를 칭찬해서는 안 되며, 오직 훌륭한 사람들을 집단적으로 기리는 축배만 들자고 약속했다. 이같이 제안한 사람이 누구인지 알기는 어렵지만 복잡한 속셈을 감추었던 것은 분명하다. 그 자리에 있던 사람으로 그 사실을 모르는 사람은 얼마나 되었을까? 7월 14일의 전국연맹제를 한 달도 남겨놓지 않은 시점에 사람들이 국회보다 라파예트에게 더 많은 관심을 쏟는 것을 보면서 일개인을 기리거나 우상화하는 일을 미리 막으려고 했던 것이다.

"조국의 자유를 위해 고통받는 사람들을 위하여!"

"법을 존중하게 만들기 위해 용기를 발휘하는 이들에게!"

"빌어먹는 사람들이 사라지기를!"

"인류의 친구에게!"

그들은 이렇게 특정인을 대상으로 하지 않는 축배사만 외칠 수 있었다. 그들은 중앙시장Les Halles의 여성 상인들을 디저트 시간에 초대했다. 초대받은 상인들 가운데 1789년 10월 5일에 베르사유로 행진해 이튿날 루이 16세를 파리로 데려온 사람도 있었다. 이들은 주요 인사들에게 커다란 꽃다발을 안겨주고, 특히 바이이의 머리에 장미꽃 화환을 얹어주었다. 성대한 잔치를 벌이는 동안 팔레 루아얄 정원에는 자코뱅 클럽에서 모였던 사람들이 몰려가 발코니를 향해 외쳤다. 89년 클럽은 창문을 열어젖혔다. 민중은 그들이 나타나자 환영했다. 바이이, 라파예트, 미라보 백작, 탈레랑은 발코니에 나가 피이스가 지은 노래를 돌아가면서 불렀고, 정원에 모인 군중은 후렴을 불렀다. 곡조는 사람들이 잘 아는 '빚Des dettes'에 피이스가 쓴 가사를 붙인 노래였다. 혁명 전부터 가사 바꿔 부르기는 흔한 관행이었다. 노래 제목은 '위안La consolation'이었다.

국민을 배반한 자들은

전국연맹제를 두려워한다.

그것은 그들을 비통하게 만든다.

그러나 이미 1년 전부터

자유는 계획대로 앞으로 나아간다.

그것은 우리 마음을 달래준다.

그들의 계획을 흔적 없이 지워버릴

순간이 다가온다.

그것은 그들을 비통하게 만든다.

그리고 우리는 법으로써

사람들에게 권리를 회복해줄 것이다.

그것은 우리의 마음을 달래준다.

우리가 종종 부르는 경박한 노래는

둘이 숲에 가서 셋이 되어 돌아온다고 한다.

그러나 세 신분이 한데 모였다.

슬기로운 신부가 그들을 뒤섞어 하나로 만들었다.

그것은 우리의 마음을 달래준다.

어떤 이는 과거의 사회 신분을 그리워한다.

그들이 지녔던 십자가, 작위, 리본도.

그것은 그들을 비통하게 만든다.

이제 시간이 왔으니.

오직 풍속과 재능만으로 빛나도록 하자.

그것은 우리의 마음을 달래준다.

분명히 앞으로 그들이

훈장을 받을 일도, 거드름 피우며 가래침 뱉을 일도 줄겠지.

그것은 그들을 비통하게 만든다.

그러나 그들은 월계수, 이삭, 참나무 잎을 상으로 받는다.
그것은 우리의 마음을 달래준다.

슬프게도 우리는 누가 맹세의 말을
억지로 한 글자씩 떠듬대며 말했는지 보았다.
그것은 우리를 비통하게 만든다.
우리는 맹세의 말을 큰 소리로 외칠 것이다.
입과 마음으로
그것은 우리의 마음을 달래준다.

"슬기로운 신부가 그들을 뒤섞었다"는 말은 분명 시에예스 신부를 칭송하는 대목이겠다. 이 노랫말을 지은 피이스는 노래가 성공한 덕택에 해마다 4,000리브르의 연금을 받게 되었다. 그는 보드빌 극장을 세웠고, 나중에는 센 도의 부지사가 되었다. 89년 클럽 사람들은 급진파의 눈으로 볼 때 '반혁명'에 가까운 사람들이었고, 1791년에는 자코뱅 클럽에서 이탈하는 푀양파와 성향이 같았다.

5
귀족 작위 폐지

1790년 6월 8일, 국회는 전국연맹제에 대한 법을 제정하면서 파리 연맹협정 모임에 일처리를 맡겼다. 그 뒤 파리에는 수많은 계획을 담은 안이 쏟아져 나왔다. 어떤 사람은 7월 14일에 루이 16세를 프랑스인의 황제로 선포하자고 제안했고, 빌레트라는 사람은 수도에 사는 시민은 모두 거리에 밥상을 차려놓자고 제안했다. 이미 보았듯이 마뉘엘은 파리 주민이 기꺼이 숙소와 음식을 제공할 것이라는 광고를 신문에 실었고, 마침내 자기 말에 책임을 지고 사임했다. 사람들은 고대 그리스와 로마 시민들을 흉내 내듯이 앞 다투어 너그러운 희생을 제안했다. 이처럼 시민들이 주역이 되는 연맹제가 공화주의의 분위기를 한껏 드높일 때, 국회는 귀족 작위를 폐지하는 문제로 한바탕 토론을 벌였다. 수많은 소책자에서 이미 귀족 작위 폐지문제를 거론했고 국민주권의 시대가 열렸기 때문에 6월 19일에 국회가 실천하려는 일은 전혀 새로운 것이 아니었다. 사실 지난해 8월 4일부터 일주일 동안 귀족 의원들이 특권을 자발적으로 포기한다고 하지 않았던가. 그럼에도 열 달이 지난 시점에 실제로 귀족 작위를 폐지하는 문제가 나오자 저항하는 의원이 많았고, 이튿날인 일요일(20일)에 항의서를 써서 국회에 보낸 사람들도 많았음을 볼 때, 전국연맹제를 앞두고 국회는 또 한 번 높은 산을 넘었다고 말할 수 있다.

6월 19일 토요일 저녁, 바스티유의 정복자들이 국회를 방문했다. 그들이 회의장과 방청석 사이에 설치한 증언대에서 회의를 지켜보는 동안, 그들에게 적절하게 보상해줄 방법에 대해 연금위원회가 마련한 안을 바탕으로 카뮈가 법안을 발의했고 의원들은 이 안을 만장일치로 통과시켰다.

국회는 바스티유 정복자들의 영웅적인 용기에 감동하면서 그들에게 제복과 무기를 완전히 한 벌씩 갖추어주도록 명령한다. 소총의 총신과 칼날에는 다음과 같이 새긴다.

"국가가 바스티유 정복자 (아무개)에게"

그들에게 조국이 감사하는 뜻을 담아 명예증서를 발행한다. 명예증서는 바스티유를 정복할 때 숨진 이의 아내에게도 발행한다. 7월 14일 연맹제를 열 때, 최초로 자유를 정복한 사람들에게 모두가 잘 볼 수 있는 자리를 마련해준다. 그들의 이름을 국가의 문서에 기록하여 보존한다. 국회는 그들에게 금전으로 보상해주어야 한다는 사실을 고려할 것이다.

그날 저녁은 국회에 손님들이 계속 방문했다. 샤르트르에서 연맹제에 참가하려고 파리에 온 국민방위군 대표단이 먼저 들어와 국민, 법, 왕에게 목숨을 걸고 충성하겠다는 증서를 제출했다. 곧이어 투르의 대표단이 들어와 자유를 되찾아준 데 대해 감사했다. 의장은 곧 외국인 대표단이 들어올 것이라고 예고했다. 독일에서 태어난 귀족 클로츠 남작baron de Clootz, Jean-Baptiste이 그들을 이끌고 들어섰다. 막대한 유산을 물려받은 그는 일찍이 유럽을 돌아다니며 폭넓은 교육을 받았는데, 혁명이 일어나자 1789년 말부터 파리에 정착했고 유럽 여러 나라에 파리와 프랑스의 혁명 소식을 전했다. 그는 1790년 3월 14일, 『파리 소식La Chronique de Paris』에 이렇게 썼다.

"나는 튜턴족의 요람과 고트족의 작위를 포기하고, 파리의 부르주아라는 명예로운 호칭을 얻었다. 독일에서 남작이었고, 프랑스에서 시민인 클로츠 뒤 발 드 그라스 씀."

나중에 고대 그리스 시대의 철학자 아나샤르시스(아나카르시스)의 이름을 사용한 그는 영국인, 프로이센인, 시칠리아인, 네덜란드인, 러시아인, 폴란드인, 독일인, 스웨덴인, 이탈리아인, 에스파냐인, 브라방인, 리에주인, 아비뇽인, 스위스인, 제노아인, 인도인, 아랍인, 칼데아인을 대표해서 말했다.

그는 7월 14일 샹드마르스에서 거행하는 전국연맹제에는 프랑스인만이 참여해서는 안 될 것이라고 전제했다. 샹드마르스는 게르만 민족을 제국으로 통일시킨 샤를마뉴와 관련된 곳이기 때문이다. 그래서 전국연맹제는 온 인류의 잔치여야 한다고 말하면서 그는 이 세상 모든 나라에서 온 수많은 외국인이 샹드마르스의 한가운데 정렬하고 벅찬 기쁨에 자유의 모자를 벗어 하늘을 향해 흔드는 모습을 상상해보라고 권유했다. 그 모습은 그들의 나라에 있는 불행한 동포들에게 자유의 날이 곧 오리라는 확신을 심어줄 것임이 분명하다고 했다. 그는 자신들이 폭군이 보낸 외교관과 다른 자격으로 전국연맹제에 참석하기 때문에 더욱 좋은 결과가 있을 것이라면서 국회가 자신들의 참여를 승인해달라고 요청했다.

> 폭군이 보낸 외교관은 여러분이 주최하는 존엄한 잔치를 명예롭게 하지 못할 것입니다. 그러나 우리는 지금 압제에 시달리는 주권자인 우리 동포가 말없이 인정해준 임무를 띠고 왔으므로 여러분의 잔치를 명예롭게 해드릴 것입니다.
> 그 결과는 폭군들에게 훌륭한 교훈을 줄 것입니다. 우리는 유럽의 일등국민이 제각기 자기 깃발을 가지고 모여 프랑스와 이 세계에 행복이 왔다는 신호를 보낸다는 사실을 불행한 인민들에게 알려줄 것이며 그때 그들은 얼마나 큰 위안을 받겠습니까!
> 여러분, 우리는 보편적인 자유에 대한 열광을 담은 청원을 제출했으니 이제 조용히 여러분이 내려주실 결정을 기다리겠습니다.

클로츠가 연설하는 중간 박수가 여러 번 터져 나왔기 때문에 그의 연설은 자꾸 끊어졌다. 국회의장이 대답했다.

"국회는 프랑스인이 무장을 하고 여는 연맹의 잔치에 여러분이 참가하도록 허락할 것입니다만 한 가지 조건이 있습니다. 다름 아니라 바로 여러분이 귀국한 뒤 이곳에서 보고 듣고 겪은 대로 동포에게 이야기해주십사 하는 조건입니다."

렌 세네쇼세의 제3신분 의원인 드페르몽이 나섰다.

"전 세계에서 모인 시민들이 우리가 지금까지 한 일에 대해 그 누구도 해주지 않은 가장 아름다운 칭송의 말씀을 해주셨습니다. 우리 모두 저분들의 요청을 박수로써 환영합시다."

이 제안은 만장일치로 통과되었다. 이렇게 해서 전국연맹제는 프랑스의 범위를 넘어 국제적인 행사로 발전할 터였다.

알렉상드르 드 라메트가 일어섰다.

"(먼저 제안하신 의견에 동의합니다만) 다른 안도 있습니다. 방방곡곡에서 대표가 모여 모든 프랑스인에게 자유와 평등을 약속해주는 헌법에 맹세하는 날, 굴욕과 굴종을 떠올리게 한다면 바람직하지 않습니다. 루이 14세의 기념상을 떠받치는 대좌에는 그가 정복한 나라의 인민이 쇠사슬에 묶여 있는데 그들은 4개 지방을 상징합니다. 그 지방에서 뽑혀 국회에 오신 의원들은 그 누구 못지않게 국민의 권리를 확고히 지지하십니다. 바로 이처럼 너그러운 지방에서 헌법에 맹세하려고 오는 시민들이 자유민이라면 도저히 눈뜨고 보지 못할 광경에 놀라는 일이 없도록 합시다. 자만심이 넘치는 기념물을 지금처럼 평등의 시대에도 그냥 놔둘 수는 없습니다. 자기 나라에 훌륭한 일을 한 군주에게 기념상을 세워주는 것은 좋은 일입니다만, 인간의 존엄성을 훼손하는 표상, 우리가 명예롭게 해주고 소중히 여겨야 할 동료 시민들에게 상처를 주는 표상을 하루라도 빨리 파괴합시다."

1685년, 라푀이야드 원수가 루이 14세에게 잘 보이려고 빅투아르 광장을 조성하고 조각가 데자르댕에게 주문해서 한가운데에 세운 조각상에는 축성식 복장으로 서 있는 루이 14세를 장엄하게 돋보이도록 받침대 네 귀퉁이에 그가 정복한 에스파냐, 네덜란드, 프로이센, 오스트리아를 상징하는 포로들을 새겼다. 라푀이야드는 이 광장을 꾸미고 조각상을 세우는 데 약 700만 리브르를 썼고, 루이 14세는 만족의 표시로 그에게 12만 리브르를 하사했다. 한 세기가 지난 뒤 라메트는 이 화려한 조각상의 대좌에 새긴 포로 네 명을 7월 14일 이전에 철거하자고 제안했던 것이다.

닷새 전(6월 14일)에 "루이 16세의 동상을 세우는 일은 아첨꾼이나 할 일"이라고 말한 프랑슈 콩테의 아몽 바이아주 제3신분 의원 구르댕이 일어섰다.

"나는 프랑슈 콩테 사람으로서 다음과 같이 덧붙이고자 합니다. 오래전부터 루이 14세의 동상은 나와 내 고장 사람들의 가슴에 언제나 노예상태를 불러일으키는 상징으로 남아 있습니다."

그러나 우파 의원들이 끼어들어 그의 말을 자르면서 이 문제를 보류하자고 제안했다. 그러자 빌프랑슈 드 루에르그 의원 랑벨이 맞받았다.

"오늘은 오만함을 무덤에 묻어버리는 날입니다. 나는 모든 사람에게 백작, 남작, 후작 같은 작위를 갖지 못하도록 하자고 요청합니다."

귀족 작위의 폐지문제가 이렇게 불쑥 튀어나왔다. 샤를 드 라메트가 지지했다.

"랑벨 의원의 의견을 지지합니다. 그가 폐지하자고 주장한 귀족 작위는 우리가 만드는 헌법의 기초인 평등을 훼손합니다. 귀족 작위는 우리가 이미 무효화한 봉건제도의 산물입니다. 따라서 그것을 유지하는 것은 지독한 모순입니다. 모든 시민은 앞으로 대공작, 공작, 백작, 후작 같은 작위를 사용하지 못하게 해야 합니다. 나는 랑벨 의원의 의견을 다시 한번 지지합니다. 세습귀족은 우리 이성을 거스르고 진정한 자유를 훼손합니다. 시민들이 자기 일에 걸맞은 존경을 받아야 하겠지만 특별히 위신을 세울 때, 또 행동으로 영광을 얻어야 하겠지만 전혀 상관없는 영광을 얻을 때, 그것은 정치적 평등이 아니고 덕을 갖춘 경쟁도 아닙니다. 따라서 행위에서도 귀족 작위를 갖지 못하도록 막아야 합니다. 아직도 말이나 편지에서 이처럼 유치한 차별을 유지하려고 노력하는 사람들을 여론은 벌할 것입니다. 여론은 그들이 우리의 행복한 혁명을 아직도 이해하지 못한다고 기억할 것입니다."

라파예트가 거들었다.

"이런 안은 정말 필요한 것이라서 굳이 지지한다고 말할 이유는 없다고 봅니다만, 그래도 재청이 필요하다면 나는 적극적으로 지지합니다."

알랑송 세네쇼세의 귀족 의원 구피 드 프레펠른이 발언했다.

나는 오래전부터 이러한 사상에 물들었으며, 여러분이 말씀하시는 다양한 주제를 이미 법안으로 만들었습니다. 여러분이 허락하신다면 일부를 읽겠습니다.

"공작과 왕족, 백작, 자작, 남작, 후작, 기사, 그 밖에 봉건적인 영지와 관련된 온갖 작위를 영원히 폐지한다.

명예로운 작위와 세습하는 작위를 모두 폐지한다.

사회적 차이를 세습할 수 있도록 하는 모든 법을 폐지한다.

사적인 행위나 공적인 행위로써 이 법을 위반하는 사람은 모든 자격을 잃고 벌금 1,000리브르를 내야 하며 1년 동안 능동시민의 명단에서 제외된다.

모든 법, 명령, 증서, 규칙, 단체의 특허장, 한마디로 특정인과 특정 자격을 갖춘 사람에게 한정된 사회단체와 종교단체에 관한 모든 규정을 폐지한다.

(영주, 고위관직, 귀족, 고위직 성직자를 부르는 호칭인) 각하를 폐지한다.

국회나 국왕참사회에서 또는 법원이나 행정위원회에서는 오직 '여러분 messieurs'만 사용한다.

왕족의 경우를 제외하고 아무나 전하 또는 예하라고 부를 수 없다."

라파예트가 다시 개입했다.

"나는 이 예외에 대해 좀더 살펴야 한다고 생각합니다. 자유로운 나라에는 오직 시민과 공직자만 있습니다. 나는 왕이 세습적인 최고행정관직을 수행하는 데 막대한 노력이 필요하다는 사실을 잘 압니다. 그러나 내가 보기에 단지 능동시민에 지나지 않는 사람들에게 굳이 단서조항을 두면서까지 왕족의 칭호를 붙여주어야 하는지 모르겠습니다."

부르캉브레스 바이아주 귀족 의원 포시니 백작이 말했다.

"나는 항상 이렇게 생각했습니다. 나는 모든 사람을 평등하게 대했습니다. 그러나 이처럼 큰 문제를 다루려면 저녁회의보다는 오전회의가 적합합니다. 나는 이 문제를 월요일 정오에 다시 다루자고 요청합니다. 여러분은 귀족의 사회적 구별을 없애려 합니다. 그렇게 된다 해도 금리를 20만 에퀴(100만 리브르)나 받는 은행가, 고리대금업자는 여전히 존재하게 될 것입니다."

귀족 작위를 폐지하는 문제를 이틀 뒤로 미루자고 할 때, 왼쪽에 앉은 급진파 의원들이 술렁댔지만 포시니 백작은 아랑곳하지 않고 말을 마쳤다. 지난해 8월 4일 밤, 특권을 폐지할 때 앞장섰던 노아유가 일어섰다.

"의회는 여러분이 만드는 헌법에서 나오는 모든 조항을 일일이 다루면서 시간을 너무 빼앗겨서는 안 된다고 생각합니다. 이 허망한 작위를 무효화합시다. 자만심과 허영의 경박한 산물이기 때문입니다. 오직 덕이 만들어내는 차이만 인정합시다. 누가 프랭클린 후작, 워싱턴 백작, 폭스 남작이라고 말합니까? 그저 벤저민 프랭클린, 폭스, 워싱턴이라고 말합니다. 이러한 이름을 부를 때 따로 장식을 붙일 필요는 없습니다. 그 이름만 불러도 존경심이 우러납니다. 따라서 나는 지금까지 나온 다양한 제안을 힘차게 지지합니다. 더욱이 이제부터는 오직 신에게만 향을 피우자고 요구합니다. 또한 국회는 지금까지 비천했던 시민계급에도 눈길을 돌리자고 간청합니다. 그리고 앞으로 누구도 더는 종복의 제복을 입지 못하게 하자고 요구합니다."

파리 귀족 생파르조 후작Louis-Michel Lepeltier de Saint-Fargeau이 말했다.

"나는 백작이나 후작 같은 작위에 존경심을 표현하려고 이 자리에 서지 않았습니다. 나는 한때 백작령과 후작령을 가지고 있었지만 이러한 칭호를 결코 쓰지 않았습니다. 여러분이 제정하는 헌법의 조항을 보완하라고 여러 의원이 요청하는 오늘, 시민이 오직 가족의 이름(성)을 쓰고 토지의 이름을 써서는 안 된다는 법을 제정해야 합니다. 그리고 내가 발의한 법안을 단지 루이 미셸 르펠티에라고 서명할 수 있도록 허락해주시기 바랍니다."

대대로 파리 고등법원에서 이름을 날린 귀족 가문 출신이며 2년 반 뒤 루이 16세를 처형하기 전날 밤(1793년 1월 20일), 식당에서 왕당파에게 살해당하게 되는 생파르조는 봉건제도의 찌꺼기를 앞장서서 제거했다. 물랭 세네쇼세의 귀족 의원 드 트라시 후작도 대세를 따랐다.

"수백 년 동안 전통가문의 작위를 마음대로 갖다 붙인 사람들은 원래 이름을 다시 쓰며, 우리 의원 가운데 그런 분이 있으면 솔선수범하자고 주장합니다."

분위기가 귀족 작위를 폐지하자는 방향으로 기울었음이 분명하자 여러 의원이 이제 토론을 끝내자고 주장하기 시작했다. 그러나 철저한 보수주의자인 모리 신부가 가만히 있을 리 없었다.

지금까지 수많은 주장을 들으면서 나는 도대체 어떤 주장에 내 시선을 고정시켜야 할지 모르겠습니다. 먼저 누군가 루이 대왕의 동상에서 노예제 상징을 모두 없애자고 제안했지요. 다른 사람들이 잇달아 사회적 위신을 나타내는 표시를 폐지하고, 절대적인 평등을 실천하자고 요청했습니다. 우리는 각각의 주장을 특별히 검토해야 마땅합니다. 그리고 나는 그 어떤 토론도 거부하지 않겠습니다.

여러분은 자만심의 표시인 동상을 세우라고 명령한 적이 없는 루이 대왕을 기려야 합니다. 어떤 이는 루이가 그 동상을 보존하려고 전쟁을 지속했다고 말합니다. 나는 그 말이 틀렸다고 대답하겠습니다. 분명히 여기서 네덜란드 전쟁을 거론하는 분이 계시겠지만, 그것은 루이 14세의 메달을 모욕했기 때문에 터진 전쟁이었고, 빅투아르 광장에 동상을 세우라고 명령한 사람은 라쾨이야드 대원수였습니다. 대원수는 루이 대왕을 비굴할 정도로 극찬했습니다. 그럼에도 그는 그러한 동상을 처음 만들게 한 사람은 아닙니다. 메디치 광장에 첫 사례가 있기 때문입니다.

모리 신부는 메디치 가문의 코지모 1세가 시뇨리아 광장에 동상을 세운 사례를 들먹인 뒤 루이 14세의 동상에서 노예제도를 생각하는 사람은 앙리 4세의 동상도 눈뜨고 볼 수 없을 것이라고 빈정댔다. 거기에는 오직 리슐리외 추기경을 찬양하는 글만 새겨놓았고 받침대에도 쇠사슬에 묶인 노예들이 있기 때문이다. 신부는 자유의 친구들이 앙리 4세의 동상을 아무런 문제없이 바라보면서도 왜 루이 14세의 동상을 없애자고 하는지 묻고 나서, 오히려 왕에게 아첨했던 방법을 후세 사람들에게 보여주기 위해서라도 루이 14세의 동상을 건드리지 말아야 한다고 말했다.

그는 이름의 문제를 제기한 것은 정당하다고 인정하더니 곧 이름을 비난하는 대신 이름을 참칭한 자들을 비난해야 할 것이라고 말했다. 그렇다고 해도 이름 자체나 이름을 참칭하는 행위가 자유를 훼손하지는 않는다고 지적했다. 그는 프랑스 귀족은 헌법이 보장하는 신분이므로 귀족을 없애는 문제가 군주정을 없애는 문제와 직결되었기 때문에 주간회의에서 다루어야 할 중대한 의제라고 주장했다.

그는 종복의 제복문제를 말하는 것도 귀족제도의 원칙을 공격하는 것이므로 이 문제도 오전회의에서 정식으로 다루자고 요청했다.

모리 신부의 긴 연설이 끝나자 몽포르 라모리 바이아주 귀족 의원인 몽모랑시 백작이 비꼬듯이 입을 열었다. 그는 아주 유창하게 말하는 모리 신부보다 자신이 인권선언을 더 확고히 존중한다면서, 인권선언은 국회를 아주 명예롭게 만들고 귀족제도를 헌법에서 지워버렸음을 상기시켰다. 그리고 자신은 국회가 끊임없이 천명하고 신성시하고, 훌륭한 본보기와 법률로써 널리 퍼뜨리는 위대하고 영원한 원리를 항상 열렬히 실천할 것이며, 따라서 모리 신부의 말을 반박하는 대신 더욱 간단하고 유용한 것만 말하겠다고 했다.

"국회는 봉건체제와 기사도정신을 가장 많이 생각나게 만드는 흔적을 사정없이 지워야 하고, 모든 귀족의 문장과 가문을 폐지해야 하며, 모든 프랑스인은 앞으로 프랑스의 상징과 함께 자유의 상징만 달고 다니도록 하자고 제안합니다."

포시니 백작이 다시 나섰다.

"국회는 저녁회의에서 헌법조항을 다룰 수 없다고 결정했습니다. 우리는 그대로 실천해야 합니다."

보수적인 사람들이 계속 주간회의에서 다루자고 제안하는 데 맞서, 바르나브는 밤을 새워서라도 회의를 계속하자고 요구했다. 라파예트가 다시 나서서 바르나브의 말을 뒷받침했다.

"몇 가지 더 고찰해보면 우리는 모두 합의를 이끌어낼 수 있을 것입니다. 우리가 지금 하고자 하는 일은 헌법의 조항을 새로 만드는 것이 아니라 헌법의 다음 단계인 세칙을 정하는 일입니다. 이런 일로 헌법을 다루어야 할 주간회의 시간을 써버려서야 되겠습니까? 우리는 필요한 결론만 이끌어내면 됩니다."

모리 신부가 다시 연단에 올라섰다가 슬그머니 내려가고 잠시 회의장이 시끄러워졌다. 알렉상드르 드 라메트가 결정적인 안을 발의했다.

"우리는 이제까지 여러 의원의 발언을 들었습니다. 나는 빅투아르 광장의 루이 14세 동상의 대좌에서 예속의 상징을 모두 철거하고, 우리가 추진하는 행복한 혁명의 주요 사건을 기념하는 상징을 대신 넣자고 요구합니다. 우리는 초안을 작성하지 않는 조건으로 이 원칙을 결정할 수 있을 것입니다."

대부분의 법안은 각 위원회가 초안을 마련해 회의에 부치는데, 초안을 작성하지 않는 조건이란 이미 결정한 헌법의 원칙에 대해 회의장에서 발의한 내용을 그대로 결정하는 것을 뜻한다. 푸코 후작은 예속의 상징을 파괴하든 사람들의 눈살을 찌푸리게 만들지 않는 상징으로 대체하든 기념물을 파괴하지 않도록 조심해야 할 것이라고 말했다.

"따라서 나는 이 방안을 실천하는 일을 예술가들에게 맡기고, 그동안 이러한 상징을 특별히 법의 보호를 받게 하자고 제안합니다."

리옹 세네쇼세 귀족 의원 몽로지에 백작이 몇 마디 했지만, 의원들이 더는 발언할 수 없을 정도로 소란을 피웠다. 파리 근처 샬롱 쉬르 마른 바이아주의 제3신분 의원 프리외르가 라메트의 의견에 찬동했다.

"그러나 빅투아르 광장의 예속을 상징하는 조형물 대신 혁명의 사건을 보여주는 상징을 집어넣자는 말은 아닙니다. 차라리 루이 14세 치세에 번성한 예술의 특징을 보여주는 조형물을 집어넣자고 주장합니다."

바르쉬르셴 바이아주 제3신분 의원 부쇼트는 모든 기념물을 예술가들에게 모범을 보여주기 위해서라도 잘 간수해야 한다고 말했다. 몽로지에 백작이 그를 거들며 이렇게 말했다.

"특허장이든 기념물이든 절대 변조해서는 안 됩니다. 만일 국회가 빅투아르 광장의 기념물에서 일부를 철거하라고 명령한다면, 그 명령을 실행하는 보고서를 작성해야 합니다."

엑스 세네쇼세 제3신분 의원 부슈는 먼저 수정안에 대해 물어보고, 대체물을 결정하기 전에 원칙부터 정하자고 제안했다. 랭스 바이아주 귀족 의원 실르리가 나섰다.

"우리가 사는 오늘날 왕들은 이제 개인적인 이유로 싸우지 않습니다. 나는 대포에 새긴 '울티마 라티오 레굼ultima ratio regum(왕의 최후의 논거, 전쟁)'을 지워야 한다고 생각합니다."

벨포르와 위넹그 바이아주 제3신분 의원 라비가 말했다.

"예속의 상징을 파괴하는 대신 무엇을 넣는가 하는 문제로 모두들 난감해 하시는데, 망명 신교도의 자식인 나는 '낭트 칙령 철회'를 넣자고 제안합니다."

이제 의장이 모든 수정안에 대해 의원들의 의견을 물었고, 의원들은 수정안을 모두 거부한 뒤 라메트가 제안한 대로 초안을 작성하지 않은 채 원칙을 정하기로 결의했다.

이후 르 샤플리에가 나섰다.

나는 초안에 관한 명령이 지금까지 나온 모든 제안을 담고 있는 문제라고 생각하면서 이렇게 발의합니다.

국회는 봉건 시대에 탄생한 세습적 귀족제가 권리의 평등 위에 헌법을 수립한 자유국가에서 더는 존속하기 어렵다고 생각하면서 다음과 같이 결의한다.

프랑스는 세습적 귀족제를 영원히 폐지한다.

그 결과 후작, 백작, 제후, 자작, 공작, 주교대리, 남작, 기사(슈발리에), 각하(메시르), 에퀴예(왕의 방패잡이 귀족), 귀족, 그 밖의 유사한 칭호를 아무도 사용할 수 없고, 누구에게도 줄 수 없다.

모든 시민은 오직 가족의 이름과 가문이 물려주는 이름만 쓸 수 있다.

아무도 제복을 입어서도 안 되고, 문장을 사용해서도 안 된다.

향은 오직 교회에서 신에게만 피울 수 있으며, 그 어떤 사람에게도 피워서는 안 된다.

각하, 예하 같은 칭호를 개인이나 단체에게 주어서는 안 된다.

어떤 의원이 결정을 연기하자고 제안했지만 부결되었다. 캉브레지 귀족 의원 에스투렐 후작이 수정안을 냈다.

"프랑스인의 왕은 푸른 바탕에 백합꽃 세 송이를 배치한 문장을 계속 사용하여 국새를 찍을 문서에 특별한 표시를 남기도록 합시다."

모리 신부가 다시 개입했다.

"법안의 모든 줄마다, 낱말마다 수정해야 할 필요가 있습니다. 예를 들어 봉건 시대에 귀족이 탄생했다고 말합니다. 그것은 지극히 무지한 얘기입니다. 귀족은 봉토보다 200년 먼저 생겼습니다."

이 말을 들은 사람들이 웅성거렸고, 어떤 이는 "마블리의 저서를 읽으시오"라고 말했다. 마블리 신부Gabriel Bonnot de Mably(1709~1785)는 고등법원 귀족의 집안에서 태어난 계몽사상가로, 감각론의 대표적 인물인 콩디야크의 형이기도 하다. 그는 1768년에 "정치사회에 자연스럽고 본질적인 질서에 대해 철학자와 경제학자들에게 제기하는 의문Doutes proposés aux philosophes et aux économistes sur l'ordre naturel et essentiel des sociétés politiques"을 써서 기존의 제도와 특히 토지제도를 인정할 수 없다고 주장했다. 그는 또 사형제가 필요 없다고 주장하는 글도 썼다. 모리 신부에게 읽어보라는 마블리의 저작이 무엇인지는 확실하지 않다. 모리 신부는 아랑곳하지 않고 갈 길을 갔다.

"다시 말하지만 귀족은 봉토가 생기기 전부터 왕국에 있었습니다. 프랑크족이 왕국을 정복하기 전 골족에게는 세습귀족이 있었습니다. 케사르의 역사책을 읽어보세요. 거기서 골족의 유명한 귀족 이름을 많이 볼 수 있습니다. 내 말을 반박하려면 제발 내 말부터 잘 들은 뒤에 그렇게 하세요. 국회가 정확하지도 않은 사실을 가지고 법을 만들면서 스스로 명예를 떨어뜨릴 때, 나는 군주정만큼 유서 깊은 귀족제도를 제대로 토론도 하지 않고 폐지하는 것은 현명하지 않다고 주장합니다."

부쇼트 의원이 나섰다.

"모리 신부는 우리나라 왕조가 약해지는 850년 이전에 왕국에 어떤 질서
가 있었다고 증명하려 합니다. 프랑스에 프랑크족이 왔을 때 그들은 모두 평
등했습니다. 그들은 골족을 노예가 아니라 평등하게 대했습니다."

귀족제도를 실제로 개혁하는 과정은 역사 논쟁으로 번졌고, 수많은 의원
이 잇달아 개입해 언제 끝날지 알 수 없을 만큼 기나긴 논쟁을 불러일으켰다.
그럼에도 결국 그날 밤 의장은 하나씩 표결해 마침내 다음과 같은 법을 채택
했다.

국회는 세습귀족 제도를 영원히 폐지한다. 그 결과 그 어떤 사람도 왕족,
공작, 백작, 후작, 자작, 대리주교, 남작, 기사, 각하, 에퀴예, 그 밖에 유사
한 칭호를 사용할 수 없고, 또 그 누구에게도 이러한 칭호를 줄 수 없다.
프랑스의 시민은 모두 가족의 이름만 사용할 수 있다.
그 누구도 제복을 입거나 문장을 사용할 수 없다.
오직 교회 안에서 하느님께만 향불을 피울 수 있으며, 사람에게는 절대
피울 수 없다.
전하, 예하뿐만 아니라 각하 같은 모든 칭호를 개인이나 단체가 사용할
수 없다.

마지막 부분에서 "이 법을 구실로" 기념물이나 문서를 훼손하는 일을 금
지하고, 파리에서는 7월 14일 이전에 그리고 지방에서는 3개월 이내에 이 법
을 시행한다고 정했다. 이렇게 해서 국회는 실제로 사회적 구체제를 무너뜨
리는 험한 산을 하나 더 넘었다.

샹드마르스가 연맹광장으로 태어날 7월 14일 이전에 국민화합을 상징하

는 행위가 더 필요했다. 그래서 7월 1일에 국회는 화합의 걸림돌을 하나 더 제거했다. 한마디로 국회는 자기 권한을 강화하는 데 그치지 않고 대중의 인기를 끌 만한 조치를 계속 내렸는데, 그중에는 1789년 7월과 그 뒤의 사건에 대한 정당성을 가늠하는 조치가 있었다. 국회는 지난 2월 24일에 시작된 파리 소비세관을 약탈하고 울타리에 불을 지른 사람들에 대한 재판을 무효화하고, 이 재판에서 유죄판결을 받고 복역하는 사람들을 풀어주도록 의결했다. 이 법의 전문은 "소비세 재판소는 앞으로 이 일을 다시 거론하지 말 것이며, 국회의장은 왕에게 간청해 이 법을 집행하는 데 필요한 명령을 받아낸다"고 하면서 화합의 정신을 잘 표현했다. 그리고 또 한 가지 주목할 만한 일은 오를레앙 공이 9개월의 망명생활을 마치고 돌아왔다는 것이다.

6
오를레앙 공의 귀환

전국연맹제를 앞두고 영국으로 도피해 지내던 오를레앙 공작도 아홉 달 만에 파리로 돌아왔다. 루이 14세의 동생의 직계자손으로 몽팡시에 공작, 샤르트르 공작이었다가 1785년 아버지가 사망한 뒤 그 칭호를 물려받은 오를레앙 공은 프랑스에서 가장 부유한 몇 명에 꼽혔지만 가장 돈을 잘 쓰는 사람이었기에 그가 소유한 궁전인 팔레 루아얄의 일부를 세놓아 빚을 갚아야 했다. 팔레 루아얄의 정원은 항상 사람들이 들끓는 곳으로서 여론을 형성하는 중심지 역할을 했다. 혁명이 일어난 뒤에는 그곳에서 혁명세력, 이른바 '애국자들'이 모여 시국에 대해 토론하고 시위대를 조직해 실력행사를 하기도 했다. 1789년 7월 12일, 네케르의 해임 소식을 듣고 흥분한 사람들이 팔레 루아얄 정원에서 네케르와 오를레앙 공의 흉상을 들고 거리로 뛰쳐나간 사건은 그의 인기가 얼마나 높았는지 잘 보여준다(제2권 91쪽 참조). 그래서 굵직한 사건 뒤에는 그가 있다고 생각하는 사람이 많았다. 이른바 그를 중심으로 '오를레앙위원회'가 음모를 꾸미고 왕을 구석으로 몰아붙인다고 생각한 것이다. 바스티유 정복, 10월 5일과 6일의 행진의 뒤에서 그의 모습을 상상한 사람들이 있었다. 그리고 실제로 여차하면 루이 16세 대신 그를 왕으로 추대하려는 사람들도 있었다. 그들은 (장리스 백작인 동시에) 실르리 후작인 샤를 알렉시스 브륄라르, 포병장교이며 소설 『위험한 관계』를 쓴 쇼데를로 드 라클로, 그리고 실르리 후작의 부인이며 오를레앙 공의 자녀 교육을 담당한 장리스 백작부인이었다.

　루이 필리프 조제프 오를레앙 공은 1747년 생클루 궁에서 태어났다. 군인의 길을 걸으면서 1771년의 모푸 정변에 반대하다가 루이 15세의 노여움을 사서 귀양을 가기도 했다. 1787년에 소집된 명사회에서 루이 16세의 말에 불법이라고 저항하다가 비예르 코트레로 귀양을 갔다. 1789년에 750만 리브르나 되는 수입으로 '제1왕족'이라는 별명을 얻은 그는 3월 13일 비예르 코트레, 3월 17일 수아송의 크레피엉발루아Crepy-en-Valoirs에서도 전국신분회의 대표로 선출되었고, 5월 14일 파리에서도 대표로 뽑혔다. 그는 크레피를 선택해서 그곳의 유일한 대표로 전국신분회에 나가 6월 25일 제3신분에 합류한 47명의 귀족에 포함되었다. 국회에서 그는 생필품위원회 소속으로 활약하다가 7월 3일에 의장으로 뽑혔지만 사양했다. 국회의원으로서 그는 큰 역할을 하지 못했다. 사람들이 생각한 그의 역할은 '음모'였다. 그는 레베이용 벽지공장 노동자 폭동(제1권 3부 10장 참조)의 배후 인물로 의심을 받았다. 7월 12일 시위에는 파리 남쪽에 있는 몽루주에서 그와 긴밀한 관계를 유지하던 미라보 백작, 시에예스 신부, 라투슈 같은 사람들이 비밀리에 회동하는 이른바 '몽루주위원회'의 음모와 그들에게 매수된 사람들이 대대적으로 동원되었다. 또한 그는 결정적으로 10월 5일 파리 아낙들의 베르사유 행진의 배후로도 의심받았다.

사실 10월 5일 이전부터 그가 소유한 팔레 루아얄 정원에 모인 사람들이 툭하면 베르사유로 가겠다는 말을 했기 때문에 그가 사람들을 매수해서 시위대를 조직했다는 혐의를 받는 것은 자연스러웠다. 그리고 10월 5일과 6일의 행진과 관련해 샤틀레 재판소가 조사를 시작했을 때 수많은 증인이 오를레앙 공의 하수인들에 대해 말했다. 그들이 돈과 술을 주면서 시위대를 부추겼다는 것이다. 사실상 당시에는 그를 둘러싸고 소란스러운 일이 벌어지고 있었다. 수많은 집 대문에는 누군가 흰색, 붉은색 또는 검은색으로 표시를 남겨놓았다. 그것은 특히 명사들, 코뮌 대표들, 국민방위군 장교들의 집이었다. 코뮌의 치안위원회는 이 사건을 조사해서 그러한 표시가 있는 집은 공격 대상이라는 사실을 알아냈다. 흰색 표시는 약탈 대상, 검은색 표시는 죽일 대상, 붉은색 표시는 방화 대상이었다. 범인을 잡으려고 노력하던 치안위원회는 오를레앙 공의 문장을 새긴 납으로 만든 표지판을 압수했다. 그 표지판은 오를레앙 공의 소유지 둘레에 꽂는 말뚝에 붙이는 것이지만, 그 표지판은 집결지를 알리는 역할을 한다고 사람들은 말했다. 사람들은 공작이 실제로 10월 5일의 시위대가 들고 다니던 창을 제공했다고 믿었다. 또한 무기상은 공작의 하인이 탄약통을 주문했다고 증언하기도 했다. 어느 날 오라토리오회 신학교가 있는 생마글루아르Saint-Magloire 디스트릭트를 돌던 순찰대가 분필로 어떤 집에 표시하는 아이를 잡았는데 그 아이는 공작의 마구간지기와 함께 먹고 잔다고 진술했다. 이렇게 오를레앙 공작의 평판에 관한 사건은 계속 일어났다. 팔레 루아얄에서도 소동이 일어났다. 그것은 예전과 달리 오를 레앙 공을 향한 시위였다.

라파예트는 오를레앙 공과 그 주변 인물들에 대한 의심과 걱정이 새로 운 시위를 일으키는 원인이 될까봐 두려운 나머지 오를레앙 공을 멀리 떠나 게 하면 질서를 되찾고 왕실까지 안전해질 것이라고 생각했다. 그리하여 그 는 오를레앙 공을 왕국 밖으로 내보내는 책임을 맡았다. 그렇게 하려면 오직 그를 겁먹게 하는 것으로 충분했고 그보다 쉬운 일은 없었다. 협상은 질질 끌 지 않았지만 누구도 그 내막은 알 수 없었다. 라파예트는 오를레앙 공작에게 협상 내용을 절대 발설하지 않겠다고 약속했고 또 그 약속을 지켰다. 미라보 백작이 조금은 냄새를 맡았다 할지라도 라파예트가 입을 다물고 있는 한 완 전한 내막은 밝혀지지 않았다. 라파예트는 오를레앙 공작을 겁주려고 10월 13일에 국민방위군 장교 한 명을 베르사유의 국회로 보내서 반역죄인에게는 어떤 특권도 없음을 선언하는 법을 제정해줄 수 있는지 질의하게 했고, 국회 는 저녁회의에서 이 문제를 간단히 처리했다. 국사범이 있는 곳이 특권을 누 리던 곳이라 할지라도 이제는 그러한 특권을 인정해주지 않고 체포할 수 있 는 법을 제정했던 것이다. 오를레앙 공의 팔레 루아얄은 이제 특권을 누릴 수 없으며, 따라서 그 소유주도 공공질서를 해쳤다는 혐의를 받으면 체포할 수 있는 근거가 생겼다. 그동안 오를레앙 공작은 겁을 먹고 영국으로 가겠다는 뜻을 밝혔다.

10월 14일, 국회의장은 그가 보낸 편지를 읽었다. 그는 외교적인 문제를 해결하러 영국으로 가겠으니 여권을 발급해달라고 요청했다. 그가 동봉한 외무대신 몽모랭의 편지도 그의 말을 뒷받침해주었다. 국회의원들은 별로 놀라지 않고 승인해주었다. 그들은 오를레앙 공이 그동안 여러 가지 의심을 받았기 때문에 일시적이나마 파리에서 떠나는 편이 자신도 편하고 왕에게도 부담을 주지 않을 것이라고 생각했다. 순진한 사람은 그가 왕의 임무를 띠고 국익을 위해 영국으로 떠난다고 믿었다. 그가 14일에 떠날 때 돌아다닌 회람에서는 그가 국회와 파리 코뮌이 각각 발행한 여권을 지니고 영국을 향해 출발하며 일이 끝나는 대로 되돌아올 것이라고 알렸기 때문이다. 그러나 그의 적들은 그와 공모한 자가 무심코 사실을 밝히면 위험하기 때문에 미리 알아서 도피한다고 말했다. 파리의 살롱에서는 오를레앙 공이 자발적으로 떠나는 것이 아니라 옛날식으로 귀양 가는 것이라고 쑤군거렸다. 오를레앙 공은 파리를 떠나 이튿날인 15일에는 영국과 가장 가까운 칼레에서 서남쪽으로 34킬로미터쯤 떨어진 바닷가 항구도시인 불로뉴 쉬르 메르에 도착했다. 불로뉴 시정부는 오를레앙 공작이 영국행 배에 올라타지 못하게 막고서는 파리 코뮌, 국회, 외무대신에게 각각 한 명씩 대표를 보내 과연 공작이 지니고 있는 여권이 진짜인지 알아보게 했다. 당시는 외국 망명자의 수가 늘어나던 때였다. 카라가 발행하는 신문에서는 스위스에 6만 명이나 망명했다고 보도했다. 국회는 오를레앙 공이 국회의 허락을 받고 떠났다고 증명해주었다.

오를레앙 공이 영국으로 떠난 뒤 세간에는 10월 21일부터 『하느님, 왕을 구하소서Domine salvum fac regem』라는 라틴어 제목의 팸플릿이 나돌았다. 그것은 오를레앙 공의 음모를 준절히 비난하고 미라보 백작을 그의 공모자라고 지목했다. 그것이 시의 적절하게 출현하자 도처에서 항의하는 소리가 터져 나왔다. 30쪽짜리 팸플릿의 제사題詞는 "오, 왕을 시해하는 자들의 우두머리를 위해 싸우는 당신 / 그 우두머리의 인생을 검토하고, 누가 당신을 이끄는지 생각하시오. / 단 하루만이라도 비겁한 도당에 속하지 말고 / 순수한 애국자, 덕망 높은 왕족이 되시오"라고 하면서 오를레앙 공은 왕을 시해하는 자들의 지도자이기 때문에 그를 위해 싸우지 말고 애국자가 되라고 충고했다. 그러나 오를레앙 공은 영국에서 그 나름대로 프랑스의 국익을 위해 애썼다. 그러나 영국의 피트 내각은 오를레앙 공을 정중하게 대하지 않았다. 오늘날에도 그렇듯이 외교관계란 웃음 뒤에 칼을 감추고 있다가 상대방이 허점을 보이면 국익을 취하는 관계다. 확고한 동맹관계란 약소국이 강한 동맹국의 말을 잘 듣는 때에만 유지된다. 영국 왕과 피트 내각은 프랑스 왕권을 약화시키려고 노력하다가 혁명이 일어난 뒤에는 혁명 정부에 대해 공작을 하면서 국제관계를 유리하게 이끌려고 노력했는데, 그들이 오를레앙 공을 왜 정중히 대해줘야 한단 말인가!

오를레앙의 몽타르지스에서 귀족 대표로 진출한 라 투슈 백작은 오를레앙 공의 상서尙書로서 국회 안에서 그의 대변자였다. 라 투슈는 7월 6일 국회의장에게 낮 2시에 오를레앙 공에 대한 발언권을 신청했다. 의장은 이 사실을 공지하고 의사일정을 다루었다. 2시가 되자 라 투슈가 발언대에 올랐고 의원들은 조용히 그의 입을 쳐다보았다. 그는 오를레앙 공작 루이 조제프 필리프 드 프랑스의 이름으로 발언하고자 한다면서 먼저 자신이 의회 비서들에게 제출한 7월 3일자 편지부터 읽었다. 오를레앙 공은 6월 25일 왕에게 편지를 보내 당장이라도 파리로 돌아가려고 결심하고 있음을 알렸으며, 자기 편지는 29일에 외무대신 몽모랭에게도 도착했을 것이라고 말했다. 그렇게 추측하는 이유는 라파예트가 29일에 자기 부관 부앵빌을 급히 런던으로 파견했기 때문이다. 오를레앙 공은 영국 왕에게도 자신이 7월 3일 오후에 귀국하겠다고 알렸는데 막상 출발일 아침 프랑스 대사와 함께 파리에서 라파예트가 파견한 부관 부앵빌이 찾아왔던 것이다. 부앵빌의 임무는 라파예트의 말을 전해서 오를레앙 공의 귀국을 막는 것이었다. 라파예트는 공작이 귀국하면 나쁜 의도를 가진 사람들이 오를레앙 공의 이름을 들먹이면서 소동을 피울 것이 분명하기 때문에 귀국을 미루어달라고 했다. 오를레앙 공은 자기 말이 사실임을 그 자리에 있던 프랑스 대사가 증명할 것이라고 하면서, 자신은 공공질서를 해치는 일을 싫어하기 때문에 출발을 미뤘지만 자신의 귀국에 대해 국회가 결정해달라는 뜻에서 편지를 쓰기로 했다고 말했다.

오를레앙 공은 자기가 프랑스를 떠날 때 라파예트가 왕을 대신해서 임무를 맡기는 책임을 졌다고 공식 확인했다. 그는 자신과 라파예트 사이의 대화를 파리에 돌아가면 밝히려고 했지만 이렇게 새로 일이 생기는 바람에 국회에서 밝히기로 결심했다면서, 라파예트가 자신을 국외로 보내는 이유가 수도 파리에서 일어나는 소동을 잠재우기 위한 것이라고 했고, 그래서 자신이 영국으로 출발했지만 파리는 여전히 조용할 날이 없었으며, 따라서 그러한 소동의 배후로 자신을 의심할 근거가 없음이 밝혀졌다고 말했다.

"이제 정말 악의에 찬 사람이 누구인지 알아야 할 때입니다. 사람들은 그들의 계획을 안다고 하면서도 실제로 처벌하려면 아무런 흔적도 찾지 못합니다. 그런데 언제나 민중이 들고일어날 때마다 어째서 내 이름이 거론되는지 알아야 할 때입니다. 실체도 없는 유령을 나라고 들이미는 일이 사라져야 할 때입니다."

그는 지난달 25일 이후로 자신이 영국에 머문다고 해서 프랑스 국민과 왕에게 더욱 유익한 일이 일어나지 않는다는 결론을 얻었으며, 따라서 국회로 돌아가서 국회의원의 임무를 수행해야겠다는 결심을 했다고 말했다. 그리고 국회가 7월 14일을 자신의 귀국일로 정해주기 바라면서, 자신의 기대와 달리 국회가 그 요청을 다룰 이유가 없다고 판단한다면 부앙빌이 자신에게 말한 모든 것은 무효라고 생각하기 때문이라고 결론을 내릴 수밖에 없으므로 곧바로 국회로 돌아가 의원으로 다시 활동하기로 했다고 덧붙였다.

라파예트가 국회의장에게 발언권을 얻었다. 그는 지난해 10월 오를레앙 공작과 얘기한 일을 굳이 되새길 필요는 없겠지만, 이제 그가 국회에 직접 그 문제를 거론한 이상 한마디 하겠다면서 해명에 나섰다. 라파예트는 오를레앙 공이 외국으로 떠난 이유가 아직도 사라지지 않았다는 사실을 그에게 알려줘야 한다고 믿었기 때문에 마침 영국에서 6개월 동안 살다가 잠시 귀국했던 부앵빌에게 그 임무를 맡겼다고 말했다. 라파예트는 국회가 공공의 평화를 유지하는 책임을 맡겨준 이상 오를레앙 공에게 질서에 관한 의견을 말해줄 의무가 있었다고 하면서, 7월 14일이 가까워질수록 만족한 결과를 얻는 동시에 안전문제를 확실히 해두어야 한다고 강조했다. 몽토방의 카오르 출신 귀족 아르망 공토 드 비롱은 전제정 시대에는 훌륭한 시민도 한 차례 의심만으로 조국을 떠나야 했지만, 이제 자유로운 세상은 그러한 전제주의를 용납하지 않는다고 말했다. 자유를 위해 많은 일을 한 오를레앙 공은 지난 8개월 동안 사방에서 음해에 시달렸지만 정작 그의 혐의를 입증한 사람은 없다고 말한 뒤, 오를레앙 공이 국회에 와서 자신이 지금까지 한 일을 보고하고 지금 준비하고 있는 전국연맹제에 참석하게 하자고 제안했다.

로렌 지방 바르르뒤크의 제3신분 아드리엥 시프리엥 뒤케누아는 만일 국회의원 가운데 온갖 종류의 중상비방문의 표적이 되었거나 나쁜 혐의를 뒤집어쓴 사람들이 그 때문에 국회에 출석하지 않았다면 국회는 이미 여러 달 전에 해산되었을 것이라고 운을 떼고 나서 이렇게 말했다. 오를레앙 공은 왕의 임무를 맡았기 때문에 국회를 떠났으며, 그가 국회에 이 임무를 맡았다고 편지를 썼을 때 의원들은 그가 국회에 출석하지 않아도 무방하다고 생각했다. 국회가 아직 주교청에서 회의를 할 때 므누 의원이 오를레앙 선생을 불러다가 자신이 한 행위에 대해 보고하게 하자고 요청했을 때 의원들은 그럴 필요가 없다고 의결했다. 의원들은 오늘 해야 할 일을 이미 그때부터 했던 것이다. 의원이 결석할 때마다 그리고 그 결석의 동기가 문제가 될 때마다 의원들은 그냥 의사일정을 다루자고 요구했다. 뒤케누아는 이 문제도 그냥 넘기고 의사일정이나 다루자고 제안했다.

마지막으로 국회의장이 말했다.

"여러분은 루이 조제프 필리프 드 프랑스의 편지를 읽었습니다. 여러분은 만일 국회가 그의 문제를 심의하지 않는다면 그냥 귀국하겠다고 선언했음을 보았습니다. 여러분은 라파예트, 비롱, 그리고 마지막으로 의사일정을 다루자는 발의까지 들었습니다. 여러분의 심의의결 절차를 지켜 이 발의를 먼저 표결에 부치겠습니다."

표결에 부친 결과, 오를레앙 공의 문제를 따로 심의할 필요 없이 그냥 의사일정을 다루자는 안을 통과시켰다. 이렇게 해서 오를레앙 공은 문제없이 귀국할 수 있게 되었다. 7월 11일은 일요일이라 오전회의가 11시에 열렸는데, 일정한 절차를 거치고 몇몇 의원이 발언한 뒤 루이 조제프 필리프 드 프랑스(이미 귀족 칭호를 없앴기 때문에 이렇게 공식적으로 불렀다)가 의장에게 시민선서를 하겠다면서 발언권을 신청했다. 회의장이 조용해지자 그는 의원들에게 선서를 하기 전에 몇 말씀 드려도 좋겠느냐고 물었고, 사방에서 그렇게 하라고 대답했다. 그는 왕이 자신에게 맡긴 임무를 위해 국회의 승인을 받고 영국으로 떠난 뒤, 국회는 의원 각자 형식에 맞는 시민선서를 해야 한다고 정했기 때문에 이미 이 선서에 지지한다는 의사를 보냈음에도 오늘 서둘러 선서를 다시 하고자 한다고 말했다. 그는 조국과 왕에 대한 사랑을 한바탕 늘어놓고 나서 맹세했다.

"나는 국민, 법, 왕에게 충성하고, 또 국회가 제정하고 왕이 받아들인 헌법을 온힘을 다해 유지하겠다고 맹세합니다."

그가 맹세를 마치고 의장의 왼쪽에 있는 자리로 돌아가서 앉는 동안 의원 대부분이 큰 박수로 환영했다. 박수는 한 번으로 끝나지 않고 세 번이나 계속되었다. 이렇게 해서 오를레앙 공은 국민화합의 잔치에 아무 문제없이 참석할 수 있게 되었다.

7
전국연맹제 행사장

샹드마르스(연병장)의 행사장은 오늘날 에펠탑이 있는 센 강변과 남쪽의 군사학교Ecole militaire 사이의 넓은 터로서 넓이는 30만 제곱피에(2만 7,870제곱미터)였다. 이 넓은 샹드마르스에 각 지방에서 오는 연맹군 7,000명과 파리의 60개 디스트릭트 국민방위군, 정규군(육군 1,029명, 해군 221명)이 들어설 마당이 필요했고, 주위에는 왕과 귀족, 국회의원, 입장권을 구한 사람들이 앉아서 구경할 층계석을 마련해야 했다. 북쪽에서 파리를 드나드는 사람이 이용하는 생마르탱 문과 같은 모양의 문을 입구에 세우고, 연병장 한가운데에 조국의 제단을 만들 예정이었다. 그러므로 연병장의 가운데는 평탄하게 다지고, 주위는 경사면을 튼튼하게 다져서 안전한 층계석을 설치해야 했다.

프랑스는 역사적으로 중세부터 돌집을 많이 지어본 나라다. 중세 도시마다 대성당을 건축할 때, 하늘로 높이 솟은 건물을 지탱하려면 건물 높이만큼 땅을 파고 들어가 돌로 기초를 다져야 했다. 유진 웨버 교수(1925~2007)는 오래전 강의에서 12~13세기 대성당의 시대에 프랑스 땅속에는 고대 이집트에서 피라미드를 세울 때 쓴 돌보다 더 많은 돌을 묻었다고 했다. 그렇게 튼튼히 지반을 다지고 대성당을 지었으니까 오늘날 한 해 수십만 명이 꼭대기까지 오르내려도 진동을 견딘다. 그 후손들이 비록 일시적으로 쓸 행사장이긴 해도 전국연맹제를 위해 땅을 몇 미터씩 파고 진흙을 퍼낸 뒤 물이 잘 빠지는 흙을 넣고 다지는 공사를 했다. 그래야 개선문, 층계석, 제단을 안전하게 세울 수 있기 때문이다. 그 일을 제대로 끝내면 7월 14일 현장에 있는 국민방위군, 정규군, 관객은 스스로 배우인 동시에 관객이 될 터였다.

모든 일정은 4주 정도로 끝낼 예정이었다. 그것은 실행하기 어려운 계획이었고, 더욱이 폭우가 쏟아져서 작업장이 엉망이 되는 경우도 있었기 때문에 일꾼들이 더 힘들었다. 처음에는 일꾼 1만 5,000명이 달려들어 새벽부터 어둑해질 때까지 부지런히 일했다. 일꾼은 60개 선거구가 같은 수를 뽑아 보냈고, 일감도 각 구가 비슷하게 나눠 맡았다. 청부업자, 막일꾼, 석수장이, 소목, 대목, 자물쇠공, 칠장이는 자기가 사는 선거구위원회에 등록했고, 위원회는 명단을 연맹협정 모임으로 보내도록 했다. 그러면 연맹협정 모임에서 이 일을 맡은 위원 열두 명이 일꾼에게 할 일을 나눠주었다. 그러나 일꾼을 부리는 사람은 어디까지나 청부업자였다. 무덥고 긴 여름날에도 그들은 열심히 일했지만, 행사일이 점점 다가오자 도저히 기일을 맞추기 어렵다는 사실을 깨닫게 되었다. 7월 6일, 라 트리니테 국민방위군 소속 카르트리Cartheri는 『파리 소식』에 글을 실어 애국심에 호소했다.

나는 7월 14일의 연맹제를 준비하는 일이 얼마나 진행되었는지 보려고 샹드마르스에 갔습니다. 일꾼은 많았지만, 과연 제 날짜에 일을 마칠지 의문입니다. 밤낮 가리지 않고 일해야 하기 때문입니다. 지금으로서는 제 날짜에 완공하기가 불가능합니다. 그래서 나는 파리 국민방위군의 동무들에게 부대마다 열 명씩 뽑아 샹드마르스 작업장으로 보내달라고 제안합니다. 그들은 땅을 파고 손수레에 흙을 나르는 일을 도울 것입니다. 병사들은 이 일을 아주 명예롭게 수행할 것입니다. 왜냐하면 고대 로마의 장군이 좋은 사례를 보여주었기 때문입니다. 파리 국민방위군은 모두 60개 부대로서 부대마다 7개 중대를 가지기 때문에 날마다 4,200명을 보낼 수 있습니다.

고대 로마 장군의 사례란 아마도 270년 로마의 황제가 된 아우렐리아누스가 로마 시에 성벽을 두른 일을 가리키는 것 같다. 카르트리는 만일 국민방위군이 봉사한다 해도 일용직 노동자의 일을 빼앗기는커녕 아무런 해를 끼치는 일은 없을 것이라고 말했다. 이튿날 그 소식을 들은 사람들이 남녀노소 가리지 않고 샹드마르스로 몰려가 일꾼들을 도왔다. 라파예트와 시에예스도 삽으로 땅을 파면서 일꾼들을 격려했다. 루이 세바스티엥 메르시에는 『새로운 파리』에서 일손이 15만 명이라고 말했고, 어떤 이는 30만 명에 달했다고 했다. 자코뱅 생도미니크 구의 시민들이 얼마 전 샹드마르스의 일손을 도와주겠다고 제안했지만 파리 치안국은 무질서를 우려해 허가하지 않았다. 그런데 카르트리의 호소를 듣고 팔을 걷고 나선 자원봉사자들은 그 우려를 말끔히 씻어버렸다.

"수많은 사람, 각양각색의 옷차림을 한 사람들이 활발히 움직였다. 여기는 석탄장수, 저기는 가발장수, 중앙시장 노동자, 물장수, 행상인들이 모두 부지런히 움직였다. 심지어 상이군인들도 여전히 팔을 놀릴 수 있고 정신력이 강하다는 사실을 증명했다. 잘 차려입은 여성들도 손수레에 매달렸다."

양복장이와 구두장이들도 오고, 수의학교 학생들, 파리에서 멀리 떨어진 마을 주민들도 면장과 함께 각자 삽을 어깨에 메고 왔다. 그들은 단체마다 깃발을 들었다. 석탄장수들의 깃발에는 "귀족주의자들을 죽여라"고 쓰여 있었고, 또 어떤 깃발에는 "잘될 거야"라는 문구가 적혀 있었다. 가장이 자기 식솔을 거느리고 오기도 했다.

모든 일꾼은 세 명씩 삽이나 가래를 어깨에 메고 집합소리에 맞춰 모였다. 군악대가 새로 나온 노래를 연주하면 사람들은 일제히 노래를 불렀다. 그것은 〈아, 잘될 거야Ah! ça ira〉라는 아주 긍정적인 노래였다.

아! 잘될 거야, 잘될 거야, 잘될 거야
오늘날 사람들은 끊임없이 되뇌지,
아! 잘될 거야, 잘될 거야, 잘될 거야

반항하는 인간이 있다 해도, 모든 것을 이룰 거야.
적들은 혼란에 빠져 꼼짝도 못하겠지.
우리는 노래 부른다 할렐루야!
아! 잘될 거야, 잘될 거야, 잘될 거야

일찍이 부알로가 종교인에 대해 말했네,
예언자처럼 말했지

내가 지은 짧은 풍자노래를 부르면서
사람들은 기꺼이 말하겠지
아! 잘될 거야, 잘될 거야, 잘될 거야

반항하는 인간이 있다 해도, 모든 것을 이룰 거야
아! 잘될 거야, 잘될 거야, 잘될 거야

피에로와 마르고가 선술집에서 노래하네
아! 잘될 거야, 잘될 거야, 잘될 거야

우리 즐기세, 좋은 시절 올지니
예전 프랑스 인민은 궁지에 몰렸지만
이제 귀족이 자기 죄를 시인하네
아! 잘될 거야, 잘될 거야, 잘될 거야

종교인은 재산을 많이 가져 후회하네
국민이 그것을 갖는 것이 정의라네
슬기로운 라파예트 덕분에
모든 혼란 사라지네
아! 잘될 거야, 잘될 거야, 잘될 거야

반항하는 인간이 있다 해도, 모든 것을 이룰 거야
아! 잘될 거야, 잘될 거야, 잘될 거야

약자건 강자건 모두가 정신무장
아! 잘될 거야, 잘될 거야, 잘될 거야

전쟁이 일어나면 아무도 반역하지 않으리
훌륭한 프랑스인이라면 용기내서 싸우리
수상한 자를 보면 용감히 말할 테지
아! 잘될 거야, 잘될 거야, 잘될 거야

라파예트는 말한다. 누구든 나를 따르라
애국심이 말해주리라
불길로 뛰어들어도 겁나지 않는다고
프랑스인은 언제나 승리한다
아! 잘될 거야, 잘될 거야, 잘될 거야

반항하는 인간이 있다 해도, 모든 것을 이룰 거야
아! 잘될 거야, 잘될 거야, 잘될 거야

귀족들을 목매달자, 저 가로등에
아! 잘될 거야, 잘될 거야, 잘될 거야

귀족들을 목매달면
전제정이 사라지고
자유가 승리한다

아! 잘될 거야, 잘될 거야, 잘될 거야

더는 귀족도, 사제도 없을 거야
아! 잘될 거야, 잘될 거야, 잘될 거야

어디서나 평등이 지배하지
오스트리아의 노예들도 우리를 따르리
아! 잘될 거야, 잘될 거야, 잘될 거야

극악한 무리들을
악마의 품으로 돌려보내리

"아! 잘될 거야"는 "우리는 해내고야 말 테다" 또는 "우리는 반드시 이겨내겠다"와 같은 뜻이었다. 가사는 혁명으로 뒤집힌 세상을 표현했다.

무장한 민중은 언제나 자신을 지키리라
진실과 거짓을 모두가 알리라
귀족이 버틸 때,
선량한 시민은 정면에서 웃어주리라
조금도 흔들리지 않고
언제나 가장 강하게

그날의 사정이 달라지면 즉흥적으로 가사를 바꿔 부르기도 했다. 여름철

소나기가 몹시 퍼붓는 날은 이렇게 부르기도 했다.

아, 잘될 거야, 잘될 거야, 잘될 거야!
귀족과 비가 방해한다 해도
아, 잘될 거야, 잘될 거야, 잘될 거야!
옷이야 젖겠지만, 일을 끝내리라
아, 잘될 거야, 잘될 거야, 잘될 거야!

또 어떤 가사는 "머리를 쳐드는 자 있으면 그의 머리를 누르리라"고 했다. 7월 8일에는 여성이 앞치마로 흙을 나르는 모습, 9일에는 푸주한들이 "두려워하라, 귀족주의자들이여, 여기 푸주한들이 간다"고 쓴 삼각 깃발을 들고 다니는 모습을 볼 수 있었다. 바스티유를 허물던 노동자들이 수레에 연장을 싣고 나타나고, 토목국 직원들과 이탈리아인 구역의 하인들, 몽탕시에 극단 배우들이 단장을 뒤따라왔다. 인쇄업자들은 깃발에 "인쇄술, 자유의 첫 횃불"이라 썼다. 『파리의 혁명』을 발행하는 프뤼돔의 인쇄공들은 신문제호를 깃발에 썼다. "조국을 위한 일, 아무것도 아깝지 않다", "자유가 아니면 죽음이다", "전제정의 노예가 자유의 자식이 되다"라는 깃발도 보였다. 이날 어떤 사람은 장대 끝에 자유의 상징인 붉은 모자를 씌우고 다녔다. 미술학교 학생, 요리사, 스위스 부대원, 왕의 마구간지기들도 앞 다투어 일을 도왔다. 25만 명이 샹드마르스 공사장에서 바삐 오갔다. 어떤 시민은 포도주를 한 수레 싣고 나타나 "목마르지 않으면 마시지 마시오"라고 하면서 땀 흘려 일한 일꾼들에게 한잔씩 권했다. 국회의원이며 은둔과 침묵 수행으로 유명한 샤르트뢰(카르투지오회) 수도원 소속 동 제를이 동료 수도사들을 이끌고 현장에 나타나 열심히 일했다. 왕이 갑자기 현장에 나타나자 사람들이 삽이나 가래를 어깨에 얹고 그에게 인사를 했다. 왕은 현장을 구석구석 둘러보면서 일꾼들을 격려했다.

청부업자가 고용한 일꾼과 자원봉사자들은 대체로 질서를 잘 유지했지만, 전국연맹제 사무국은 7월 8일 샹드마르스에 드나드는 자원봉사자를 규제할 필요가 있다고 여겨 포고령을 내렸다.

열성적인 시민들은 샹드마르스의 공사를 더 빨리 진행하는 데 꼭 필요한 일손을 보태주었습니다. 그들은 높이 칭찬할 만한 용기로써 노동자들의 힘든 일을 나누었습니다.

그러나 지금으로서는 모든 공정을 마무리해야 할 단계이므로 수많은 사람이 공사장을 오가면서 오히려 공사를 방해할 수 있습니다. 아직도 땅을 평탄하게 고르고 비뚤어진 부분을 곧게 바로잡아야 하며 소수 일꾼이 마감작업을 더욱 완전하게 집중해야 하기 때문입니다.

따라서 모든 시민은 앞으로 전국연맹제 행사 전날까지 샹드마르스 공사장 출입을 삼가기 바랍니다.

같은 날, 파리 시 행정위원회는 7월 14일의 치안문제에 대해 포고령을 내렸다.

수도의 안전은 프랑스 전체가 보장해야 한다는 파리 경찰국의 요청은 당연하지만, 그에 덧붙여 대중이 지나치게 즐거운 나머지 종종 불상사가 일어나 두고두고 씁쓸한 추억을 남기는 일이 없이 가장 장엄한 행사를 치러야 하기 때문에 다음과 같이 명령한다.

1. 7월 14일에 그 누구도 거리에 지팡이나 막대기를 들고 다녀서는 안 된다. 특히 지팡이에 칼을 숨겨가지고 다녀서도 안 된다. 적발하는 대로 압수하고 벌금형에 처한다.

2. 숙박업자는 자기 업소에 드나드는 사람을 정확히 파악하고 기록한 숙박계를 날마다 거주지 관할 사무소로 가져가 검사를 받아야 한다. 어기면 벌금형에 처한다. 사무소는 일일현황을 작성해서 치안국에 제출한다.

3. 7월 14일, 하인의 제복을 입고 거리에 나서는 사람은 6월 19일에 국회가 제정한 법을 위반한 것으로 처벌한다.

4. 7월 14일에는 마차와 수레를 거리에서 움직일 수 없다. 이사도 금지한다. 오직 국민방위군 기마대만 말을 타고 순찰할 수 있다. 만일 위반하는 마차가 있으면 벌금 100리브르를 낼 때까지 말과 차량을 억류한다.

5. 단 도축한 고기를 싣고 시뉴(백조) 섬으로 가는 마차는 운행할 수 있다. 그러나 늦어도 새벽 2시까지는 빈 마차를 끌고 되돌아가야 한다.

6. 샹드마르스 근처의 공공도로에 돌, 발판, 마차, 가게 또는 다른 물건을 쌓아서 통행을 방해하면 벌금 100리브르를 물린다.

7. 거리에서 또는 집에서 창문으로 불꽃이나 총을 발사하면 벌금 100리브르를 물리고, 어린이의 경우 그 부모가, 하인의 경우 그 주인이, 가게 점원의 경우 상인과 장인이 책임지게 한다.

8. 그 누구도 행인을 붙잡고 꽃다발을 안기는 행위를 해서는 안 된다. 위반하는 자는 국회가 제정한 구걸법mendicité으로 다스린다.

9. 문안과 문밖에 사는 모든 주민은 7월 14일에 가게를 닫고, 밤에는 창

문에 불을 밝혀야 한다.

10. 진흙을 나르는 마차는 13일부터 14일 동트기 전까지만 움직일 수 있다. 도로에 깔 모래를 실은 마차도 그 시간에 돌아가야 한다. 주민들은 13일 저녁 7시부터 8시까지 자기 집 앞을 쓸어야 한다.

11. 각 선거구에는 14일에 질서를 유지할 위원회를 두고 모든 요구와 불평, 주장에 즉각 대응하며 공공안전과 관련된 일이 발생하는 즉시 도치안국에 알려야 한다.

행사를 무사히 치를 때까지 세세하게 신경을 쓰고 또 써도 항상 불안하기 마련이다. 더욱이 급히 서두르는 공사는 더욱 불안할 수밖에 없었다. 파리에는 왕당파가 전국연맹제를 방해하려고 행사장을 폭파하려 한다느니, 부실공사 때문에 관람석이 무너질 것이라느니 하는 흉흉한 소문이 나돌았다. 이러한 소문 때문에 불안한 민심을 수습하려고 시장과 시정부 관리들이 11일에 샹드마르스 공사현장을 방문했다. 특히 군사학교 밑을 통해서 샹드마르스까지 뻗은 지하구조물의 안전이 문제라는 소문을 확인한 후 대책을 마련해야 했기 때문이다. 시장은 일꾼이 애국심으로 튼튼하게 세운 구조물이 모두 안전하다고 진단했다. 행사장 한가운데 세운 제단, 군사학교를 등지고 센 강 방향을 보면서 앉을 왕의 자리와 회랑, 행사장을 타원형으로 두른 층계석, 모두 반듯하고 튼튼했다.

시장과 관리들은 군사학교 건물로 들어가서 지하실을 하나하나 점검하고 수상한 물건이 하나도 없음을 확인했다. 지하실은 오래전부터 쓰지 않았음이 분명했다. 그들은 건축가, 건물감독관, 수로관리자와 함께 지하수로를 점검했다. 수로는 돌을 다듬어 건설하고 타일로 마감했기 때문에 누군가 새로 손을 댔다면 금세 알아챌 수 있었다. 건물이 크기 때문에 중앙수로에서 여러 갈래로 나뉘었는데, 그들은 모두 신중하게 점검했지만 아무런 틈새도 찾아내지 못했다. 그들은 지하수로를 따라 센 강까지 가보았다. 그리고 점검을 끝내고 나오면서 13일 저녁 6시에 다시 한번 점검하기로 했다.

국회는 7월 4일 전국연맹제 대표단의 자격심사법, 대표단의 맹세형식, 연맹제 당일에 국회는 회의를 하지 않는다는 법을 차례로 정했다. 7월 9일에는 연맹제의 좌석배치와 맹세에 관한 법을 통과시켜 왕의 승인을 받았다.

제1조. 왕은 7월 14일 전국연맹제에 참가하는 국민방위군과 정규군의 지휘권을 행사하고, 왕을 대신해서 명령을 전달할 제병지휘관을 임명한다.

제2조. 모든 공식행사에서 국회의장은 왕의 오른쪽에 자리를 잡는다. 왕과 의장 사이에는 아무도 자리를 잡을 수 없다. 의원들은 의장의 오른쪽과 왕의 왼쪽에 자리 잡는다.

제3조. 국민방위군 대표와 정규군 대표가 맹세한 뒤, 국회의장은 지난 2월 4일의 맹세("나는 국민과 법과 왕에게 충성하고, 국회가 제정하고 왕이 승인한 헌법을 온힘을 다해 보전하겠다고 맹세합니다")를 다시 한다. 그러면 의원들은 모두 일어서서 한 손을 들고 "나는 맹세합니다"라고 말한다.

제4조. 왕은 다음과 같이 맹세한다.

"나는 제1시민이자 프랑스인의 왕으로서 국가의 헌법이 내게 준 모든 권한을 사용해서 국회가 제정하고 내가 승인한 헌법을 보전하고 모든 법을 실행하도록 하겠다고 국민 앞에 맹세합니다."

행사장은 가로가 거의 400미터, 세로가 거의 700미터의 긴 네모꼴 터 안에 타원형으로 조성했다. 가장자리에는 나무와 풀밭이 있고, 그 안에 30단짜리 층계석을 세웠다. 층계석을 드나들기 좋게 양쪽 곡선이 끝나는 곳부터 한쪽에 네 군데씩 모두 여덟 군데를 끊어서 통로로 만들었다. 행사장 남쪽에 군사학교를 등지고 푸른색과 황금색 천을 덮은 긴 회랑을 설치했다. 회랑의 한가운데에는 정자를 지어 왕의 자리를 마련했다. 왕의 가족은 정자의 뒤에 마련한 회랑에 앉아야 했다. 왕은 북쪽을 보고 앉아 중앙의 제단과 그 훨씬 뒤센 강에 가까운 곳에 생마르탱 문을 본떠서 세운 개선문을 볼 수 있었다. 개선문에는 똑같은 크기의 홍예문을 세 개 뚫었다. 홍예문의 꼭대기 양옆에 모두 네 군데에 명문을 새길 공간이 있었다. 개선문의 바깥쪽에는 왼쪽부터 이렇게 새겨놓았다.

1. 조국 또는 법만이 우리를 무장시킬 수 있다. 우리는 목숨을 걸고 또 죽는 날까지 조국과 법을 지키고 사랑하리라.
2. 우리는 끝까지 힘써서 반드시 헌법을 제정하고야 말리라.
3. 가난한 사람이여, 이 보호자 아래서
   더는 압제자에게 유산을 강탈당할 걱정을 하지 말지니.
4. 모든 것이 좋은 징조를 보여주네,
   모든 것이 우리의 욕망을 부추기네,
   우리에게서 폭우를 물리쳐주기를
   그리고 우리에게 즐거움을 안겨주기를.

홍예문으로 들어서면 안쪽에서 이런 글을 읽을 수 있었다.

1. 하찮은 폭군들이여, 수많은 이름으로 우리를 억누른 자들이여,

   이제 우리는 당신들을 두려워하지 않는다.

2. 수백 년 동안 인권에 대해 모르고 지냈노라.

   그것은 인류를 위해 다시 확립되었도다.

3. 자유민의 왕은 이 세상에서 유일하게 강한 왕이다.

4. 당신들은 이 자유를 소중히 여긴다. 당신들은 지금 자유를 가졌다.

   이제 자유를 보전할 자격을 갖추었음을 보여달라.

개선문은 홍예문 기둥 부분까지 낮은 돋을새김으로 장식했다. 행사에 참가하는 연맹군과 정규군은 센 강에 임시로 배를 이어 설치한 선교를 지나 수많은 일꾼이 메워 만든 둑길로 개선문에 접근할 것이다.

행사장 중앙에 만든 조국의 제단은 기단부를 세우고 그 위에 만들었다. 부드러운 곡선의 기단부는 바닥층보다 몇 단 높여 쌓았다. 그 위에 20피에(6미터)의 네모꼴 단을 높였다. 단의 각 변 중앙에 층계를 설치해 네 군데서 올라갈 수 있게 하니 자연스럽게 작은 네모꼴 제단이 네 귀퉁이에 생겼다. 거기에 향을 피웠다. 그리고 한가운데에 다시 둥그런 제단을 올렸다. 일부 행사요원은 네모꼴 단 위에 서고, 미사를 올리는 탈레랑 신부와 제병지휘관 라파예트는 한가운데 있는 원형제단으로 올라섰다. 남쪽 면에서는 이런 명문을 볼 수 있었다.

1. 모든 생명은 평등하다. 그들의 차이는 태생이 아니라 오직 덕성에서

   오는 것일 뿐.

2. 모든 법은 보편적이어야 한다.

인간은 누구나 법 앞에 평등하다.

그 반대편에는 천사들이 나팔을 부는 모습을 그리고 그 밑에 이렇게 썼다.

모든 법령을 보장해주는 신성한 낱말을 생각하라. 그것은 국민, 법, 왕
이다.
국민, 그것은 당신이다. 법, 그것도 역시 당신이다. 왕, 그는 법의 보호
자다.

센 강을 향한 면의 왼편에는 풍요와 농업의 상징을 갖춘 자유의 상징을
그렸고, 오른편에는 공중을 나는 정령을 그리고 '헌법'이라고 써놓았다. 왕을
향한 부분에는 국회가 제정한 연맹군의 맹세를 새겼다.

우리는 국민과 법과 왕에게 영원히 충성하며, 국회가 제정하고 왕이 승
인한 헌법을 온힘을 다해 보전하겠다고 맹세합니다.
그리고 법을 지켜 왕국 안의 모든 사람의 신체와 재산, 곡식과 생필품의
유통을 안전하게 지키며, 모든 형태의 세금을 확실히 걷고, 모든 프랑스
인이 우애로써 하나가 될 것임을 맹세합니다.

7월 13일까지 행사장 준비가 모두 끝났다. 구덩이를 메우고 둑길을 만드
는 데만 1년이나 걸릴 공사를 한 달 안에 해낸 것은 전국연맹제가 애국심을
부추기고, 모든 사람에게 희망을 주는 행사였기 때문이라는 것 이외에 달리
설명할 길이 없다.

8
1790년 7월 14일,
화합과 단결의 잔치

6월 5일 국회에서 결정한 대로 디스트릭트 대표를 뽑으면 모두 7,000명 정도가 전국에서 파리로 모여들 것이었다. 그들의 여행경비는 각 디스트릭트에서 부담하는 것이 원칙이었다. 각 도의 국민방위군 대표들, 다시 말해 연맹군 대표들은 역마차를 타지 않고 진정한 병사처럼 자기 짐을 지고 행군해서 파리를 향했고, 그들이 지나는 곳의 시민들은 그들을 우호적으로 맞이했기 때문에 여행경비를 줄일 수 있었다. 물론 숙박시설을 제공받지 못할 경우도 있었는데, 다행히 여름이라 야영도 어렵지 않았다. 각 도의 연맹군은 길을 가면서 질서를 잘 유지했다. 그들은 최고령자를 지휘관으로 뽑고 그의 지휘에 잘 따랐다.

각 지방의 연맹군은 늦어도 7월 12일까지 파리에 도착해서 전국연맹제 사무국에 들러 신고해야 한다. 그들은 자격심사를 거치고 나서 '전국연맹제 Confédération nationale'라고 쓴 카드와 숙박증을 받는다. 숙박증은 시내에 거처를 마련해주거나 야영장으로 안내해주는 증서였다. 우선 파리에 아는 사람이 있으면 그 집에서 숙식을 해결하고, 그렇지 않으면 파리 주민이 지방의 형제를 위해 베푸는 호의를 받게 되었다. 만일 대표들이 야영할 곳을 배정받으면 프랑스의 방방곡곡에서 온 대표들과 미리 단결하는 기회를 얻었다. 그들이 함께 야영하는 동안 구체제의 산물인 지방색과 편견과 적대감은 눈 녹듯이 사라질 터였다.

7월 13일, 그들은 자기 디스트릭트가 속한 도의 지정장소에 가서 점호를 하고, 같은 도의 깃발 아래 모인다. 이렇게 해서 모두 83개 도의 대표단이 각각 깃발을 하나씩 받는다. 이때에도 역시 도 대표단의 최고령자가 기수가 되었다. 깃발은 연맹제가 끝난 뒤 자기 고장으로 가져가 도청에 보관하다가 해마다 연맹협정을 새로 하거나 국민방위군을 사열할 때 사용한다. 연맹협정은 해마다 7월 14일에 새로 하는 것으로 정했다. 그날은 프랑스가 자유를 되찾은 기념일이기 때문이다. 정규군의 대표단은 프랑스 국왕기oriflamme를 앞세우고 등장하며, 식을 마치면 그 깃발을 국회에 보관한다. 국왕기는 중세부터 왕의 무덤이 있는 생드니 수도원 대성당에 보관했다. 왕은 전쟁이 터지면 생드니로 가서 조상에게 보호해달라고 빌고 국왕기를 꺼내가지고 전장으로 나갔던 것이다. 『파리의 혁명』 제49호(1790년 6월 12~19일)는 이렇게 말했다.

파리 코뮌이 도마다 깃발 하나씩 준다는 것은 아주 훌륭한 계획이다. 만일 모든 도가 파리 시로부터 진귀한 선물을 받는다면, 그들은 파리 시보다 우위에 있다고 생각하지 않겠는가? 깃발을 제작하는 비용은 공금이다. 공금은 국민이 마련한다. 주권자는 모든 행정단위에 깃발을 나눠주어야 하는 것이다.

그런데 정규군 대표단에게 국왕기를 주는 것은 전혀 새로운 발상이 아니다. 수도원에서 시작한 이 어리석은 짓은 생드니 수도원 특허장을 충실히 따른 것이다. 국왕기는 우리의 왕들이 이 수도원의 수도사들로부터 받아가는 깃발이었다. 왕들은 그 깃발이 기적을 일으킨다고 우직하게 믿고 있었다. 그런데 지금은 18세기다. 도대체 자유가 지배하는 세계에서 이러한 일과 이름을 되살릴 필요가 어디에 있단 말인가?

각지에서 출발한 국민방위군 대표단과 정규군 대표단이 7월 10일 전후 파리로 속속 도착했다. 배낭을 지고 총검을 메고 땀에 찌든 사람들은 대체로 피곤해 보였지만 눈은 살아 있었다. 그들은 세관울타리에서 파리의 형제들로부터 환대를 받고 곧 지친 몸을 쉴 수 있을 것으로 기대하면서 더위 속을 걷고 또 걸었다. 그러나 울타리에서 그들을 제일 먼저 맞이한 사람들은 그들이 기대한 이들이 아니었다. 파리 치안국이 모든 선거구에 붙이라고 보내준 포고문을 보면 그 사정을 알 수 있다.

시장. 부시장. 행정관의 이름으로
1790년 7월 7일 수요일

파리 치안국은 여성들이 여러 곳의 입시세관 앞에서 연맹제에 참가하려고 지방에서 오는 대표들에게 꽃다발을 억지로 떠안기고 푼돈을 받아낸다는 소식을 들었습니다.
선량한 시민이라면 조국의 제단 앞에 우리 국민이 한 가족이 되는 광경을 보면서 즐거워하는 것은 당연하다 하겠지만, 그런 식으로 꽃을 안기는 행위는 질서를 어지럽힐 것입니다. 이처럼 기쁨을 표현하는 행위가 이해관계를 감추고, 우정의 인사만 건네는 것처럼 하면서 실제로 기부금을 걷는 일은 수도 파리의 명예를 떨어뜨린다고 생각합니다.
파리 코뮌의 검찰관은 이 사실을 보고받은 뒤 앞으로 꽃 파는 여성은 입시세관 밖에서나 문안에서 그 누구에게도 꽃다발을 강제로 안기는 행위를 하지 말라고 명령합니다. 또 국민방위군 사령관과 모든 선거구의 위원회는 이 포고문을 인쇄해서 벽보판에 붙이고 철저히 시행하도록 요청합니다.

서명관 시장 바이이, 부시장 뒤포르,

검찰관 피에르 마뉘엘, 부검찰관 카이에.

잔치판이 벌어지면 이동식당과 주점도 생기게 마련이며, 지방민의 주머니를 노리는 사람도 대목을 기대하기 마련이다. "83개 도에서 오는 연맹군에게 드리는 글Avis aux confédérés des LXXXIII départemens"을 보면 그 당시 사정을 짐작할 수 있다. "파리에 머무는 동안 겪을 수 있는 장단점에 대하여Sur les Avantages & les Dangers du séjour à Paris"라는 부제가 붙은 이 글은 지은이와 날짜를 밝히지 않았지만, 사람들은 그 글을 쓴 사람이 소설가 레티 드 라 브르톤이라고 쉽게 알아챘다. 지은이는 먼저 파리의 긍정적인 측면을 칭찬했다. 그가 보기에 파리는 세계 어디에 내놓더라도 버젓한 대도시이고, 왕국에서는 머리와 같은 지위를 누리는 곳이며, 시내 어디를 가더라도 수많은 구경거리를 볼 수 있는 곳이다. 그는 연맹군에게 특히 극장(프랑스 극단, 이탈리아 극단, 오페라)을 가보고, 유명한 산책길을 다녀보라고 권했다. 그러고 나서 그는 파리에서 위험한 일을 겪을지 모른다고 경고했다. 파리는 악덕이 자유롭게 날뛰는 곳이지만 사람들은 대수롭지 않게 생각하고 부끄럽게 여기지 않는다. 그러므로 파리에 첫발을 디딘 연맹군은 무엇보다도 당구장과 노름집을 피하고 거리에서 야바위꾼과 창녀를 조심하라고 지은이는 당부했다.

파리의 연맹제를 실현하는 데 결정적인 역할을 한 브르타뉴의 연맹군 대표단은 파리에 도착하기 전부터 특별대접을 받았다. '바스티유 정복자들'은 브르타뉴 형제들이 온다는 소식을 듣고 8일에 베르사유로 가서 자고 이튿날 정오에 생시르 길에서 그들을 맞이했다. 렌을 출발한 브르타뉴 연맹군은 거

의 400명으로 모두 무기와 개인 짐을 가지고 있었다. 바스티유 정복자 대표
로서 파렝Parrein이 환영사를 했다.

> 여러분은 합법적으로 인정받은 바스티유 정복자들을 만나고 계십니다.
> 우리는 오래전부터 여러분을 만나고 싶었습니다. 여러분과 힘껏 껴안고
> 여러분의 애국심을 치하해드리고 싶었습니다. 그렇습니다. 여러분의 애
> 국심을 치하합니다. 바스티유 정복자들이 자유를 쟁취했다면, 여러분은
> 최초로 자유를 수호해주신 분들이라는 사실을 결코 잊어서는 안 되기 때
> 문입니다. 이제 여러분이 이룬 숭고한 업적의 열매를 마음껏 즐기시기
> 바랍니다. 전국연맹제 날이 다가옵니다. 이 엄숙한 잔치에 여러분이 참
> 석해주시면 모든 사람의 눈길이 여러분에게 쏠릴 것이라는 사실을 믿어
> 주십시오.

브르타뉴 연맹군은 감격해서 바스티유 정복자들을 힘껏 껴안았다. 그들
은 서로 뒤섞여서 행진하기로 합의하고 베르사유까지 북을 치면서 나아갔
다. 베르사유 길가에 사람들이 늘어서서 그들을 기다렸다. 그 자리에서 파렝
은 다시 한번 같은 연설을 했다. 사람들은 "바스티유 정복자들 만세!"를 외
쳤다. 그들은 다시 한번 서로 얼싸안았고 구경꾼은 계속 박수를 쳤다. 브르타
뉴 연맹군 지휘관 프라델은 부하들에게 칼을 꺼내게 한 다음 맹세를 시켰다.
"우리는 목숨을 걸고 바스티유 정복자들을 보호하겠습니다."
바스티유 정복자들이 그 맹세에 답했다.
"우리는 목숨을 걸고 브르타뉴 연맹군을 지키겠습니다."
프라델은 바스티유 정복자 대표에게 그의 연설문을 인쇄하고 싶다고 말

했고 흔쾌히 허락받았다. 그리고 두 집단은 헤어졌다.

브르타뉴 연맹군은 7월 10일 토요일, 파리에 도착했다. 파리의 국민방위
군이 분견대를 파견해서 그들을 맞이했다. 그들은 질서를 갖추고 북을 두드
리면서 씩씩하게 콩페랑스 입시세관을 거쳐 파리로 들어섰다. 그들은 센 강
의 퐁루아얄 곁의 튈르리 문에 도착해 왕에게 인사하겠다고 했다. 그들은 튈
르리 정원의 테라스 앞까지 행진하더니 왕의 아파트 쪽을 보고 정렬했다.

"왕 만세!"

그들이 외치는 소리를 듣고 루이 16세가 창을 열었다. 그의 만족스러운
얼굴을 본 연맹군은 더욱 큰 소리로 외쳤다. 칼이나 총 끝에 모자를 올려놓고
흔들면서 외쳤다. 왕은 지휘관에게 오라고 손짓했다. 지휘관이 급히 왕의 아
파트로 들어가 인사를 올렸다. 루이 16세는 그를 반갑게 맞이했다.

"전하, 브르타뉴의 용감한 사람들의 이름으로 전하를 뵙게 되어 영광입
니다. 전하의 적들의 불순한 피로 우리의 칼을 물들일 것입니다."

왕은 감격해서 프라넬의 손을 잡으며 말했다.

"나는 아주 만족했소. 나는 아주 만족했소. 나는 브르타뉴인들의 충성심
과 애정을 결코 잊은 적이 없소."

"전하, 항상 우리를 믿으십시오. 우리는 전하를 사랑합니다. 전하를 아낍
니다. 전하는 왕이며 시민이기 때문입니다."

루이 16세는 감동해서 눈물을 흘릴 뻔했다.

"우리는 언제나 전하를 위해 피를 흘릴 것입니다. 전하의 적이 곧 우리의
적입니다."

"아주 좋소, 아주 좋소. 나는 너무 감동해서 말을 제대로 잇지 못하겠소."

"전하, 우리는 전하를 뵈어서 몹시 행복합니다. 왕비마마도 뵐 수 있는

영광을 주시면 더욱 감사하겠습니다."

"기꺼이 그리 하겠소. 만일 약을 먹지 않았다면 곧 이 자리에 올 것이오."

위의 대화는 『파리 소식』에서 보도한 내용이다. 왕비는 무슨 약을 먹었을까? 감기나 몸살 때문이었을까? 아니면 심신이 모두 불안해서 생긴 병 때문이었을까? 왕도 튈르리 궁에서 답답하겠지만 외국인으로 냉대를 받는 왕비로서는 루이 16세보다 더 불안하고 불행했을 것임이 분명하다. 아무튼 밖에서 기다리던 브르타뉴 연맹군은 튈르리 궁이 흔들릴 만큼 크게 "왕 만세!"라고 외쳤다.

7월 11일 일요일, 파리 국민방위군의 열병식이 있었다. 왕과 가족은 경향 각지에서 도착한 연맹군 대표단을 맞이하느라 바빴다. 전국연맹제 제병사령관이 된 라파예트는 왕의 명령을 받고 파리 코뮌의 회의실로 도 대표 83명을 모았다. 그들은 국회와 왕에게 드리는 글을 작성하기로 결정했다. 12일에 그는 생 로슈 성당에 도 대표를 네 명씩 불러 전날 작성한 글을 읽어주고, 그들의 의견을 참고해서 완성본을 만들도록 했다. 이튿날인 13일에 만장일치로 대표단의 의장으로 뽑힌 라파예트는 그 글을 승인했다. 왕은 직접 모든 도의 대표단을 점검하고 싶어했다. 대표단은 루이 15세 광장부터 샹젤리제까지 정렬했다가 튈르리 정원으로 행진해 들어갔다. 왕과 가족은 궁전 현관 앞에 있었고, 대표단은 행진해서 그 앞을 지나갔다. 각 지휘관은 왕에게 대표단의 이름과 소속을 보고했다. 왕을 지나친 대표단은 궁전의 마당을 지나 카루젤 다리 쪽으로 빠져나가 해산했다.

7월 12일 월요일, 투르 디스트릭트의 국민방위군 대표단도 파리에 도착했다. 그들은 그 지방 출신 국회의원들을 통해 정오에 왕을 알현했다. 투르 디스트릭트 지휘관 브륄레는 왕에게 앙리 4세의 반지를 주었다. 그는 앙리 4세가 투르 지방민의 충성심에 감동해서 투르 근처 마르무티에 베네딕트 수도회에 자기가 끼던 반지를 주었다고 반지의 내력을 말하면서 투르 시의 이름으로 그것을 왕에게 바친다고 말했다. 그는 앙리 4세를 닮아 루이 16세도 성군이기 때문에 그 반지를 낄 자격이 충분하다고 칭송했다.

한 가지 소원이 있습니다. 전하, 부디 뿌리치지 마시고 우리의 선물을 호의로 받아주시기를 간절히 비옵나이다.

전하, 우리의 동료 시민들은 모든 프랑스인이 헌법과 신성한 전하를 중심으로 모이는 날 전하께옵서 부디 앙리 4세의 반지를 끼고 참석해주시기 바랍니다. 전하께서 반지를 끼시면 우리가 길이길이 가슴에 새기는 성군을 그대로 닮으시고, 그 모습을 보는 모든 이에게 사랑과 존경심을 충만하게 만들어줄 것입니다.

왕은 7대 조상인 앙리 4세의 반지를 받고 감격했다. 그는 모레인 수요일 연맹제에 꼭 반지를 끼고 나가겠다고 약속했다. 왕은 거처로 돌아가면서 측근에게 이렇게 말했다.

"나는 지금까지 반지라고는 끼어본 적이 없소. 그러나 나는 기꺼이 이 반지를 끼겠소."

왕은 축성식을 제외하고 평소에 반지를 끼지 않았음을 이렇게 강조했다.

왕은 전국연맹제에서 자신이 라파예트보다 우위에 있다는 사실을 끊임없이 확인하고 싶었을 것이다. 13일에 직접 점검에 나섰던 것도 그런 맥락에서 이해해야 한다. 그러나 충성심은 받는 사람의 몫이 아니라 바치는 사람의 뿐이다. 왕은 구시대의 상징으로 아슬아슬하게 하루하루를 보냈지만 역사의 주역이 여기저기서 마구 두각을 나타내는 격변기였으니 왕으로서는 하루도 마음 편할 날이 없었으리라.

7월 14일의 행사는 전날 밤부터 시작된 것 같았다. 그동안 시 행정위원 회는 60개 선거구에 입장권을 나눠주었다. 파리 주민뿐만 아니라 인근 주민, 외국인도 많았기 때문에 입장권을 가지고 질서를 유지하려는 속셈이었지만, 표를 얻지 못한 사람들이 13일 저녁부터 행사장에 미리 들어가려고 몰려들 었다. 그들은 주로 파리 문밖의 가난한 사람들이었다. 그들을 입장시켜야 한 다는 국민방위군과 규정은 지켜야 한다고 고집하는 시청 사이에 분쟁이 일 어났다. 한편 시 행정위원회에서 시장과 위원들이 선거구에서 파견한 대표 들을 맞이해 대책을 논의했다. 일부 선거구는 이미 공식입장권을 무시하고 자체적으로 입장권을 발행했다는 사실을 시 행정위원회에 보고했다. 시 행 정위원회는 논의를 거듭한 끝에 이렇게 결정했다.

여러 선거구 대표가 샹드마르스의 자리를 지정하는 입장권을 발행하는 일이 7월 14일, 바로 내일 전국연맹제의 기본 정신이어야 할 자유와 평등 의 원칙을 거스른다고 주장했다. 이 중요한 사실에 대해 파리 치안국의 시장 대리관과 관계자들은 만일 이러한 조치를 계속 유지하는 경우 안전 을 보장할 수 없다고 주장했다. 이러한 의견을 들은 시 행정부는 샹드마 르스의 층계석이나 의자에 앉도록 나눠준 입장권은 무효라고 선언했다. 따라서 왕이 민간단체나 군대를 위해 지정한 자리를 제외한 모든 자리를 현장에 오는 모든 시민에게 개방하기로 결정한다.

시 행정위원회는 모든 선거구에 지시를 내려 한밤중 파리 문안과 문밖에 북을 친 뒤 샹드마르스의 입장권이 무효이므로 아무나 표를 제시하지 않고서도 입장할 수 있음을 알렸다.

날이 밝자 사람들이 집에서 나와 샹드마르스를 향해 모여들었다. 그 사이 연맹군은 각자 집결지인 오페라 대로나 생탕투안 대로로 모였다. 연맹군이 모이자 주최 측에서 준비한 83개 도 깃발을 하나씩 나눠주었다. 깃발에는 흰 바탕에 참나무관冠을 그리고 도 이름을 적었다. 도 대표단의 연장자가 그 깃발을 들었다. 7시가 되자 샹드마르스를 향해 행진하기 시작했다. 행진 순서는 전국연맹제 사무국이 세심히 마련했다. 맨 앞에 파리 국민방위군의 기마대가 서고, 척탄병 부대가 군악대를 앞세우고 뒤를 따랐다. 그 뒤 파리 선거인단, 시민 병사 240명, 군사위원회, 추격병 부대, 선거구 의회 의장들, 전국연맹제 사무국 임원, 선거구 행정요원 60명이 줄줄이 걸어갔다. 옛날 파리 수비대가 그들을 양편에서 보호하며 나아갔다. 그다음의 주역은 국회의원들인데 앞에는 유년대가, 뒤에는 노년대가 그들을 보호했다. 그 뒤로 42개 도 대표단이 알파벳순으로 가고 육군과 해군 대표단, 그리고 나머지 41개 도 대표단이 연맹군 대표단을 이루면서 따라갔다. 다시 척탄병 부대와 기마대가 행렬의 끝을 알렸다. 그들은 대로에서 조금 더 좁은 길을 거쳐 갔다. 생드니 거리, 페로느리 거리, 생토노레 거리, 루아얄 거리, 루이 15세 광장, 쿠르 라 렌을 거쳐 샤이오 강둑길에 접어들어 성모마리아 수녀회 앞에 띄워놓은 배다리를 건너 샹드마르스로 들어갔다. 먼저 행사장에 들어가 자리 잡은 관람객들(『파리의 혁명』에서 루스탈로는 30만 명이라고 말한다)이 환호하면서 그들을 맞이했다. 그들이 완전히 입장하니 오후 3시 반이었다. 그동안 대포를 쏴서 그들이 식장에 도착했음을 알렸다. 연맹군이 정렬하자 사제들이 83개 도 깃발과 왕의 정자 위에서 나부끼는 깃발을 축복했다.

왕은 군사학교를 통해 행사장으로 들어섰다. 그는 왕관을 쓰지 않았고 외투도 걸치지 않았으며 홀도 들지 않았다. 그 모습만 봐도 이제 왕이 절대군주가 아님을 알 수 있었다. 그는 특별히 설치한 정자 안에 앉았다. 식이 시작되자 먼저 오툉의 주교 탈레랑이 조국의 제단에서 종교의식을 거행했다. 사제 300명이 제단을 에워쌌다. 그들은 모두 눈부신 장백의를 입고 그 위에 삼색 영대(스톨라)를 걸쳤다. 탈레랑이 미사를 드리자 곧 대포 40문이 일제히 불을 뿜고 '테 데움' 찬송가가 울려 퍼졌다.

"성스러운 하느님, 이름을 찬양합니다."

간단히 미사를 드리고 연맹군이 또박또박 맹세를 했다. 라파예트가 제단 위로 올라가 방금 연맹군이 한 맹세의 말을 했다. 그가 맹세를 마치자 수많은 연맹군이 우르르 달려들어 그의 얼굴, 손, 옷에 입을 맞추면서 감격했다. 라파예트는 간신히 그들에게서 벗어나 말에 올랐지만 그들은 그의 장화, 엉덩이, 말의 장식에 입을 맞췄다. 『파리의 혁명』에서 루스탈로는 이 광경을 묘사하면서 지난해 7월 네케르가 파리 시청에 나타날 때 이후 이렇게 사람들이 열광하는 것을 보지 못했다고 썼다. 잠시 후 국회가 맹세하자 사람들은 "왕 만세!"를 외치고, 어떤 사람들은 "국회 만세!"를 외쳤다. 마지막으로 왕이 일어섰다. 마침 폭우가 쏟아지고 있었지만 곧 그의 앞에서 제단까지 연맹군이 두 줄로 늘어섰다. 그러나 왕은 비에 젖지 않으려고 꼼수를 부렸다. 그는 제단으로 향하지 않고 제자리에서 큰 소리로 맹세했다. 사람들이 또다시 "왕 만세!"라고 외쳤다. 곧이어 왕비가 뒤에서 세자를 번쩍 들어 관객에게 보여주었다. 천막을 친 회랑에 입장권을 내고 들어온 사람들이 먼저 "왕비 만세!", "왕세자 만세!"를 외쳤고, 다른 사람들도 따라서 외쳤다. 마침내 연맹군이 왕 앞을 행진하면서 외쳤다.

"헌법 만세! 왕 만세! 라파예트 만세!"

7월 14일의 전국연맹제는 저녁 6시가 되어서야 대포소리와 함께 끝났다. 그러나 사람들은 아쉬운 듯 자리를 쉽사리 뜨려 하지 않았다. 자리에서 아래로 내려가 춤을 추는 사람도 있었다. 연맹군과 구경꾼이 함께 춤추기도 했다. 그리고 즐겁게 노래하고 소리를 지르면서 거리를 쏘다니고 춤판을 벌였다. 파리 민중은 사흘 동안이나 춤을 추면서 놀았다. 현장에 가지 못하는 사람들, 특히 지방민은 어떻게 했을까? 파리 코뮌은 왕국의 모든 지방정부에 7월 14일 정오에 파리에서 연맹제를 시작할 때 디스트릭트나 코뮌의 중심지에 모여 국민방위군과 정규군과 함께 연맹의 맹세를 하도록 권유했다. 국민방위군, 정규군, 일반인이 모두 맹세를 하면서 왕국이 하나가 되는 것이었다. 파리 시는 전국연맹제에 참가한 사람들에게 '애국심 증명서Certificat de patriotisme'를 발급해주었다.

1790년 7월 14일, 전국연맹제

파리 시장, 파리 국민방위군 사령관, 파리 코뮌 의장이며 연맹협정위원회 의장은 _____씨가 _____도, _____디스트릭트의 대표 자격으로 연맹제에 참가했으며, 파리 문안에 머무는 동안 가장 순수한 애국심과 확고한 우애를 보여주었기에 연맹제 공식증명서를 발급한다.

1790년 7월 26일, 파리 시청에서

파리 시장 바이이, 국민방위군 사령관 라파예트,

연맹협정위원회 의장 샤롱.

이렇게 해서 '새로운 시대의 출발'을 상징하는 7월 14일의 전국연맹제는 무사히 끝났다. 그것에 대한 평가는 엇갈렸다. 먼저 그것을 진정한 국민의 잔치였다고 생각하는 사람은 대중 또는 다중이 진정한 우애를 느끼고 새로운 관계를 열렬히 환영했다고 평가했다. 샹드마르스에서 파리 주민들이 힘을 합쳐 공사를 서두르는 장면을 묘사한 수많은 작가는 그 준비과정과 행사 당일의 감격을 아주 감동적으로 전한다. 그러나 행사가 끝난 시점에 냉정한 사람은 과연 그날의 주역이 누구였는지 돌이켜보았다. 행사장에서는 분명히 왕이 정점에 있었다. 그러나 문화적 변화가 일어나는 시기에 왕보다는 라파예트가 더 돋보였다. 왕비 마리 앙투아네트를 충심으로 사랑하고 존경하는 스웨덴 귀족 장교 페르센 백작은 7월 16일에 아버지에게 보낸 편지에서 '무법천지'를 안타까워했다.

유명한 연맹제는 수많은 사람이 동원되고 아름다운 장면을 연출했기 때문에 아주 당당하고 세련되고 인상적이어야 마땅하지만, 거기에 참가한 사람들이 무질서하고 상스럽게 행동했기 때문에 아주 우스꽝스러워졌습니다. 아버지는 여러 신문에서 그 광경을 묘사한 내용을 직접 읽으실 수 있으며, 샹드마르스의 상황을 짐작할 수 있으시겠죠. 그러나 신문에서도 현장의 무질서를 말하지는 않겠지요. 그날 아무도 자기의 정당한 자리에 있지 못했습니다. 질서를 지키면서 연병장의 지킴이로 정렬해야 할 병사들은 누구의 말에도 복종하지 않았습니다. 그들은 이리저리 뛰어다니고 춤추고 노래했습니다. 왕과 연맹군이 도착하기 전, 그들은 제단에서 사제 한 명과 수도사 두 명을 끌어내려 척탄병의 모자를 씌우고 어깨에는 화승총을 걸어주더니 층계석 주위로 춤추며 노래하면서 행진시켰습니다. 그 광경은 마치 기독교도를 잡아먹기 직전의 야만인 같았습니다. 구경꾼들도 노래하고 춤추었으며 아무도 성체聖體를 높이 쳐들 때 무릎을 꿇지 않았습니다.

이렇게 종교와 세속적 권위를 무시하는 잔치를 라파예트가 의도적으로 조직했다고 말하기는 어렵지만 그날 거기에 모인 사람들은 그를 열정적으로 기렸다. 적어도 행사장에서는 그 현상이 두드러졌고, 그래서 미라보 백작 같은 사람은 왕의 앞날을 걱정스럽게 내다보았다. 그러나 좀더 자유로운 성향의 '민주파'는 다른 차원에서 걱정을 했다. 그들이 보기에 전국연맹제의 주역은 왕이나 라파예트였지 국민은 아니었다. 행사장에서 울려 퍼지는 "왕 만세!", "라파예트 만세!"가 "국민 만세!"를 압도하지 않았던가. 행사장에 들어가지 못한 사람들도 행사장에서 퍼져나가는 소리를 퐁뇌프 다리에서 들을 수 있었다. 그러나 그들은 "국민 만세!" 소리를 제대로 듣지 못했다. 그럼에도 우리는 전국연맹제의 역사적 의미를 평가할 수 있다. 그것은 전국이 자발적으로 하나가 되는 순간이었으며, 진정한 의미의 국민혁명이었다고. 그것은 혁명의 종착점이 아니었다. 그것은 훗날 프랑스가 입헌군주국을 거쳐 '하나이며 나눌 수 없는' 공화국으로 가는 출발점이며, 파리의 주도권을 부정하면서 파리가 프랑스의 83분의 1에 해당할 뿐이라고 주장하는 지방을 '연방주의'로 공격할 명분이 되었다.

〈4권에 계속〉

1789년 8월 26일	국회, 「인간과 시민의 권리선언」 채택
10월 5일	파리 아낙들의 베르사유 행진
6일	루이 16세가 가족과 함께 파리 튈르리 궁에 정착
10일	왕의 칭호를 "프랑스와 나바르의 왕"에서 "프랑스인의 왕"으로 바꿈
	라파예트 장군을 파리 주위 15리외(60킬로미터) 이내 정규군의 사령관으로 임명
	의사 기요탱 의원이 사형의 새로운 방법 제안
12일	망명한 아르투아 백작이 오스트리아 황제 요제프 2세에게 프랑스에 군사 개입 요청
19일	국회, 파리 대주교청 예배당에서 첫 회의
21일	국회, 민중 소요를 진압할 '계엄법' 제정
22일	'능동시민'에게만 투표권을 주는 법안 토론 시작
31일	코르시카 아작시오에서 소요 발생
11월 2일	교회 재산을 국가가 처분할 수 있도록 법 제정
	왕당파 신문 『사도행전』 발간
3일	모든 고등법원의 휴가를 지속하는 법 통과: 고등법원의 '사망진단서'
7일	국회의원은 왕의 대신직을 맡을 수 없도록 함
	국회에서 신분의 구별을 폐지
	교회 재산을 국가가 통제
9일	국회, 튈르리 궁 근처 마네주(승마연습장) 회의실에서 첫 회의 개최
12일	도시, 읍, 농촌 소교구에서 자치정 실시 예고
14일	보르도 시정부, 국회에 7월 14일 기념축제 건의(1790년 1월 5일 국회 논의)

19일	교회 재산 처분으로 얻는 수입을 관리할 특별금고 설치
24일	출판업자 팡쿠크, 『모니퇴르』 발간으로 국회 소식을 전하기 시작함
28일	카미유 데물랭의 신문 『프랑스와 브라방의 혁명들』 발간
12월 1일	의사 기요탱의 발의로 모든 시민의 형벌을 평준화
	툴롱의 해군기지에서 반란이 일어나 제독 알베르를 구금
9일	국토를 도 단위로 분할하는 원칙을 담은 법 통과
12일	신문발행인 마라 체포, 라파예트의 보호로 풀려남
13일	상리스에서 소요 발생
14일	지방정부조직법 제정
17일	교회 재산을 국채 상환의 담보물로 결정
19일	1,000리브르 단위, 이자 5퍼센트의 채권 '아시냐' 발행
22일	도 행정조직법 제정
24일	유대교도를 제외한 비가톨릭 교도의 피선거권 인정
1790년 1월 7일	베르사유에서 빵값을 낮추라는 소요 발생
12일	브뤼셀에서 '벨기에 합중국' 선포
15일	브르타뉴와 앙주 사람들이 퐁티비에 모여 연맹제 거행,
	이들은 19일에 최초로 "자유가 아니면 죽음이다!"라고 맹세함
21일	의사 기요탱은 의사 루이가 발명한 기계(루이종)로 사형수의 목을
	자르자고 제안, 이 기계는 나중에 '기요틴(단두대)'이 됨
22일	18일에 네케르를 고발한 마라에 대해 파리 시정부가 내린 체포령을
	집행하는 과정에서 마라를 보호하려는 코르들리에 구 주민들이 저항,
	이를 '코르들리에 전투'라 함
2월 4일	국회의원들, 왕 앞에서 시민 맹세
7일	리옹에서 소요 발생
13일	수도자의 서원 금지로 수도원 폐지 시작

19일	파리 시청 앞 그레브 광장에서 파브라 후작 교수형
20일	비엔나에서 오스트리아 황제 요제프 2세 사망, 동생 레오폴트 2세 즉위
21일	돌에서 알자스, 부르고뉴, 프랑슈 콩테의 국민방위군 연맹제 개최
22일	샤토루에서 소요 발생
23일	법령에 따라 사제들이 미사를 끝낸 뒤 국회가 제정한 법을 신도들에게 읽어주기 시작
26일	83개 도의 하위 행정단위인 디스트릭트의 이름, 범위, 경계 결정
28일	정규군조직법 제정, 귀족의 장교직 독점권 폐지
3월 7일	보주 도에서 민병대 연맹제 개최
8일	식민지의 노예제도를 유지하고 의회를 창설하는 법 제정
15일	장자상속법 폐지, 유산의 균등분할법 제정
16일	구체제의 나쁜 유산인 봉인장(구속영장) 폐지
17일	시정부가 종교인의 재산을 판매하는 법 제정
18일	브뤼셀의 소요로 혁명 지지자들이 프랑스로 도피
20일	브르타뉴 연맹은 모든 지방에서 인구 1,000명에 한 명씩 수도로 대표를 파견해 연맹제를 거행하자고 제안
21일	소금세 폐지
29일	교황 비오 6세, 추기경 회의에서 프랑스 인권선언 비난
31일	로베스피에르, 자코뱅 클럽에서 4월의 의장으로 선출
4월 1일	왕의 은급과 왕실비 내역을 기록한 "붉은 책Livre rouge" 발간
5일	반Vannes에서 반혁명 소요 발생
6일	님의 소요, 아르투아 백작의 하수인들이 부추긴 가톨릭교도와 국회파 개신교도의 대립
9일	종교인의 빚을 국가 부담으로 바꾸는 법 제정
14일	가톨릭교의 경비를 국가에 맡기는 법 제정
17일	이자 3퍼센트의 아시냐 발행

	필라델피아에서 벤저민 프랭클린 사망
18일	툴루즈에서 반혁명 시위 발생
20일	님에서 가톨릭교도의 반혁명 소요 발생
27일	"인간과 시민의 권리의 친구들 협회", 일명 코르들리에 클럽 창설
30일	배심제도 창설
5월 1일	님에서 또다시 가톨릭교도의 반혁명 소요 발생
3일	툴롱에서 소요 발생
5일	판사선거법 제정
8일	도량형 통일 원칙 확립
10일	도량형위원회 설치 왕이 미라보 백작을 매수 몽토방에서 가톨릭교도의 반혁명 소요 발생
12일	'1789년 협회' 창설
14일	국가 소유의 종교인 재산 매각법 제정 외무대신 몽모랭, 영국과 에스파냐의 긴장을 국회에 통보하고 도움 요청
15일	국회, 전쟁과 평화의 결정권이 왕의 것인지 아니면 국민의 것인지 토론
18일	마라의 신문 『인민의 친구』 복간
21일	파리 60개 선거구(디스트릭트)를 48개 구(섹시옹)로 변경
22일	전쟁과 평화의 권리에 대한 토론 종결: 이 권리는 국민에게 있지만 왕의 제안과 승인을 받아 결정한다
23일	마라, 『왕국의 애국적 연맹을 위한 계획 *Projet de confédération patriotique pour tout le royaume*』 발표
24일	파기법원 창설
28일	흰색 표식 부착 금지, 장교에게 삼색 표식 부착 의무 부과
30일	거지를 없애고 구빈작업장을 설치하는 법 제정
31일	성직자 시민헌법에 대한 토론 종결, 6주간의 축조심의(조문을 하나씩

	심의해나가는 일) 시작
6월 1일	왕당파 신문 『왕의 친구』 발간
3일	마르티니크 섬에서 흑백 혼혈인들의 봉기 발생
5일	파리 코뮌, 전국 모든 도를 통합하는 연맹 창설과 단일한 국민방위군 창설 제안
6일	릴에서 연맹제 개최
9일	국회, 1790년 7월 14일 파리에서 전국연맹제 개최 결정
10일	혁명에 우호적인 아비뇽에서 반혁명 봉기 발생
11일	아비뇽과 브네생 백작령에서 혁명파 승리
12일	교황령 아비뇽이 프랑스에 합병 요구(1791년 9월 22일 합병)
13일	님에서 반혁명 봉기로 개신교도를 학살 스트라스부르에서 연맹제 개최
14일	세벤(프랑스 남부 산악지방)의 개신교도 농민들이 님의 봉기에 개입해 혁명파 승리
16일	브장송에서 연맹제 개최
19일	세습귀족, 작위, 문장紋章, 종복의 제복, 신분을 나타내는 모든 종류의 표시를 폐지
26일	국회는 교황이 성직자 시민헌법을 인준해주기를 기대하면서 답변을 유보
27일	파리 시정부조직법 제정, 몽마르트르를 파리 시에 편입
29일	루앙에서 연맹제 개최
7월 12일	성직자 시민헌법 국회 통과
14일	파리에서 전국연맹제 개최 독일 함부르크에서 바스티유 정복 1주년 기념식 거행
22일	왕이 성직자 시민헌법 인정(8월 24일 승인)
9월 6일	전국의 고등법원들과 구체제의 여타 법원들 폐지